Reinhard Raffalt

FANTASIA ROMANA

Leben mit Rom

Prestel-Verlag München

14.-23. Tsd.
Druck Dr. C. Wolf & Sohn, München 1962

ANNA MARIA

cor cordium

Inhalt

Einführung	9
ROMA MALINCONICA	43
Die Grotten von Sankt Peter	45
Die Laterne von Sankt Peter	78
Masken in der Engelsburg	91
Die römischen Jahre der Paolina Borghese	106
Auf dem Palatin	117
Campagna-Vedute	145
ROMA SANGUIGNA	169
Die Straße der sieben Katzen	171
Il Papa sanguigno	189
Der Karneval	198
Die Fabeln des Herrn Trilussa	207
Der Marchese del Grillo	216
Eine römische Abendgesellschaft	232
ROMA COLLERICA	249
Ein Bilderzyklus des Caravaggio	251
Ego Caesar – Ego Imperator	264
Mittelalter	285
Die Iden des März	296
ROMA FLEMMATICA	321
Der Rosenkranz der kleinen Kirchen	323
Das römische Bethlehem	336
Zeitloses Rom	346
Die Gregoriana	354
An Römischen Brunnen	372

DIE KLEINE, FLINKÄUGIGE BETTLERIN, die jeden Tag am Trajansforum sitzt, kennt mich seit Jahren. Es besteht zwischen uns ein ungeschriebener Vertrag: Ich gebe ihr eine Münze, und sie hält mir dafür durch einen unverständlichen Schutzspruch, nach dessen Wortlaut zu fragen ich mich noch nie getraut habe, das ›malocchio‹ ferne, den bösen Blick, und alle sonstigen Verwünschungen und dämonischen Machenschaften, die einen Menschen hinterrücks anfallen können. Rom ist eine sehr heilige Stadt und infolgedessen geradezu ein Tanzplatz der Dämonen. Wenn ich einmal kein Geld bei mir habe, sage ich »pazienza, signora« – Geduld, meine Dame, und vertröste sie auf morgen. Und sie antwortet mit dem freundlichsten Lächeln darauf: »Che Dio ti benedica!« – daß Gott dich segne! Den Zauber kann ich nicht bekommen, weil ich ja nicht bezahlt habe. Aber sie tut das Äußerste, was in einem solchen Fall zu machen ist: sie empfiehlt mich dem Schutz des lieben Gottes.

Dies ist nur eine kleine römische Geschichte, aber sie bietet eine Perspektive auf das Wesen dieser Stadt, die tief in das Dunkel der Jahrtausende hinunterreicht. Den Dämon Roms hat noch niemand beschrieben, und doch glauben die Menschen auch im Atomzeitalter mit der gleichen Zähigkeit daran, die schon Cäsar zur Verzweiflung brachte. Ein großer Rechtsgelehrter sagte mir einmal, er sei davon überzeugt, die wahre Natur des römischen Volkes sei die Neigung zur Anarchie und nur deshalb habe das Recht in Rom seine erste große Heimstätte gefunden. Analog dazu könnte man wohl auch sagen, daß die Hinneigung zur Furcht und der Versöhnungsdrang gegenüber dunkel geahnten bösen Mächten von übernatürlicher Kraft die Stadt und das Volk von Rom dazu gebracht haben, der Hort der Pietas und der Religion zu werden. Endlich aber hat alles, was existiert, ob auf der Erde, über oder unter ihr, in Rom nur dann einen Nährboden, wenn seine Wirkungen sich am konkreten Vorfall, an einer unanzweifelbaren Wirklichkeit ablesen lassen. Und dies hat zu einer merkwürdigen Koexistenz von göttlichen, menschlichen und luziferischen Gewalten geführt, denen weder Aufklärung noch Antiklerikalismus bisher etwas anhaben konnten. Es fällt den Römern ebenso leicht, sich Gott-Vater in schallendem Gelächter vorzustellen, während er aus den Wolken auf den Turmbau von Babel niedersieht, wie sie es verstehen, wenn der Leichenbitter sich beklagt, daß die Saison der Sterbefälle so flau ist, wenn der Schirmmacher sich eine Sintflut wünscht, wenn der Matratzenlieferant die Madonna um eine Invasion von Motten bittet, wenn der Vagabund sich einen kleinen ›delitto‹ ausdenkt, der ihm für den Winter eine Gefängniszelle verschafft, wenn endlich die stolze Mutter der versammelten Familie samt Freunden, Verwandten und Klienten ihren stämmigen Sprößling vorführt, der mit bloßen dreißig Monaten schon flucht wie ein Alter.

Der Mensch ist den Römern – und das nicht erst seit dem Christentum – Schauplatz, Tenne und Fechtboden für die Auseinandersetzung des guten und des bösen Prinzips, und er stellt für dieses sublime Schauspiel selber noch eine Menge Eigenschaften zur Verfügung. Engel und Teufel kommen ihm nur nahe, wenn sie sich dieser Eigenschaften zu bedienen wissen, denn nur innerhalb der menschlichen Natur sind den Römern Gut und Böse begreifliche Faktoren ihres eigenen Schicksals und der Weltgeschichte. So lebt in dem herrlichen blauen Himmel über der Stadt Rom ein Heer von Engeln und Heiligen, in unendlichen hierarchischen Kreisen hinauf bis zur Madonna und zu Gottes Dreifaltiger Majestät reichend, bereit mit allen Waffen, mit männlich kriegerischer Kraft und weiblich lindernder Güte, in jedes Erdenleben einzugreifen, während aus den finsteren Schlünden der Tiefe die Verführung des Goldes und der Atem Liliths gleißnerisch und lasterhaft aufsteigen.

Dabei betrachten die Römer dieses metaphysische Schauspiel mit unbegreiflicher Gelassenheit. Sie haben niemals vermocht, außermenschliche Gewalten als unabhängig von sich selbst zu betrachten. Die dralle und lebenslustige Frau eines Metzgermeisters in der Suburra flirtet ein bißchen mit dem Orangen-Adonis, der den Stand gegenüber hat. Jeden Tag geht sie zur Madonna ai monti und zündet ihr ein Kerzlein an, damit der eifersüchtige und an scharfe Messer gewöhnte Gatte es nicht merkt. Eines Tages merkt ers doch. Der Krach geht durch das ganze Viertel, alte Familienzwiste leben auf, die arme Frau, die noch gar nichts angestellt hat, ist zutiefst ergrimmt. Am nächsten Morgen geht sie wieder zu ihrer Madonna und sagt: »So! Von jetzt an kriegst du nicht eine Kerze mehr von mir, weil du mich hast sitzen lassen.« Und sie setzt voraus, daß die Madonna das versteht. So ziehen die Römer den Himmel mit unbesiegbarer Vitalität in ihre eigene Menschennatur herunter, und ebenso greift – seltsamerweise ganz von selber – der dunkle Trieb zu Verbotenem im genießerischen Erliegen vor der eigenen Schwäche in den verschwiegenen Alltag ein.

Und alles das ist Gegenwart. Es scheint, als liege über dieser Stadt eine feine glasharte Himmelskuppel, die sie von aller Geschichte und aller Zukunft trennt. In Rom verweilt der Augenblick, denn er ist so schön. Nur am Jetzt und Hier fühlen die Römer sich lebenskräftig beteiligt. Wie kein anderes Gebilde der Menschheit hat Rom die Geschichte in sich vergegenwärtigt und die Zukunft ihrer Schrecken beraubt. Rom ist ein geheimnisvolles Wesen, das die Gabe hat, das Geschick des Menschengeschlechtes mit tausend Nerven leidend und fördernd mitzuleben und zugleich war nichts, was hier gelitten oder gefördert wurde, jemals imstande, den Geist der Stadt zu verwandeln. Seit die Menschheit eine Erinnerung an Rom besitzt, waren Recht, Ordnung und Frömmigkeit ebenso ihre Tugenden, wie Goldgier, Bestechlichkeit und Ausschweifung ihre Laster waren. Das einzige, woran man in Rom niemals geglaubt hat, ist die Behauptung, daß die Vernunft fähig sei, die Kräfte der menschlichen Natur zu überschauen und zu regeln.

Meine lieben Leser, Sie sehen schon, wovon ich hier

reden will: es handelt sich bei dem Leben mit Rom um ein tiefes Gefühl von Einbezogenheit in den Lauf der Welt, um eine geheimnisvolle Teilhabe an dem ewigen Spiel der Imponderabilien mit dem Gesetz, um eine ausgebreitete Zugehörigkeit zu dem, was wir am Menschenleben organisch nennen. In der Tat haben diese sieben Hügel durch fast drei Jahrtausende vermocht, Geister aus dem ganzen Erdkreis an sich zu ziehen, ihre Leidenschaften zu entfesseln, ihr Genie auszuschöpfen, die Idealisten durch Geld am Fanatismus, die Realisten durch Schönheit am Materialismus zu hindern, doktrinäre Naturen durch Genuß und Emphatiker durch Undank zu dämpfen, Schwärmer durch Wohlleben, Moralisten durch Liberalität, Narren durch Toleranz und Utopisten durch die Zeit zu bremsen. Das harmonische Gefüge der Welt litt und leidet keine Übertriebenheit. Man kann sich Rom als ein riesenhaftes Instrument der Geschichte vorstellen, als eine Art von Welt-Orgel, der jeder neu hinzutretende geistige Impuls eine Klangfarbe einfügt, die das Ganze reicher macht, ohne sein Prinzip zu verändern. So haben alle Nationen der Welt an Rom ihren Anteil – und die Stadt bewies durch alle Jahrhunderte ihrer Geschichte, daß keiner ihrer Geister seinen Ursprung aufzugeben brauchte, weil Rom sie alle in einer Weise zu verbinden wußte, die einer vorher nie gehörten Komposition gleichkam. Weshalb denn auch der Charakter der Stadt Rom dem Geiste der Musik so innig verbunden ist.

Das Mittelalter hat – einem pythagoreischen Mythos folgend – der Musik eine seltsam innerliche Stufenfolge zugeschrieben. Das Tönende in der Welt wird darin viel weiter gefaßt als das Akustische reicht. Da ist zunächst die MUSICA MUNDANA – jene unhörbare Komposition des göttlichen Geistes, die die Sphären durchströmt, den Umlauf der Gestirne im Gleichgewicht hält und die Erneuerung der Natur durch das Getöse des Lichtes bewirkt. Ihr folgt die MUSICA HUMANA, die aus dem Wechselspiel von Leib und Seele hervorkommt, die Kräfte des Verstandes und die dumpfe Regung der Leidenschaften dem Gang des Weltgesetzes zuordnet und sie dem Lichte der Einsicht unterwirft. Die dritte Stufe aber, die MUSICA INSTRUMENTALIS, ist von all diesen ungehörten Klängen das tönende Abbild, dem Menschen in den Sinn gelegt, weil er ein Ebenbild des Schöpfers ist – die Musik, die wir hören, die Musik, die wir spielen und erfinden, › der Liebe Nahrung ‹.

Überlegen wir uns einen Augenblick, was das mit Rom zu tun hat. Wenn wir durch Roms Straßen, Plätze, Paläste und Kirchen wandern, wird es uns nicht schwer fallen, in ihnen ein Abbild des Erdkreises, ein geistiges und geistliches Konzert der Nationen zu erkennen, und wir werden diesem bewegten Schaustück der göttlichen und der menschlichen Natur, worin ein sinnenfälliges, von Farben und Kontur lebhaft leuchtendes Welttheater im Gange ist, ohne Mühe den Namen der ROMA INSTRUMENTALIS zuerkennen. Damit ist die Erscheinungsform Roms als greifbares und deutliches Abbild von Erdkreis und Himmel gemeint. Dringen wir tiefer in den Charakter der Stadt ein, so werden uns die Menschen beschäftigen, die ihre Gestalt zu solcher Majestät aufgerichtet haben und dabei weder an die Beseitigung der Wohnstätten des Elends noch an die Unterdrückung monströser Geschmacklosigkeiten dachten. Spiegelt sich hier nicht dasselbe Prinzip, das die Pythagoreer veranlaßte, den Kampf zwischen den materiellen und den spirituellen Komponenten des menschlichen Daseins der MUSICA HUMANA zuzuordnen? Die ROMA HUMANA umfaßt das römische Konzept der menschlichen Natur, und es ist ihr Verdienst, daß sie anerkennt, wo andere protestieren, daß sie die Versöhnung mit dem Weltgesetz auch dort noch für möglich hält, wo der tiefe Fall des Einzelnen die Hoffnung schon verloren gab. Und endlich hat diese Stadt als ROMA MUNDANA in einer geheimnisvollen Kommunikation teil an dem seelischen Schicksal von vierhundert Millionen Katholiken, sie spürt das Nachlassen der Glaubenskraft ebenso wie die Gnade des Martyriums, sie bezahlt mit zeitloser Gelassenheit die Schulden jahrhundertealter Fehler, und sie ist in diesem verborgensten und großartigsten Teil ihres Lebens von der felsenhaften Gewißheit, daß die Unzulänglichkeiten dieser Erde in ihrer zeitlichen Flucht immerhin in der Lage sind, dem Ewigen eine inwendige Wohnstatt zu bieten, daß auch der vergängliche Hauch des Gedankens die Last der Wahrheit tragen kann, und daß die Weltgeschichte mit ihren Gezeiten stets im Begriffe ist, Gottes zeitloses Heute – nunc stans – zu durchschreiten.

Beinahe hätte mich diese faszinierende Anwendbarkeit der pythagoreischen Musikbegriffe auf das Wesen der Stadt Rom dazu verleitet, alles, was ich Ihnen in diesem Buche erzählen will, entsprechend zu ordnen. Aber dann habe ich den Gedanken wieder verworfen, weil er – in all seiner Schönheit – zu theoretisch ist, um einem so lebensvollen und konkreten Gegenstand aufgeprägt zu werden. Ich überlasse es dem freien Gefälle unserer Entdeckungen, Ihnen, meine lieben Leser, immer wieder die Perspektiven der ROMA AETERNA zu öffnen, und die Grazie des römischen Alltags wird dafür sorgen, daß sie sich beizeiten wieder schließen.

Die Sonne schleudert tagsüber ihre Strahlen wie gebündelte Pfeile auf die Dächer, Kuppeln und Zinnen der Stadt. In den Schächten der Gassen sind die Fensterläden dicht geschlossen, und Römer und Katzen achten mit Präzision darauf, die scharfe, schwarze Kontur der Schatten um keinen Preis zu verlassen. Jede Bewegung wird durch Gedankenarbeit so vorbereitet, daß sie ein Minimum an Kraft mit einem Maximum an Zeit verbindet. Ein Meister dieser Kunst ist der Portier eines großen geistlichen Kollegs, der sich, wie man in Rom zu sagen pflegt, ›ausgezeichnet organisiert‹ hat. Er sitzt in der Wölbung der Einfahrt, behäbig auf einem strohgeflochtenen Sessel ausgebreitet, neben sich hat er einen zweiten Sessel mit einem mezzo litro darauf, der plätschernde Hauch eines Brunnens tief im Dunkel des Ganges fächelt ihm Kühlung zu, die Brille balanciert er so auf der Nase, daß er über sie hinweg drohend auf jeden Menschen blicken kann, der an ihm vorbeizugehen riskieren sollte – während er durch sie hindurch die Zeitung liest. Ein Bild der Ruhe, so ausgeglichen, daß einem das Herz brechen könnte, es zu zerstören. Ein herkulisch gebauter Mann, der offensichtlich kein Römer ist, hat lange gezögert und es zum Schluß doch gewagt. Er geht zu dem Portier und teilt ihm mit, daß er ein Mitglied des Kollegs zu sprechen wünsche – und er nennt den Namen eines bekannten Professors. Darauf – nach langer Pause – der Portier: »E Lei, chi sarebbe...?« Das kann man eigentlich nur auf bayerisch wiedergeben: Und Sie, wer waar'n nacha Sie? – »Der König von Dänemark!« – »Mbò...« sagte der Portier, steht ganz langsam auf, geht zum Telefon und meldet ohne jeden Kommentar den König von Dänemark. Weitere Zeremonien für überflüssig haltend und sogar am Zweifel an der Echtheit der königlichen Person sichtlich desinteressiert, kommt er dann zu dem Gast zurück und sagt ihm: »Può salire!« – Sie können hinaufgehen. Setzt sich hin, nimmt einen Schluck, schlägt die Zeitung auf und hat sich niemals bewegt. Der Besucher aber war wirklich der König von Dänemark.

Hierzu wäre – nach römischer Sitte vom Konkreten zum Allgemeinen fortschreitend – folgender Kommentar zu geben:

Erstens: Bei sechsunddreißig Grad im Schatten hört jeder Rangunterschied auf. Ein König, mit Verlaub zu sagen, schwitzt wie alle andern. Er wird also von einem beleibten Portier nicht verlangen, daß er bei einer solchen Hitze ein großes Zeremoniell inszeniert. Da auch die einfachste Verbeugung dem Zeremoniell angehört, läßt man sie eben.

Zweitens: Wer sich nicht anmeldet, wird nicht empfangen, sondern höchstens hinaufgeschickt. Unvorhergesehene Besuche sind den Römern ein Greuel. Man hat von alters her in dieser Stadt die besonders feine Kunst gepflogen, sich innerlich auf seinen Besucher einzustellen, und der ganze Charme römischer Höflichkeit mit seinem sorgfältigen und diskreten Eingehen auf die Besonderheit des Gastes kann nur zur Entfaltung kommen, wenn man vorher weiß, mit wem man es später zu tun haben wird. Jeder Römer hat eine öffentliche und eine private Existenz. Die öffentliche ist viel ausgedehnter als bei uns, sie beginnt dort, wo der erste Kontakt mit einem Nächsten geschlossen wird, und endet erst beim Hauspersonal. Nur der Kammerdiener darf wissen, wie sein Herr wirklich ist. Es gibt kaum ein Stadtvolk auf der Welt, das das Privatleben auf ein solches Mindestmaß reduziert hat, wie die Römer, dort aber, wo es dennoch verletzt zu werden droht, verteidigen sie es mit Hochmut, Spott und Hartnäckigkeit.

Drittens: Der Respekt vor hochgestellten Personen wird sehr kultiviert und mit Freuden geleistet, aber nur in der öffentlichen Sphäre. Privatim erwartet jeder Römer auch von Personen noch so erhabenen Namens oder Amtes, daß sie demokratische Umgangsformen anzuwenden verstehen und sie auch am Gegenüber zu schätzen wissen. Womit wir bei einem ganzen Bündel von geistesgeschichtlichen, psychologischen und soziologischen Phänomenen angelangt sind, die sich allesamt unter die Frage ordnen lassen, in welches Verhältnis das autokratische, das aristokratische und das demokratische Prinzip auf römischem Boden zueinander geraten sind. Begriffe wie Civitas, Urbanität, patriarchalische und matriarchalische Lebensform, Intransigenz und Liberalität werden in einer vergleichsweisen Betrachtung der drei genannten Prinzipien am ehesten eine römische Definition erhalten können.

Zweifellos stößt die moderne Demokratie in Rom auf nicht geringe Schwierigkeiten. Dort, wo allzu gewinnsüchtige Geschäftstüchtigkeit oder allzu bequem erreichbare karitative Milde es versäumt haben, dem Elend einen Ausweg zur Besserung zu bahnen, fallen die verarmten Massen entweder materialistischen Parolen oder der Illusion anheim, sieben unterernährte Kinder seien genug, um einen zur Existenz-Sicherung ausreichenden Druck auf die Besitzenden auszuüben. Die Getreidespenden und die öffentlichen Spiele, die unter Cäsaren und Päpsten dem Volk die Überzeugung eines gottgewollten Versorgungsanspruches gegeben hatten, sind heute endgültig versiegt. Hinzu kommt eine schon mit den Gründerjahren einsetzende, stets wachsende Überfremdung der Stadt mit nicht-römischen Bewohnern, die – wie man heute deutlich von Quartier zu Quartier ablesen kann – von den ›Romani di Roma‹ nur zum geringeren Teil innerlich eingebürgert werden konnten. In diesem Bevölkerungsteil, der erheblich ist und ganz natürlicherweise zumeist außerhalb der Aurelianischen Mauer siedelt, ist das soziale Ressentiment eine alltägliche Erscheinung, die dadurch nicht besser wird, daß Rom bis heute weder eine Industrie- noch eine Handelsstadt geworden, sondern eine Beamtenstadt mit allen phantastischen Mißtrauensbeweisen der Bürokratie geblieben ist. Diesen zugewanderten Römern ist die Frage nach der Bejahung des demokratischen Prinzips gleich allen mittelländischen Menschen zunächst eine Frage des persönlichen Wohlstandes. Gäbe es noch ›panem et circenses‹, so wäre das Zugehörigkeitsgefühl zur jeweils herrschenden Staatsform bald geweckt, da diese aber fehlen, schwanken sie solange zwischen den Doktrinen und Ideologien hin und her, bis ihre Frauen ihnen sagen, daß sie Demokraten sind – oder es ihnen nicht sagen.

Anders liegt der Fall bei den eingeborenen Römern. Sie haben einen uralten Familiensinn, dessen autoritative Struktur ihnen auch dann noch keine Schwierigkeiten macht, wenn sie in der Praxis mitunter von der männlichen auf die weibliche Herrschaftsform hinüberrutscht. Auf jeden Fall ist ihnen die Anerkennung der Autorität überlegener Intelligenz und Energie, sei sie nun kollektiv oder individuell, als Erbteil eingegeben, und sie schöpfen eine gewisse soziale Genugtuung aus der Pikanterie, Mitwisser von Geheimnissen zu sein, die

die Achillesfersen der jeweiligen Träger dieser Autorität offenbaren, ohne daß man sie, von der Korruption bis zur illegitimen Nachkommenschaft, anders als im Geflüster von Ohr zu Ohr publizieren würde. Bereicherung auf Kosten minder schlauer Nichtwissender wird hier stets solange geduldet und sogar bewundert, als potentielle Teilhabe am Gewinn denkbar ist. Moralität hat ihre Grenzen: nämlich dort, wo das öffentliche Leben des Einzelnen endet – und wir haben gesehen, daß dessen Radius sehr weit gespannt ist. Im privaten Bereich bleibt der Sünder der Gnade des lieben Gottes und der Verständnisbereitschaft seines Beichtvaters überlassen, solange kein öffentliches Ärgernis im Spiele ist. Dies alles wäre aber noch kein echtes Argument gegen das demokratische Prinzip, wenn unter der Autorität zum Beispiel die des Gesetzgebers verstanden würde. Genau das ist aber nicht der Fall. Denn Autorität, welcher Herkunft auch immer sie sei, ist im römischen Denken an die Persönlichkeit gebunden, weshalb einerseits ein Heer von Beichtvätern, ausgerüstet mit dem nötigen Persönlichkeitsnachdruck, nicht als theologischer Luxus gelten kann, andererseits der Glanz päpstlich-theokratischer Macht bewirken muß, was diesen nicht mehr gelingt.

Um nun auf das aristokratische Prinzip zu kommen, hören Sie bitte folgende Geschichte: Im Jahre 1797 schickte Papst Pius VI. zu den Friedensverhandlungen mit dem Direktorium von Frankreich in das Feldlager des Generals Bonaparte nach Tolentino einen Mann, der den gewichtigen Namen Camillo Francesco Massimo trug. Er gehörte jener uralten römischen Fürstenfamilie an, die den stolzen Ruf besitzt, in Quintus Fabius Maximus Cunctator, dem großen Gegner Han-

Palazzo Massimo

nibals, ihren ersten Ahnherrn zu haben. Napoleon, der offensichtlich schon damals unter dem Komplex litt, ein Emporkömmling zu sein, empfing den päpstlichen Gesandten mit den ungewöhnlichen Worten: »Man sagt mir, mein Herr, daß Sie von Fabius Maximus abstammen. Das ist natürlich unwahr!?« »Sie sehen mich in Verlegenheit, mon général, wenn ich es Ihnen beweisen sollte«, antwortete Don Camillo, »ich weiß nur, daß man sich in unserer Familie diese Geschichte seit zwölfhundert Jahren erzählt.«

In der Tat, es gibt in Rom Familien, deren Mitglieder in ihren Ahnentafeln mit Päpsten, Königen und Kardinälen aufwarten können, ohne daß sie selbst darüber in die nördlich der Alpen übliche Verwunderung verfielen. Immer wieder einmal gerät die Öffentlichkeit, besonders die demokratische, in Wallung darüber, daß einzelne Sprossen dieser alten Geschlechter sich kleine Eskapaden leisten, die zum bekümmerten Einschreiten des Heiligen Stuhles führen und jenen Füchsen, denen die Trauben deshalb zu sauer sind, weil sie zu hoch hängen, das Wohlgefühl der Rechtfertigung ihrer miserablen Meinung vom verrotteten römischen Adel verschaffen.

Wie man auch darüber denken mag, jedenfalls ist sicher, daß die römische Aristokratie sich heute noch im Besitz von Privilegien befindet, die leichter zu verteidigen als zu erlangen sind. Daran hat auch die Landreform nichts geändert, ebensowenig die sogenannte nicht standesgemäße Heirat, die in Rom stets leichter toleriert worden ist, als anderswo. Schon die ›lex caia‹ aus dem Jahre 52 v. Chr. machte die Mesalliance zwischen Söhnen senatorischer Häuser und den Töchtern der ›plebs‹ gesellschaftsfähig. Wenn man den Typ der römischen ›nobili‹ heute genauer betrachtet, so wird man feststellen müssen, daß man diesen Trägern erlauchter Namen alles mögliche vorwerfen kann: Müßiggang, Desinteresse, ein unverdient bequemes Leben und noch eine Menge anderer Dinge, nur eines nicht – Degeneration. Die Männer sind von einer beinahe bäuerlichen Robustheit, geradeheraus, unbekümmert, humorvoll und gutartig, ritterlich und von einer Einfachheit der Lebensform, die in merkwürdigem Gegensatz zu dem Glanz steht, den Namen, Besitz und Tradition auf ihre Wappen gehäuft haben. Und die Frauen, ja die Frauen sind klatschsüchtig und mondän, gebildeter als sie zugeben, und auch, wenn man sie nicht schön nennen kann, von großer alter Rasse. Wenn eine römische Prinzessin, die gewohnt ist, sich mit fast mokanter Beiläufigkeit über ihre Ahnenreihen hinwegzusetzen, zur Begrüßung ihrer Gäste über die Haupttreppe eines Palastes herunterkommt, der ihr vielleicht nicht einmal mehr zu einem Zwanzigstel gehört, aber ihren Namen trägt, dann wird jeder Mann, der Augen im Kopf hat, eingestehen müssen, daß man so etwas nicht lernen kann. Im Umgang mit der Mitwelt haben diese Menschen längst ein Vokabular ausgebildet, das es ihnen erlaubt, jedem, der ihnen begegnet und sogar sich selbst das Gefühl zu geben, ein entzückender Mensch zu sein. Ihre wahre Meinung bleibt davon unberührt und wird nicht preisgegeben. Natürlich sind sie exklusiv, aber diese Exklusivität besteht eigentlich nur in einer einzigen urbanen Bedingung: gute Manieren bei allen und den Mut zu oberflächlicher Konversation bei den Gebildeten ihres Umgangs als Voraussetzung zu reibungsloser Verständigung zu verlangen. Sie geben zwar ihren Dienstboten das Du, aber sie haben es bisher immer noch fertig gebracht, inmitten des sozialistischen Zeitalters von ihren Camerieri mit einer Anhänglichkeit geliebt zu werden, die in keinem Verhältnis zu deren mageren Bezügen steht. Und wenn man die › Romani di Roma ‹ befragt, so wird man kaum einen unter ihnen finden, der nicht irgendwann seinen vertrauten Umgang mit einem römischen Principe rühmend erwähnt. Der italienischen Republik gegenüber verhalten sich die Mitglieder der römischen Aristokratie als loyale, wenn auch betont konservative Staatsbürger, am Vatikan aber stehen sie noch immer im Zeremoniell eines funktionierenden Fürstenhofes, und wenn einer von ihnen sich durch seine Lebensführung verscherzt, bei der großen Neujahrsvisite der römischen Nobilität vom Papst empfangen zu werden, so tolerieren sie ihn bestenfalls, wenn eine sehr schöne Frau im Spiel gewesen ist, und auch dann nicht immer. Natürlich gibt es unter ihnen eine ganze Menge schwarzer Schafe, aber andererseits weist diese Schicht auch ungewöhnlich geistreiche, künstlerisch hochbegabte Naturen auf – Musiker von hohen Graden, Kunstkenner von internationalem Rang – und schließlich sollte man doch auch die Frauen, die die römische Mode groß gemacht haben, zu den positiven Seiten des römischen Adels zählen. Nur wenige von ihnen sind noch wirklich reich, manche sind in die Diplomatie gegangen, andere haben sich mit großen Bankhäusern verbunden, und eine nicht allzu kleine Anzahl lebt in recht bescheidenen Verhältnissen von dem, was geblieben ist. Aber selbst die Spieler unter ihnen, die bekannten Gestalten der römischen Nachtlokale, deren Gesichter und Hände schon die Spuren zehrender und verwüstender Genüsse aufweisen, werden mit dem Droschkenkutscher vor der Türe in einen so erzrömischen Umgangston verfallen, daß dieser von ihnen als Kompliment entgegennimmt, was er von einem Fremden, auch einem Italiener, als beleidigend zurückweisen würde.

Sie leben schon zu lange zusammen, der ›popolo Romano‹ und die römische Nobilität, als daß sie es sich nicht leisten könnten, im Privatleben demokratisch zu sein. Das Problem im heutigen politischen Rom besteht für die Demokratie weit eher in der Frage, wie weit es ihren Trägern gelingt, zu ihren Wählern ohne diese jahrhundertealte Tradition des Zusammenlebens dasselbe vertraute Lebensverhältnis zu finden.

Was endlich das autokratische Prinzip betrifft, so beherbergt Rom seit den Tagen des Apostels Petrus den Heiligen Stuhl. Wir lernen im Katechismus, daß die Bischöfe die Nachfolger der Apostel sind. Sie haben eine direkte sakrale Verbindung zu ihrem göttlichen Stifter: die apostolische Sukzession, die ununterbrochene Weitergabe jener hohepriesterlichen Weihehandlung, die im Evangelium mit den Worten gekennzeichnet ist

»Empfanget den Heiligen Geist...«. Der Primat des Papstes vor den Bischöfen der Christenheit gründet sich auf die Worte, die in lateinischer und griechischer Sprache um die Gewölbekontur der Peterskirche laufen: »Du bist Petrus der Fels, und auf diesen Felsen will ich meine Kirche bauen, und die Pforten der Hölle werden sie nicht überwältigen.«

Rom war zur Zeit des ersten Christentums die Hauptstadt der Welt, und für die katholische Christenheit ist sie es durch den Bischof von Rom bis heute geblieben. Mit dem Kaiser Konstantin erhielten die Bischöfe das Recht, in ihren Basiliken der königlichen Ehren teilhaftig zu werden. Mit dem Verfall des westlichen Reiches wurde der Bischof von Rom ein kaum bestrittener Regent der Stadt. Mit der Kaiserkrönung Karls des Großen wies sich der Papst als der geistliche Nachfolger der Cäsaren aus, die Würde des Pontifex Maximus in die autoritäre Statthalterschaft Jesu Christi verwandelnd. Und heute bestreitet niemand mehr dem Papst das Recht, eine unanfechtbare Autorität über alle jene Menschen auszuüben, die durch Glaubenskraft und eingeborene Tradition davon überzeugt sind, echte Mitglieder der katholischen Kirche zu sein.

Wie jedermann weiß, kann der Papst irren. Nur wenn er in Glaubensfragen ›ex cathedra‹ spricht, kommt ihm vor der Gemeinschaft der Gläubigen Unfehlbarkeit zu – er funktioniert dann gewissermaßen als der Mund des Heiligen Geistes, der die gemeinsame Glaubensgewißheit der Kirche zu formulieren berufen ist. Da die Kirche aber nicht nur aus dem Glauben lebt, sondern in ihrer zeitlichen Gestalt ein Rechtsstaat ist, vereinigt der Papst in seiner Hand auch die höchste Repräsentation der göttlichen und weltlichen Gerechtigkeit. Und da ein Rechtsstaat nicht nur auf Urteile und Gesetze, sondern vor allem auf Disziplin und Gehorsam aufgebaut ist, emaniert aus der Stellung des Papstes in der katholischen Kirche naturgemäß ein autokratisches Prinzip von eminenter persönlicher Gewalt. Dies konnte am Charakter der Stadt Rom und an ihrem geschichtlichen Leben nicht ohne Spuren bleiben.

Zunächst fällt dem aufmerksamen Besucher allerdings das Gegenteil auf: es scheint, als nähmen die Römer am äußeren und inneren Leben des Heiligen Stuhles so gut wie gar keinen Anteil. Nicht einmal Heiligsprechungen von säkularer Wichtigkeit sind in der Lage, diese allgemeine Lethargie und Gleichgültigkeit des römischen Volkes gegenüber den Ereignissen im Vatikan aufzuheben. Boshafte Leute behaupten, das Dasein des Obersten Hirten, Lehrers und Richters der katholischen Christenheit hätte überhaupt nur dann eine stadtrömische Wirkung, wenn ein Wechsel im Pontifikat einträte. Dies darf jedoch nicht zu falschen Schlüssen führen.

Die Römer, seit vielen Jahrhunderten gewöhnt, auf dem Gipfel der Welt zu leben und entsprechend behandelt zu werden, haben zum Papst ein anderes Verhältnis als der Rest der katholischen Welt. Von allen Gemeinwesen der katholischen Kirche sind sie das einzige, dem die wahrhafte Pilgerfahrt nach den Apostelgräbern mit ihren psychologischen, moralischen und metaphysischen Konsequenzen unbekannt bleibt. Sie leben in zu dichter Nachbarschaft mit dem Kirchenregiment, als daß aus der menschlichen Unzulänglichkeit des kurialen Alltags nicht manche Desillusion auf sie übergriffe. Seit die profane, engstirnige und tolerante Herrschaft der Päpste im Kirchenstaat ein Ende fand, hat auch von den Römern der italienische Nationalismus Besitz ergriffen, während vorher durch viele Jahrhunderte die Stadt Rom das einzige Objekt ihres Nationalstolzes gewesen war. Deshalb betrachten die Römer heute den Papst nicht mehr in dem umfassenden Sinne als ihren Bischof und Herrn, wie noch vor hundert Jahren. Aber das Netz zahlloser intimer, familiärer und freundschaftlicher Bande, das von der Kurie zu den Römern gesponnen wird, ist immer noch dicht genug, um auch heute ein echtes ›convivium‹ zwischen der Stadt und ihrem Bischof zu ermöglichen; und daß sich dieses Zusammenleben aus der augenfälligen Öffentlichkeit zurückgezogen hat, ist noch kein Beweis für das Schwinden seiner Intensität. Der Papst ist in Rom mitunter einer Kritik ausgesetzt, die den auswärtigen Katholiken flammende Empörung ins Gesicht treiben würde, könnten sie sie hören. Aber gerade in dieser Kritik wird das Grundelement des Zusammenlebens von Rom und seinem Bischof deutlich: das Familiäre. In Rom ist der Papst noch der Vater der Gläubigen, nicht nur in einem symbolischen, sondern in einem adoptivrealen Sinne, und die ganze Macht des patriarchalischen Prinzips, die er in seinen Händen hält, wird trotz aller Kritik immer noch bedingungslos anerkannt.

Auch müssen wir bedenken, daß der päpstliche Hof stets ein funktionierender Fürstenhof von absolutistischem Charakter geblieben ist. Innerhalb des Vatikans – nicht nur innerhalb der Vatikanstadt, sondern innerhalb des ganzen, komplizierten stadtrömischen Lebensbereiches der Kurie – gilt der Gehorsam noch immer als ein geheiligter Grundsatz, der durch Verschiedenheit der Auffassungen nicht beeinträchtigt werden kann. Und so lebt in der Stadt Rom das autokratische Prinzip in großer Reinheit weiter, durch die Gewalt väterlicher Liebe eingeschränkt und durch die metaphysische Verankerung seines Rechtes geheiligt.

Um die autoritative Kraft dieses Papsttums noch nach einer anderen Seite zu erhellen, möchte ich Ihnen folgendes vor Augen halten: Wenn Sie der Weg wieder einmal auf das Kapitol führt, versäumen Sie bitte nicht, im Stiegenhaus des Konservatoren-Palastes die berühmten, von dem Sockel der Sieges-Säule des Marcus Aurelius abgenommenen Reliefs zu betrachten. Auf einem von ihnen werden Sie den Kaiser im Triumphzug einherfahren sehen, von den Siegesfanfaren begleitet, auf der Quadriga stehend, hinter sich einen als Nike gekleideten Sklaven, der ihm den Lorbeerkranz über das Haupt hält und von Zeit zu Zeit die Worte zuruft: »Bedenke, daß du ein sterblicher Mensch bist.« Noch heute, wenn ein Pontifikatswechsel erfolgt und der neugewählte Papst zur Krönung in Sankt Peter einzieht, schreitet vor ihm her ein Zeremonienmeister – früher war es ein Kapuzinermönch –, der an einem langen silbernen Stab ein Bündel Werg mit bitterem Geruch verbrennt. Dazu ruft er dreimal: »Sancte Pater, sic transit Gloria Mundi!« – Heiliger Vater, so vergeht die Herrlichkeit der Welt! Bei demselben Einzug, wie bei allen Triumphzügen, in denen der Papst in seiner Personalunion als weltlicher Souverän und geistlicher Oberherr der Christenheit auftritt, werden seinem Tragthron zur Seite die ›flabelli‹ getragen, die aus dem ägyptischen Zeremoniell der Pharaonen übernommenen Pfauen-Wedel, und er hat die Tiara auf dem Haupt, deren Ursprung in den Krönungsinsignien der persischen Könige zu finden ist. Seine Gewänder, wenn er

DAS AUTOKRATISCHE PRINZIP 29

die Liturgie feiert, sind die gleichen, die Kaiser Konstantin der Große und seine Nachfolger als Staatsornat trugen, und wenn sich Priester und Gläubige vor ihm niederwerfen, so geschieht es sicherlich aus einer tiefen Ehrfurcht vor der übernatürlichen Verankerung seines Amtes – aber geschähe es auch, wenn die Römer der Antike es nicht ebenso vor Diokletian getan hätten?

Rom scheint ein vom Weltschicksal für das hierarchische Ingrediens der Schöpfung ausersehener Platz zu sein, und es ist sicher nicht besonders originell, wenn sich heute gewisse Kreise dagegen unter Berufung auf die Aufklärung sträuben, deren Bildung sie aber leider nicht besitzen.

Um auf unsere Frage zurückzukommen; ebenso, wie die Roma instrumentalis ohne die Roma humana und die Roma mundana nicht denkbar ist, können auch das demokratische und das aristokratische Prinzip in dieser Stadt ohne das autokratische nicht existieren. Am besten ist, wenn wir die Fragestellung überhaupt als zu theo-

An Sant' Agnese

retisch verwerfen – Rom ist zu alt, zu fest gebaut und zu lange gereift, um sich nach einem einzigen Prinzip beurteilen zu lassen, sofern dieses Prinzip etwas anderes ist als die menschliche Natur mit allen ihren Kräften und Gewalten.

Jemand, der fest daran glaubt, daß das Atom-Zeitalter einen Fortschritt der Menschheit bedeutet, könnte jetzt fragen: ist das alles, was wir hier vorgesetzt bekommen – von der Hierarchie bis zu der überheblichen Traditions-Bewußtheit der Römer – nicht einfach ein Anachronismus, der längst ein Ende haben sollte? Wäre es nicht viel gescheiter, endlich mit dem Sozialismus in Italien ernst zu machen? Würde nicht ein Wohlfahrtsstaat ein lebendigeres Beispiel für die Tugenden des christlichen Abendlandes sein als dieses ganze skurrile Gemenge von erstarrten Formeln, Privilegien, Dünkel und Heuchelei? Und man könnte einen solchen Frager in seiner Kritik noch unterstützen, indem man ihm eine Formel zur Kenntnis brächte, die scheinbar wirklich nichts mehr an unnötigem Schwulst und finsterer Servilität zu wünschen übrig läßt: die Schlußformel, die ein Mensch anzuwenden hat, der an den Heiligen Vater einen Brief schreiben will. Sie lautet: ». . . prostrato al bacio del Sacro Piede imploro l'Apostolica Benedizione e mi confesso Sua Santità devotissimo ed obedientissimo figlio . . .« – hingeworfen zum Kusse des Heiligen Fußes flehe ich um den Apostolischen Segen und bekenne mich als Euer Heiligkeit demütigster und gehorsamster Sohn. Sieht man da nicht, was der Papismus aus den Menschen macht? Ist es denn überhaupt denkbar, daß sich noch Leute finden, die so etwas unterschreiben? Sie werden es vielleicht nicht glauben, meine lieben Leser, es gibt noch solche

Menschen, und schlimmer noch, es gibt noch viele Menschen, die gar nichts dabei finden, die einfach nicht verstehen, welche Erniedrigung darin liegen soll, dem Papst oder einem Kardinal mit Nonchalance und gebeugtem Knie den Ring zu küssen, und dann aufzustehen und mit ihm zu reden, wie wenn er ein einfacher, wohlmeinender und väterlicher Pfarrer wäre. Und es gibt noch Menschen, die an die Kraft des Segens glauben, und diese Kraft für sich erbitten und in Anspruch nehmen, selbst wenn sie wissen sollten, wie der Spender dieses Segens sich räuspert. Das hat, soviel Rom uns zeigt, nichts mit Konservativismus zu tun, und auch nichts mit jener existentiellen Feigheit, die sich all den Pomp und Staat als Fluchtweg vor der individuellen Verantwortung ausgedacht haben soll. Vielmehr ist in dieser Haltung ein gewisses dankbares Anerkennen jener metaphysischen Vollmacht zu erblicken, die stets die Legitimation der irdischen Macht gewesen ist.

Rom war immer ein Hort des Irrationalen, und die ›sacra caesarea potestas‹ war ebenso eine echte Vollmacht wie das Vikariat Jesu Christi, worin jene aufgegangen ist. Da es scheint, als ob die Menschheit im Angesicht des astrophysischen Mythos unseres Jahrhunderts die Selbstherrschaft der Vernunft wieder aufgeben wolle, sollte man mit dem kursorischen Verwerfen der ererbten Segenskräfte vielleicht ein wenig vorsichtig sein. Es könnte für die Zukunft wichtiger werden, ihrer teilhaftig zu bleiben, als den Wohlfahrtsstaat auf der individuellen oder kollektiven Ebene des Materialismus bis zu jenem Ende zu führen, an dem die Hydra des psychoanalytischen Freiheitsverzichtes als Religionsersatz ihr Haupt erhebt. Was uns bei der Betrachtung Roms, seiner Idee, seiner Geschichte und seiner Menschen hier bewegt und ergreift, ist die Einfachheit des Weltgefühls, die Freude an der inneren Harmonie, an der sinnenfälligen Schönheit der Schöpfung und des Lebens, und jene Anerkennung des Glückes der Kreatur, die wohl auch von den Pforten der Atom-Hölle nicht überwältigt werden wird.

Bei der Thronbesteigung des fröhlichen und wohlwollenden Papstes Leo x. aus dem Hause Medici, die hunderttausend Dukaten gekostet hat, kursierte in der Stadt ein Epigramm, das der personifizierten Roma in den Mund gelegt ist. Sie sagt: »Mars fuit, Pallas est, Cypria semper ero.« Das heißt: Mars ist gewesen (nämlich der kriegerische Papst Julius II.), Pallas herrscht (damit ist, unter dem Namen der Weisheitsgöttin Pallas Athene, der soeben gekrönte Papst bekomplimentiert), Cypria aber werde ich immer sein (und mit Cypria ist die auf der Insel Cypern aus dem Schaum des Meeres geborene Göttin der Liebe, Venus, gemeint).

Es ist anzunehmen, daß der gelehrte päpstliche Humanist diese Berufung auf die Venus den Römern nicht übel genommen hat, denn schließlich hat schon Cäsar sein julisches Haus auf die Göttin der Liebe zurückgeführt. Hadrian hat ihr zusammen mit der Göttin Roma den berühmten Doppeltempel in der Nachbarschaft des Kolosseums gebaut, die Taube, die später Symbol des Friedens und des Heiligen Geistes wurde, war vormals ihr heiliges Tier, und auch in einem deftigeren Sinn kann man es bis heute nicht leugnen, daß Rom unter dem Zeichen dieser Göttin steht. Hinzukommt, daß man in der Renaissance die antik-heidnische Mythologie als eine Art vergnüglicher Formelsprache gebrauchte, und ich hoffe auf Ihr Wohlwollen, wenn ich mich im Falle der Venus auf dieselbe Art behelfe.

Es sind viele gelehrte Untersuchungen darüber angestellt worden, warum die Stadt Rom der Liebe eine solch weiträumige Heimstätte geben konnte. Wie, so hat man oft gefragt, vereinbart es sich mit dem Blute der Märtyrer und der Heiligkeit des päpstlichen Stuhles, daß sich über diesen sieben Hügeln mit solch unbekümmerter und genußfreudiger Beständigkeit eine Art von ewigem Gastmahl der Aphrodite ausbreiten konnte? Wie kommt es, daß die Stadt niemals in ihrer Geschichte zu einem wohlanständigen und sittenreinen Leben zu bringen war? Warum hat man es sich mit der Verzeihung dieses moralischen Defektes so leicht gemacht, ihn so gerne mit eingeborener Schwäche entschuldigt und mit seiner übermächtigen Kraft gerechtfertigt? Nicht nur zu Luthers, zu allen Zeiten gab es eine Fülle von strenggläubigen Menschen, die an dem unbekümmerten Venusdienst der Römer berechtigten Anstoß nahmen, Hunderte von öffentlichen und verborgenen Büßern gerieten in metaphysische Ängste vor der bacchantischen Brandung, der der Felsen Petri in seiner eigenen Stadt durch die Jahrhunderte ausgesetzt war.

Auf den Pfaden der Venus hat das Heidentum immer wieder seine Macht aufgeboten, und die üppigen Reize, die uns die heutigen Römerinnen mit heidnischer Offenheit zur Schau stellen, werden durch ihre züchtigdüsteren Blicke und abweisenden Mienen schwerlich entkräftet. Vielleicht ist die einzige Auslegung, die man diesem unbestreitbaren Phänomen geben kann, wirklich jene seltsame und vielverzweigte Lebensgemeinschaft, die Christentum und Heidentum seit fast zweitausend Jahren auf dem Boden Roms eingegangen sind. Dabei ist vor allem festzuhalten, daß dem Heidentum nicht nur die Abgründe und Schattenseiten des Lebens zufallen, daß die Stürme, die über die Kirche Gottes hinwegfegten, niemals vor den Toren ihrer Stadt halt gemacht haben, und daß das Heidentum für den Christen nicht nur eine Provokation sondern auch ein Stachel im Fleisch sein kann. Ein sehr verehrungswürdiges, über jeden Zweifel erhabenes Mitglied der vatikanischen Gesellschaft hat mir einmal gesagt: »In der Tat, Rom ist eine Probe für den Glauben; und danken wir Gott, daß es so ist.«

Mittlerweile, während wir noch mit unseren Betrachtungen über das Wesen der Stadt Rom beschäftigt waren, hat sich über den östlichen Hügelketten ein schwacher Schein ausgebreitet – und es bricht jene unvergleichliche Stunde Roms an, die ich Ihnen, meine lieben Leser, nicht genug ans Herz legen kann: die Zeit der Morgendämmerung.

Steigen wir doch um diese Stunde einmal hinauf zu dem kleinen Kloster Sant'Onofrio auf dem Gianicolo und geben wir uns dem Weltschauspiel des aufsteigenden Tages über der Stadt Rom hin. Dort, auf der Ter-

Terrasse von Sant'Onofrio

rasse unter den knorrigen Ölbäumen, beim Geplätscher eines freistehenden Brunnens, wird sich in diesem frühen Schweigen der Prospectus Romae in seiner ganzen Majestät vor uns öffnen. Ein seliger Eremit, Nicolò da Forca Palena, der nach dem Vorbild des Heiligen Hieronymus lebte, hatte in seinem siebzigsten Jahre am Anfang des fünfzehnten Jahrhunderts den glücklichen Gedanken, sich hier eine Klause zu bauen. Und heute noch weht um den Ort jener weltfremde Friede, den das freigewählte Leben in jenseits-durchtränkter Einsamkeit über die einfachen Stätten seiner Erfüllung zu breiten versteht. Hier wird sich uns ein Geheimnis der Stadt Rom offenbaren, das an sinnenhafter Schönheit alle anderen übertrifft: das Leben des Lichtes.

Es gibt auf der Welt keinen zweiten Ort, über dem der unbesiegte Sonnengott so körperlich greifbar regiert. Und wenn er sich, wie jetzt, anschickt, über dem östlichen Horizont hervorzubrechen, während die traurige und prächtige Nacht mit dem kalten Glanz ihrer Sterne noch dunkel im Westen steht, dann beginnt die Stadt Rom ganz langsam in einem goldenen Feuer zu glühen und der Purpur des Jüngsten Tages ist an die Wolken geheftet. Zeitlos rinnt das lebendige Wasser über die Schale des Brunnens, zeitlos rauscht der morgendliche Meereswind in den Zweigen, zeitlos und schweigend dehnt sich der herrliche Körper der Stadt zu unseren Füßen, und wir erkennen in seinem Anblick und im Schauspiel der Natur eine höchst merkwürdige Situation. Wenden wir uns, ein paar Schritte hügelan gehend, der von der Stadt abgewandten Seite des Gianicolo zu, so werden wir vor der dunklen Wand der sinkenden Nacht die Kuppel von Sankt Peter sehen, schwach erleuchtet, einen Augenblick lang wie eine große blasse Sonne über dem Westen schwebend, bevor sie im steigenden Frühlicht die Festigkeit des Steines wiedergewinnt. Einen Moment lang zwischen Tag und Nacht scheint die ungeheure Steinfrucht über dem Apostelgrab ein durchsichtiges, von innen her durchstrahltes Gebilde zwischen Himmel und Erde zu sein – eingefügt in die genaue Grenze, die das gewaltig aus dem Orient aufsteigende Licht und die gelassen im Okzident versinkende Nacht miteinander gezogen haben.

Wenden wir einen letzten Gedanken auf dieses Schauspiel und bedenken wir, wie sehr Orient und Okzident in dieser Stadt vereinigt sind, sie bevölkert, bekriegt und besiegt, gedemütigt und verachtet haben, wie sie sich in ihr entzweiten und versöhnten. In der Liste der römischen Kaiser lesen wir ebenso griechische wie spanische Namen, im Verzeichnis der römischen Dichter finden sich Syrer ebensogut wie Franzosen, die Aufzählung der römischen Päpste weist byzantinische und germanische Namen auf, und auch in den Himmel der römischen Heiligen teilen sich die östliche und die westliche Hemisphäre. In der Vorhalle der kleinen Kirche von Sant' Onofrio sehen wir den Grabstein des seligen Nicolò im Habit der Hieronymiten, deren geistlicher Vater, der Heilige Hieronymus, das größte kirchliche Übersetzer-Genie aller Zeiten, dreißig Jahre in der dem Osten zugehörigen Stadt Bethlehem zubrachte, um der Welt die lateinische, dem Westen zugewandte Bibel zu schenken. Torquato Tasso, der im Kloster von Sant' Onofrio wohnte – einer der tragischen Schöpfer der italienischen Dichtersprache –, hat als Gegenstand seines größten Gedichtes die dem Orient verhaftete Stadt Jerusalem gewählt, im Augenblick ihrer Befreiung durch das christliche Abendland. Auf den Fresken in der Kirche finden wir Malereien von Baldassare Peruzzi und Pinturicchio – zarte und anmutige Entwürfe westlich geprägter Menschen – vor dem goldenen Hintergrund byzantinisch-orientalischer Jenseits-Vorstellung. Welch ein Prozeß! Welch ein Durchdringen von Mystik und Natur, von Ordnung und Traum, von Vernunft und Geheimnis!

Ich habe lange darüber nachgedacht, unter welchen Perspektiven ich Ihnen, meine verehrten Leser, den Stoff dieses Buches anbieten sollte, denn die Stadt Rom verlockt so leicht zu glücklichen Spielen, in denen sich Sternbilder, Windrosen, Tugendeinteilungen, musikalische Formeln zur Anwendung auf den Gegenstand drängen – und immer geht es auf. Da sind die alten Planeten: jeder von ihnen zieht über der Stadt eine bestimmte, geheimnisvoll mit dem Lebensschicksal Roms und seiner Menschen verbundene Bahn, die ein phantasiereicher Wanderer voller Genuß aufspüren könnte. Da sind die zwölf Staatsgötter der Antike, in deren Konzept die römischen Geheimnisse des Weltregiments begründet liegen, da sind die zwölf Apostel des Christentums, deren Charakter wir in ihren römischen Kirchen und Heiligtümern auf eine höchst lebendige Weise interpretiert finden, da sind die vier Weltalter, im Schimmer und Ernst ihrer mythischen Metalle magisch im römischen Stadtkörper verankert und zur Gleichzeitigkeit gebracht. Ein jedes dieser Systeme läßt sich in ordnender Kraft auf Rom anwenden und fördert Wunder zutage. Denn überall auf der Welt gibt es für jedes Schloß einen Schlüssel, aber in Rom gibt es für jeden Schlüssel ein Schloß.

Es genügt, der gewählten Betrachtungsweise ein Gesetz zugrunde zu legen, das aus Rom selber abgeleitet ist:

die paradoxe Verleugnung der Chronologie, die gelassene Toleranz gegenüber dem scheinbar Bedeutungslosen und das heitere Bejahen der Erfahrung, daß in dieser Stadt schwerlich ein Stein auf dem anderen bleibt. Die Obelisken wandern seit zweitausend Jahren von einem Platz zum andern, die Marmorplatten der antiken Kaiserpaläste sind – umgeschliffen – in die Kirchen des Barock geraten, und der Erbauer der Servianischen Mauer würde sich wohl schwerlich darüber aufregen, daß ein Rest seiner uralten Befestigung heute, grün beleuchtet, dem Bahnhofsrestaurant als Kulisse dient. Denn wer wollte schon entscheiden, ob der ursprüngliche Zweck dieses Baustückes besser war als der gegenwärtige? Unaufhörlich wird in Rom das Heilige profaniert und das Profane geheiligt, der Zweck des Geschaffenen in sein Gegenteil verkehrt, die Welt erkannt und nicht gebessert. Vielleicht ist Venus auch deshalb die Göttin Roms, weil sie so alterslos und so flatterhaft ist, denn Unbeständigkeit ist die römische Garantie für ewige Dauer. Niemals hat man in Rom versucht, die bestehenden Zustände in Ordnung zu bringen, und man hat der Geschichte stets alle Freiheit gelassen, sich mit dem zeitlosen Geist dieser Stadt zu arrangieren. Deshalb hatten Savonarola und die Reformatoren in Rom keinen Erfolg.

Meine verehrten Leser, unsere Wanderungen werden diesmal ganz anders aussehen als im CONCERTO ROMANO. Es geht mir darum, Ihnen das tiefe Lebensgesetz der Stadt Rom nahezubringen, das sich zwar durchaus im Zurücklegen praktischer und eindrucksvoller Wege ahnen läßt, in seiner Gewalt und Größe der Erkenntnis jedoch erst dann zugänglich wird, wenn sich unser Auge daran gewöhnt hat, Monumente, Zeiten und Menschen nicht nacheinander, sondern ineinander zu sehen. Unter dem makellosen Gewölbe des römischen Himmels gelingt es uns leicht, Räume und Zeiten in unserer Phantasie zu höherer Sinngebung zusammenzurücken. Und so fühlen wir uns ermutigt, diesmal nicht selber pilgernd und schaulustig unterwegs zu sein, sondern das Unbewegte zu bewegen. Ich möchte Sie mit einem überscharfen Auge ausrüsten, das Steine und Bastionen durchdringt und die Fähigkeit hat, den Schatten des wahnsinnigen Domitian über den Ruinen des Palatin ebenso deutlich zu erkennen, wie an der gleichen Stelle den kleinen armseligen Franziskaner-Bruder, der in seinem Kloster S. Bonaventura das ›Requiescant in pace‹ flüstert – ohne eine Ahnung davon zu haben, welche abgeschiedenen Geister ihn hören.

Verzichten wir also leichten Herzens auf die Annehmlichkeiten, die eine labyrinthische Wanderung durch Rom uns verführerisch anböte. Was wir dafür eintauschen, ist die beflügelte Überwindung der Distanzen, die die Gegenstände und Personen unseres Interesses räumlich und zeitlich voneinander trennen. Wir ersparen uns die langwierigen und mühseligen Wegstrecken zwischen den Monumenten und erleben den sublimen Prozeß, worin die Trajanssäule vor das Kolosseum rückt, die Laterankirche vor das Kapitol und die Piazza Navona vor den Quirinal. Wir wollen uns der Manier der alten Kupferstecher bedienen, die in der Gewißheit höherer Treue von der Topographie zur Vision fortgeschritten sind und Rom römischer gemacht haben, als es dem kalten Auge rationaler Feststellung jemals erscheinen könnte.

Handelte es sich bei unseren Betrachtungen nur um Monumente und nicht um Schicksale, bliebe also der

Mensch mit seinen Verirrungen und seiner Größe unseren Überlegungen ferne, bewegte uns endlich nicht auch der Alltag des kleinen Rom in seiner freudigen Lebensvielfalt, so könnte die ›Kupferstecher-Methode‹ uns genügen. Da aber Rom ein fühlendes und leidendes Wesen ist, bedürfen wir bei unserem Vorhaben eines Schlüssels, der uns die menschliche Natur in ihren römischen Formen zu öffnen vermag. Der römische Arzt Galenus hat vor zweitausend Jahren dem Menschen vier Grundeinstellungen zu seinem eigenen Dasein zugeschrieben, die heute noch als die vier Temperamente ihre Gültigkeit erweisen. Sie bilden gewissermaßen die vier Elemente der menschlichen Seele. Wie Erde, Wasser, Luft und Feuer – ungeachtet der modernen Physik – immer noch das Leben des Erdkreises bestimmen, so tragen das melancholische, das sanguinische, das cholerische und das phlegmatische Temperament im Wechselspiel von Trauer, Freude, Erregtheit und Ruhe auch heute noch – ungeachtet der modernen Psychologie – die Seele durch ihre zeitliche Existenz. Und Rom wäre nicht das ewige Abbild alles Menschlichen, böte es uns nicht für jedes dieser vier Temperamente eine wunderbare, reiche und vielgestaltige Perspektive dar. Wie aber im Menschen sich niemals ein Temperament in seiner reinen Form manifestiert, so lebt auch das Rom der Melancholie nicht losgetrennt von dem der Freude, und in das tatenreiche Pathos der Weltbeherrscherin mischt sich das abgeklärte Lächeln gelassener Weisheit. Denn Mischung ist das Los der Zeitlichkeit, die Reinheit ist dem Himmel vorbehalten.

Und wenn wir jetzt, meine lieben Leser, zusammen versuchen wollen, unser persönliches Gefühl mit den Temperamenten der Stadt Rom zu verbinden, so lassen

Sie uns eines nicht vergessen: daß die Verschiedenheiten der menschlichen Natur im Auf und Ab ihrer Temperamente doch nur eine Wurzel haben, dieselbe Wurzel, die auch die Stadt Rom durch die Jahrtausende lebenskräftig erhält: die Liebe, die da die Sonne rollt und alle Sterne.

Porta Cavalleggeri

ROMA MALINCONICA

ES GIBT AUGENBLICKE IN ROM, in denen unser Herz von Schönheit überwältigt, von Todesatem angeweht, von Vergänglichkeit ahnungsvoll bedrängt und von Trauer überschattet wird. Ein Sonnenuntergang auf der Via Appia Antica gehört dazu, und der schweigende Prunk päpstlicher Grabstätten, der Morgenregen auf der Piazza del Pantheon, und die wilde Mittagsglut über den dunklen Pinien der Villa Doria. Das stolze Erlöschen uralter Geschlechter, das wir in den durchsichtigen Händen eines überzarten Prinzen vorgezeichnet finden, die einsame Purpurgestalt eines Kardinals in seinem weiten kühlen Palast, die rührenden kleinen Blumengaben auf Raffaels Grab – und dann das hinströmende rote Gold am Himmel über Sankt Peter – dies alles gehört der ROMA MALINCONICA zu. Die vollkommene Schönheit an das Vergängliche gekettet zu wissen, im Prunk die Krone des Leidens zu erkennen, im Reichtum die Einsamkeit, in der Macht den Verzicht aufzuspüren, das Glänzende vom Tode bedroht und das Heitere von Tränen begleitet zu sehen, Starkmut und Willenskraft von heimlicher Ohnmacht gebrochen zu fühlen, und den Augenblick in seinem Hinsterben köstlich zu finden, dies alles lehrt uns Rom in seiner Melancholie, und die zeitlosen Brunnen rauschen darüber hin.

> Wenn ich in feierlicher Nacht den Himmel
> Von unzählbaren Lichtern leuchten sehe,
> Wenn ich betrachte, wie die Erde, von Nacht umkreist,
> In Schlaf und in Vergessenheit begraben liegt,
> Wenn ich des Firmaments geschloßnes Rund
> Entfaltet seh' zu königlichem Ernst,
> Dann facht in mir die Liebe und der Schmerz
> Ein Feuer unstillbarer Sehnsucht an,
> Das meine Augen trunken macht vor Tränen,
> Den Blutstrom meiner Adern mir zu Herzen treibt,
> Und seufzend kommt aus meinem Innern, was ich sage:
> Du Weltgebäu von ungemeßner Pracht,
> Du Tempel voller Glanz und kühler Klarheit,
> Von Deiner Höh' kam einst die Seele,
> Die ruhlos ich in mir gefangen fühle.
> O welch mißglücktes Schicksal hält sie
> Noch immer fest in diesem hohlen Kerker,
> Der Erde ist, und Dunkelheit, und Trauer.

DIE GROTTEN VON SANKT PETER

Die Stadt Rom ist ein geheimnisvolles Wesen. Mit ihren Kuppeln, Türmen und Säulen steigt sie in den blauen Himmel auf, mit den Schächten ihrer antiken Gewölbe und Katakomben reicht sie tief in die Erde hinunter. Wie das Gefälle ihrer Wasser, das von den Bergen in ihre Lebensadern einströmt, aus den Brunnen kühlend wieder ans Licht dringt, so hat auch der Geist der Menschen, deren Leiber sich seit Jahrtausenden dem römischen Boden einfügten, die erhaltenden und verjüngenden Kräfte stets wieder aus der Tiefe heraufgetrieben. Der Nährboden Roms ist von Gängen durchpflügt, von Tempelresten durchsetzt und von Gräbern durchwühlt. Wer von der alten Macht Roms etwas erfahren will, muß in die Erde eindringen, wo das riesige Totenreich sich dehnt, das ohne Schrecken ist. Es hat mich immer fasziniert, mir das Rom des Jüngsten Tages vorzustellen, wenn die Schlünde unter den wankenden Palästen sich öffnen und die Leiber aller römischen Zeitalter, die einmal in diesen Menschheitsacker eingesunken waren, in der Gewalt ihres Fleisches wieder hervorbrechen werden. Nach der Prophezeiung des Malachias wird dann Petrus II. auf dem päpstlichen Throne sitzen und seine Herde in vieler Trübsal weiden. Die Elemente werden sich der Ewigen Stadt bemächtigen und der furchtbare Richter wird über ihr erscheinen. Und dann werden wir Cäsar und Augustus, Gregor den Großen und Otto II., die heilige Katharina von Siena, den göttlichen Raffael und den unglücklichen Torquato Tasso, den gewaltigen Urban VIII. und den heiteren Benedikt XIV., die Heerschar der Heiligen, der Künstler, der Verbrecher und der Unschuldigen, und alle Römer der Weltgeschichte in ihrer wahren Gestalt aus den geborstenen Monumenten ihres Erdendaseins aufstehen sehen, um in der endzeitlichen Ordnung der Schöpfung ihren Platz einzunehmen. Die Ruhestätten in der Tiefe der Stadt Rom sind nicht für die Ewigkeit geschaffen, sondern nur für die Dauer dieser Zeit, aus deren Asche unter einem neuen Himmel einmal die neue Erde aufsteigen wird.

Es gibt in Rom keinen Ort, der uns solche Gedanken näher brächte, als die weiten und großartigen Gewölbe unter der Basilika von Sankt Peter, die man die ›Grotten‹ nennt. Achtzehn Päpste, dreizehn Kardinäle und Bischöfe, ein Kaiser, zwei Königinnen, drei Prinzen und sieben hohe Kleriker liegen hier begraben, geschützt von Mauern, die die Last der größten Kirche der Christenheit tragen. Unsere erste Wanderung soll in diesem schweigenden Bezirk beginnen.

Zunächst wollen wir bedenken, daß die hier versammelten Toten geistlichen und weltlichen Standes nur einen inneren Ring um das Grab des Heiligen Petrus bilden: wir werden zum Beispiel in vielen anderen römischen Kirchen auch Papstgräber finden, und viele von ihnen sind weit prunkvoller als die zumeist einfachen Sarkophage, denen wir hier begegnen. Es mag uns – die wir geneigt sind, die Grotten als den ehrwürdigsten Bestattungsort der Welt zu betrachten – verwunderlich erscheinen, nicht wenigstens alle in Rom verstorbenen Päpste hier begraben zu finden. Jedoch gab es für die Wahl ihrer Gräber auch bei den Päpsten die verschiedensten Gründe: persönliche, familiäre, auch politische und dynastische. Einige Päpste haben überdies nach ihrem Tode innerhalb der Stadt lange Wanderungen angetreten – von ihren Nachfahren fromm aus ihrer

Grabesruhe aufgestört, umgebettet, glorifiziert und vergessen. Die Auswahl der unter Sankt Peter begrabenen Statthalter Christi wurde von der Weltgeschichte nach einem Schlüssel vorgenommen, der uns nur zu erkennen gibt, daß es für die Kirche in ihrem Gang durch die Zeiten nicht notwendig ist, immerfort von überragenden Persönlichkeiten regiert zu werden, daß die Päpste in der Verschiedenheit ihres Charakters durch gänzlich verborgene Qualitäten an der Gestalt der christlichen Welt gewirkt haben und daß die großartigen oder schrecklichen Resultate ihrer Herrschaft vor der Ewigkeit doch nur einen einzigen Sinn behalten, während ihre Leiber zu trockener Substanz vergilben.

Die architektonische Gestalt der Grotten führt uns bis zu Kaiser Konstantin dem Großen zurück. Wir wissen, daß er im Jahre 326 daran ging, über der Grabstätte des Apostels Petrus auf dem vatikanischen Friedhof eine große Basilika zu bauen. Die Legende erzählt, er habe in einem feierlichen Zeremoniell selber zwölf Körbe voll Erde auf den Schultern getragen, um der Welt zu zeigen, daß auch für den Herrn des Erdkreises vor der Majestät des Apostelfürsten Demut geboten ist. Sein Bau stand zwölfhundert Jahre. Erst der mächtige Julius II. überantwortete – gegen den Protest zahlloser Zeitgenossen – das ehrwürdige Gotteshaus der grausamen Spitzhacke des Bramante.

Antonio da Sangallo, der unter Paul III. die Bauarbeiten an der neuen Peterskirche leitete, schuf zwischen dem Niveau der alten Basilika und dem Fußboden der heutigen Kirche, der Trockenheit der Fundamente wegen, einen Gewölbe-Zwischenraum von drei Meter und zwanzig Höhe: die heutigen Grotten. Später bezog man in diese geräumigen niedrigen Hallen auch noch

die Krypta der alten Konstantins-Basilika ein, die den Gläubigen den Zugang zum Apostelgrab ermöglicht hatte. Am Anfang des siebzehnten Jahrhunderts gab Papst Paul v. die Weisung, auch noch die letzten Spuren des konstantinischen Baues zu beseitigen, ordnete jedoch gleichzeitig an, man möge nicht wahllos zerstören, sondern alle Reste von religiöser, historischer oder künstlerischer Bedeutung, die sich noch fänden, in die Grotten verbringen. So lagerte man in den Hohlraum zwischen der alten und der neuen Peterskirche Grabsteine, Skulpturen, Mosaiktrümmer, Sarkophage und Gebäudeteile ein, inventarisierte sie und vergaß sie später. Lange Zeit blieben die Grotten unbewacht, ohne Pflege, vielleicht zum Teil nicht einmal verschlossen, so daß jedermann, der in diesen moderigen Bezirk des Todes hinunterstieg, ungehindert nicht nur seiner Neugier, sondern gegebenenfalls auch seiner Raubgier frönen konnte. Bei Fackellicht flackerten damals auf den Sarkophagen die großen Namen der hier Bestatteten dem Besucher entgegen, und nach dem Zeugnis alter Berichte gab es in Rom kaum einen Ort, an dem die Schauer der Vergänglichkeit so eindringlich wehten.
Heute bieten sich die vatikanischen Grotten in einem anderen Licht. Die Düsternis ist aus ihnen gewichen, die Feierlichkeit ihrer Repräsentation erhöht. Seit den großen Ausgrabungen, die man in jüngster Zeit an der antiken Nekropole unter der konstantinischen Basilika trächtige Bild einer Begräbnisstätte von kühler Größe. vorgenommen hat, bieten uns die Grotten das geschichts-
Wo früher nur das Gefühl der Hinfälligkeit alles Zeitlichen angerührt wurde, ist heute eine innere Begegnung mit denen möglich, die dort dem Ende der Zeiten entgegenharren.

DIE ERSTEN SÄLE

In den ersten Sälen, die wir betreten, finden wir Bruchstücke, Grabsteine und Mosaiken aus dem alten Sankt Peter liebevoll aufgesammelt. Sie reichen von der späten Antike bis herauf zum Zerstörungsjahr und geben uns in all ihrer Spärlichkeit noch einen Begriff von den Reichtümern, die dieses größte Schatzhaus der Christenheit im Laufe seiner Geschichte in sich aufgenommen hatte. Lassen Sie uns wenigstens eine kleine Anzahl von diesen Fragmenten näher betrachten.

Da begegnet uns zunächst, auf seinem feinziselierten Grabstein, der Kardinal Johannes de Villiers de la Groslaye, ein prunkvoller Bischof mit dem durchfurchten Gesicht eines Cholerikers, Bitterkeit um den genußfreudigen Mund, und in den senkrecht zwischen den Augenbrauen laufenden Stirnfalten, die von zwei tiefen Querfurchen überlagert sind, die Zeichen jahrelanger, bohrender Denkanstrengung. Dieser Mann, Gesandter des französischen Königs am päpstlichen Hofe, gab auf Anraten und Bürgschaft seines gelehrten Humanisten-Freundes Jacopo Gallo im Jahre 1498 einem dreiundzwanzigjährigen Künstler den Auftrag, den Leib des vom Kreuz abgenommenen Christus auf den Knien seiner Mutter in einer Marmorgruppe darzustellen. Er ahnte damals nicht, daß ihm für die Summe von 450 Dukaten eines der berühmtesten Kunstwerke der Welt geliefert werden würde: die Pietà des Michelangelo, die heute in der ersten rechten Seitenkapelle des Langhauses von Sankt Peter steht.

In einem anderen Saal finden wir die kleinen Bruchstücke, die man aus dem großen Apsis-Mosaik von Alt-Sankt Peter gerettet hat. Da ist der Kopf eines Cherubim aus dem Anfang des dreizehnten Jahrhunderts, dessen sylphidisches Lächeln uns darüber hinwegtäuscht, daß seine weit offenen, todernsten Augen starr auf ein überwältigendes Ziel gerichtet sind. Da ist – aus dem Sixtus-Chor und von der Hand des großen Melozzo da Forlì – ein Mosaikkopf des Heiligen Petrus: Haar und Bart ein dichter schneeweißer Rahmen für ein Gesicht, dessen hochgewölbte Brauen den gewinkelten Blick zweier riesiger Augen freigeben; die oberen Lider schwer auf den Pupillen lastend, die unteren von Tränensäcken weit nach abwärts gezogen, eine bäuerliche jüdische Nase, ein breiter und waagrechter Mund über einem kurzen Kinn von geschlossener Energie. Nichts mehr verrät den schlichten Fischer, alles spricht von dem gefaßten Regenten der Ecclesia, und es scheint, als habe die Wachsamkeit diesen Augen geboten, auf die Wohltat des Schlafes für alle Ewigkeit zu verzichten. Ein wenig weiter starrt uns der mosaizierte Papst Johannes VII. aus seinem viereckigen Heiligenschein entgegen. Das Porträt wurde am Anfang des achten Jahrhunderts zu Lebzeiten des Papstes geschaffen, er hält das Modell seiner Marienkapelle im Arm und führt mit seinem langgezogenen Antlitz unter dem Haarkranz unsere Gedanken zurück zu jenen der Askese verfallenen Mönchen der östlichen Kirche, deren visionäre Kraft auch in den dunklen Jahrhunderten der Christenheit das Feuer der johanneischen Liebe zu reiner Flamme zu entfachen wußte. Wir wissen, daß er Grieche war.

In seiner fülligen, gedrungenen Reliefgestalt blickt der französische Papst Benedikt XII. auf uns nieder. In der Mitte des vierzehnten Jahrhunderts erbaute er den großen Papst-Palast in Avignon, hat Rom während seines Pontifikats niemals betreten, wollte aber in Alt-Sankt Peter begraben werden. In seine Regierungszeit fällt die Krönung des Dichters Francesco Petrarca auf dem Kapitol in Rom zum Poeta Laureatus und damit der Anbruch der humanistischen Epoche.

Es folgen herrliche Grabmäler verschiedener Kardinäle aus dem fünfzehnten Jahrhundert, worunter die Figur des Portugiesen Pietro Fonseca unsere Aufmerksamkeit besonders erregt: leicht und elegant auf seinem Kissen ruhend, zeigt er das Gesicht einer schönen, mit der Inful bedeckten jugendlichen Nonne. Überall an den Wänden ziehen uns Bruchstücke feinster Steinmetzarbeit an, Wappen, Gebälk, Medaillons, alles von höchster Lebendigkeit. Wie selbstbewußt muß eine Zeit gewesen sein, die all diese Kunstwerke bedenkenlos zerstörte – zum Teil kaum daß sie geschaffen worden waren –, weil sie überzeugt war, noch Größeres hervorzubringen.

Hier ist in unserer Wanderung ein Augenblick der Ruhe vonnöten. Alles, was wir bisher sahen, gehörte der alten Basilika zu. Zwar sind es nur winzige Reste, aber vielleicht genügen sie unserer Phantasie, das Bild dieser wunderbaren konstantinischen Kirche noch einmal vor uns aufzubauen. Stellen wir uns einen Rom-Pilger vor, der im Augenblick der Entdeckung Amerikas dieses Gotteshaus betrat. Er muß einen labyrinthischen, durch den Prunk von zwölf Jahrhunderten verwirrten, völlig überwältigenden Eindruck empfangen haben.

Zunächst war er die breite, noch von Konstantin angelegte Freitreppe mit ihren fünfunddreißig Marmorstufen hinaufgestiegen, die auf den alten Petersplatz führte. Er hatte die Prozessionen der Wallfahrer mit brennenden Kerzen auf die Knie fallen sehen, war über das vielfarbige Marmorpflaster des Vorplatzes bis zur Vorhalle geschritten und hatte von einem freundlichen Römer erfahren, daß er sich an dem Ort befinde, wo man die Päpste unter freiem Himmel zu krönen und Kaiser und Könige zu empfangen pflege. Und nun öffnete ihm das berühmte Paradies seine Pforten, er trat in den säulenumstandenen Bezirk des Vorhofes ein, dessen Geviert von Zypressen, Pinien und Palmen gesäumt war, während in seiner Mitte im Schatten eines reichen Baldachins der uralte Taufbrunnen den Gläubigen sein Wasser darbot, das er aus einem Pfeiler des Isistempels in sanftem Strahle empfing. Hier, im Schatten der Säulenhallen, sah unser Pilger ein lebhaftes Gedränge: Verkaufsbuden, Devotionalienstände, Garküchen, betende Büßer, denen der Eintritt in das Heiligtum noch verwehrt war, lehrende und predigende Mönche, und – an langen Tafeln – schmausende Bettler und Arme, die von den Reichen dieser Welt zu mildtätigen Gastmählern eingeladen waren. Mit einem Wort: es war jene vielstimmige und vielgestaltige Komposition im Gange, womit das Ziel der irdischen Pilgerfahrt, die erlangte Sündenvergebung und die Gewißheit eines unverdienten Ewigen Heiles in den Ländern des Mittelmeeres gefeiert zu werden pflegt.

Und nun erfaßte unsere Pilger auch schon der geheimnisvolle Sog, der den Gläubigen in das Innere des Heiligtums zog. Er langte an der Fassade an, von deren Giebelfeldern der Glanz uralten Goldes in hieratischen Mosaiken herunterstrahlte, und trat dann durch eines der fünf großen Tore. Dunkel, von leuchtenden Farben erwärmt, nahm ihn der Innenraum von Alt-Sankt Peter auf: achtundachtzig Säulen aus Porphyr und Marmor zeichneten ihm den Prozessionsweg zum Altare vor, vor dem sich der große Triumphbogen bis zur

Decke hinaufwölbte. Dort war das berühmte Mosaik zu sehen, worauf der Kaiser Konstantin dem Salvator Mundi und dem Heiligen Petrus das Modell der Basilika schutzflehend darreicht, und die großen Buchstaben der Inschrift verkündeten, was der Kaiser dabei zu Christus sagte: »Unter Deiner Führung erhob sich die Welt triumphierend bis zu den Sternen, und Konstantin, der Sieger, erbaute Dir diesen Festsaal.«
Ursprünglich stand nur ein einziger Altar in der Kirche des Heiligen Petrus. Als man daran ging, die Basilika abzureißen, zählte man einhundertzwanzig. Aber immer noch zog der Zentral-Altar alle Aufmerksamkeit an. Mit einem Baldachin aus Gold und Silber überdeckt, wurde er von einhundertzweiundzwanzig silbernen Ampeln beleuchtet, deren Öl mit Ambra versetzt war und einen betäubenden Duft verströmte. Orientalische Teppiche, golddurchwirkte Vorhänge, kostbare Steine, Silbergerät von geheiligter Pracht, das von den Fackeln unablässiger Pilgerzüge geschwärzte Gold an der Decke, dazu die Gesänge der Frommen aus aller Welt, die kräftigen und herzbewegenden Stimmen des Sixtinischen Chores, Tausende von Kerzen und Lichtern, die Rufe der Garden, um Platz für einen pompösen Kirchenfürsten zu machen, geschäftige Kleriker und in tiefster Andacht kauernde Büßer – dies war die Aura von Alt-Sankt Peter. Aus allen Teilen der Welt, aus dem Heidentum des Mittelmeeres, aus den barbarischen Ländern des Nordens, aus dem hochkultivierten Gallien und dem kriegerisch-ritterlichen Spanien, aus den islamischen Luxus-Residenzen der Kalifen und den spiegelnden Palästen der sizilianischen Normannen, endlich aus dem alten Ägypten und dem märchenhaften Byzanz waren hier die Schätze der Welt zu-

sammengetragen und hatten durch die Majestät des Statthalters Christi ihre Heiligung erfahren. Wenn es eine Wahrheit ist, daß die Gegenstände sich im Laufe der Jahrhunderte nach dem verändern, was sie hören und sehen, dann hat die Basilika, die durch mehr als ein Jahrtausend der geheimnisvollen Einwirkung des Sakrosankten ausgesetzt war, den Jubel neu gewonnener Erlösung greifbar an den Wänden getragen. Als sie stürzte, bildete dies in der Geschichte der Stadt Rom einen ebenso tiefen Einschnitt wie die Reformation in der Geschichte der Christenheit.

Es gibt allerdings ein einziges Monument aus Alt-Sankt Peter, das dieser Aura der Heiligung ganz offensichtlich widerstanden hat. Wir sehen es im nächsten Raum: das Grabmal des Papstes Sixtus IV. (gest. 1484). Hier weht ein neuer Geist uns an.

Der Künstler Antonio Pollaiuolo hat an die Fertigung dieses ungeheueren Prunkbettes aus Erz zehn Jahre seines Lebens gewendet. Er hat nicht die Heiligkeit und nicht die Frömmigkeit des Papstes dargestellt, sondern seine Macht, seine Intelligenz, seine menschlichen Tugenden und seine Bildung. Da liegt vor uns, den Kopf mit der riesigen Tiara auf doppelte Kissen gestützt, ein alter Mann, dem auch der Tod das Gesicht noch nicht entspannte. Die Stirn scheint noch immer zu arbeiten, während der gefurchte, eingezogene Mund schon das Zeichen des Verfalls trägt und das unter schweren Paramenten ruhende Fleisch des kleinen und zierlichen Körpers schon auf das Knochengerüst zurückgesunken ist. Wer sieht es diesem Papst, dessen Haupt davon zu sprechen weiß, wie schwer es sich unter der Tiara atmet, noch an, daß er einst der Sohn kleiner dürftiger Landedelleute war, so kränklich, daß ihn seine Mutter dem Heiligen Franziskus weihte. Wer könnte auf diesem Antlitz noch erkennen, welche Triumphe der glänzende Geist des Professors der Theologie und Philosophie auskostete, als von ihm gesagt wurde, die ganze nachfolgende Generation der Gebildeten Italiens sei bei ihm in die Schule gegangen? Wer würde aus diesem, von der grüblerischen Einsicht in tiefe Weltzusammenhänge ausgemergelten Gesicht noch auf den ehrgeizigen Franziskaner-General schließen, dem die bedenklichen Mittel der damaligen Zeit nicht unwillkommen waren, um sich die Nachfolgeschaft des Apostels Petrus zu verschaffen? Sein Pontifikat war nicht glücklich. Er mißtraute seiner Umgebung und vergaß es dem römischen Volke nie, daß man seine Sänfte beim Krönungszug mit Steinen beworfen hatte. Das allgemeine Morden zwischen den Feudalfamilien des Kirchenstaates vermochte er nur schwer zu dämmen, und als er einmal einen großangelegten Versuch unternahm, dem Papste wenigstens innerhalb seines eigenen Territoriums zu Recht und Gewalt zu verhelfen, verwickelte er sich in einen unglücklichen und blutigen Krieg, segnete Kanonen, die für ihn schossen und klammerte sich mit blinder Liebe an seine Neffen.

Einen von diesen Neffen, Pietro Riario, machte er mit fünfundzwanzig Jahren zum Kardinal, verlor ihn aber schon mit achtundzwanzig, nachdem der völlig hemmungslose, lasterhafte und brillante junge Mann es fertiggebracht hatte, zweihunderttausend Dukaten (das sind wahrscheinlich beinahe fünf Millionen Dollar) in drei Jahren durch den Ankauf von Kunstwerken, Schmuckstücken und Goldgeschirr, durch den Unterhalt eines phantastischen und lüsternen Hofstaates und durch die Abhaltung von sechsstündigen Diners zu verbrauchen. Die spanische Inquisition, die bis dahin eine Staatsangelegenheit der katholischen Könige war, geriet durch die von Sixtus IV. dekretierte Ernennung des furchtbaren Dominikaners Torquemada in die Hände der Kirche, die Jahrhunderte brauchte, um diesen Makel wieder abzustreifen.

Derselbe Papst war jedoch ein anderer Mensch, wenn er es nicht mit dem Kirchenregiment oder der Politik, sondern mit den Künsten und der Wissenschaft zu tun hatte. Die Humanisten führten an seinem Hof ein herrliches sorgenfreies Leben und genossen die Schätze der Vatikanischen Bibliothek, die er ihnen öffnen ließ. Die von ihm erbaute Sixtinische Kapelle ließ er mit den Fresken der ersten Künstler Italiens schmücken – und es ist für sein Verdienst nicht schmälernd, wenn diese heute noch vorhandenen Malereien durch das Genie des Michelangelo zu einer blassen Schattenexistenz entwertet wurden. Schließlich entwarf er, unter vielem anderen, auch das Programm für sein Grabmal, vor dem wir jetzt stehen, ein Programm, das mehr von ihm verrät, als sein verschlossenes Gesicht auf dem erzenen Paradebett.

Das Grabmal Sixtus IV. hat zwei Stockwerke – das obere etwas kleiner als das untere. Beide sind in rechteckige Felder eingeteilt, auf denen sich die Allegorien der Kardinaltugenden, der Künste und der Wissenschaften in arkadischer Bekleidung tummeln. Im oberen Geschoß ergießt sich Pollaiuolos sensualistische Phantasie über leichtgeschürzte weibliche Figuren, deren erste sich durch das Füllhorn und zwei Putten als Barmherzigkeit auszuweisen trachtet, während sich der Glaube mit Kreuz und Kelch präsentiert, die Hoffnung die Hände zu ehrlichem Gebet faltet und die Gerechtigkeit uns durch Vorweisen eines Schwertes und einer Weltkugel demonstriert, wie schwer sie es mit beidem hat. Was endlich die Stärke mit Säule und Szepter nicht erreicht, lehrt uns die Klugheit mit Schlange und Spiegel. Nicht sehr herkömmlich – das fällt selbst uns Heutigen auf. Noch gewagter geht es auf dem unteren Sockel weiter: eine sehr attraktive nackte Dame, mit einem Köcher voller Pfeile auf dem Rücken, weist sich als die Göttin Diana aus, die man aus dem Altertum hauptsächlich ihrer Keuschheit wegen kennt. Hier, auf dem Grabmal, ist sie aber gar nicht die olympische Jägerin, sondern die Theologie, die sich auf der Jagd nach der Erkenntnis Gottes befindet. Ihr folgen die anderen Wissenschaften in kühnen, aber gänzlich unblasphemischen Darstellungen: das wunderschöne Haupt der Philosophie beugt sich sinnend über einen großen Folianten, während die Arithmetik eine Schiefertafel mit zierlichen Zahlen anfüllt. Die Dialektik versucht, uns ihr Wesen damit zu erklären, daß sie in der einen Hand einen Eichenzweig als Symbol des Wachstums, in der anderen einen Krebs als Sinnbild des Rückganges vorzeigt. Die Rhetorik präsentiert uns als ihren erhabensten Gegenstand zwei Eichen mit ineinander greifenden Kronen: Zeichen für den Ruhm des Hauses della Rovere, dem der Papst entstammt und dessen Wappen einen stämmigen Eichbaum zeigt. Die Grammatik leistet unterdessen einem entzückenden gelockten Knaben Gesellschaft, der soeben den Blick von besseren Zielen abgewendet hat und verschämt in eine Fibel niederschaut. Die Geometrie beschäftigt sich mit einem sehr schönen Kompaß und die Musik spielt inmitten vieler Instrumente auf einer kleinen Orgel, für deren Blasebalg ein paar Engel bemüht worden sind. Heiter, diesseitig, von der Anmut jener aphroditischen Frühlingsstimmung beflügelt, die das Erwachen der Renaissance begleitet — so ziehen die verwandelten Tugenden, Künste und Wissenschaften des Mittelalters, der Heiligkeit völlig entkleidet, als neu geborene, göttlich schöne Wesen ihren weltfreudigen Reigen um den toten Papst. So fügt in der Wandlung des menschlichen Geistes die neu erfahrene Freiheit dem Bilde der vergangenen Macht ihr Zeichen mit der sicheren Unbekümmertheit der Jugend ahnungsvoll ein.

Nach dieser prunkvollen Ouvertüre möchte ich nun mit Ihnen in die drei Schiffe der Grotten hinübergehen, in deren Wandnischen die meisten der hier bestatteten Päpste begraben liegen.

Gleich am Eingang finden wir einen Sarkophag, auf dessen Deckel die Steingestalt des Papstes Calixtus III. ruht. Er hat in der Mitte des fünfzehnten Jahrhunderts — nur für drei Jahre — regiert, einen vergeblichen Versuch der Einigung Europas zu einem Kreuzzug gegen die Türken unternommen, seiner spanischen Herkunft durch die Berufung zahlreicher katalanischer Landsleute an den päpstlichen Hof gefährlich nachgegeben und den großen und schreckensvollen Namen Borgia getragen. Ein Onkel des späteren Alexander VI., über dessen Laster sich die geistige Welt des vorigen Jahrhunderts im Abscheu noch so wohltuend einig war, hat er den skrupellosesten Papst der Geschichte als vierundzwanzigjährigen Mann zum Kardinal gemacht. Das Bild des Papstes zeigt einen verschlossenen, schweigsamen Menschen mit der geizigen Skepsis des alt gewordenen Juristen, kurzhalsig und nüchtern, weder der Macht noch der Andacht, sondern gänzlich dem politischen Realismus zugewandt, von versteckter Güte und bürgerlicher Phantasielosigkeit. Als unter seinem Pontifikat, durch die Beredsamkeit des Heiligen Johannes Capistrano und des Kardinallegaten Juan Caraval befeuert, der ungarische Nationalheld Johannes Hunyady aus eigenen Mitteln ein Privatheer aufstellte und damit ohne den König und den Adel seines Landes im Jahre 1456 den berühmten Sieg über die Türken bei Belgrad erfocht, rief der Papst einen liebenswerten Brauch ins Leben, der noch heute befolgt wird: daß jeden Tag zur Erinnerung an diesen Sieg in allen Kirchen der Christenheit um die Mittagszeit die Glocken geläutet werden sollen. Sicher hat dieser rechtschaffene Mann nicht geahnt, welche dämonische Macht mit dem Namen Borgia über Rom und der Christenheit heraufziehen würde. Heute ruhen die sterblichen Reste des Papstes in der spanischen Nationalkirche Santa Maria di Monserrato. Der Sarkophag, vor dem wir stehen, ist leer.

Der barbarische Todespomp der späten Antike dringt im Anblick des übernächsten Sarkophages auf uns ein. In diesem grobverzierten, immensen Steinkasten lag einmal eine vornehme römische Patrizierin begraben, sechshundert Jahre, bevor sich der massive halbrunde Deckel mit seinen starren Maskenbildnissen im Jahre 1159 über den Resten des Papstes Hadrian iv. schloß. Dieser einzige englische Papst, Nikolaus Breakspeare, hat Friedrich Barbarossa zum Kaiser gekrönt, zur Ausbreitung des Christentums in Norwegen Entscheidendes beigetragen und sich in einer freimütigen Korrespondenz mit seinem Landsmann Johannes von Salisbury herumgestritten. Johannes hatte behauptet, niemand könne den Zuständen in Rom zustimmen, solange die päpstlichen Legaten nicht daran gehindert würden, bisweilen in bacchantischer Ekstase durch die Provinzen zu rasen. Worauf der Papst erklärte, es sei unnütz, die menschliche Natur ändern zu wollen – der Mensch bleibe menschlich, ob er nun gut regiert werde oder schlecht. Diese lakonische Weisheit mußte Hadrian IV. später mit bitterer Erfahrung bezahlen: Das Volk seiner eigenen Stadt, noch immer aufgerührt durch die republikanischen Illusionen des Schwärmers Arnold von Brescia, stand gegen ihn auf – er mußte Rom mit dem Interdikt belegen.

Der Papst, dessen Grab sich anschließt, ist Gregor V., der eineinhalb Jahrhunderte vor Hadrian auf dem Stuhle Petri saß. Er war ein hocharistokratischer Jüngling deutsch-sächsischer Herkunft, dessen Bild sich in den Schicksalen seiner Zeitgenossen faszinierend spiegelt. In ganz jungen Jahren bekleidete er die Stelle eines kaiserlichen Hofkaplans unter dem träumerischen und phantasievollen Otto III. Als er die höchste Würde der Christenheit erlangte, war er vierundzwanzig Jahre alt, der Kaiser selbst sechzehn, die Stadt Rom befand sich in der Hand des ungläubigen und gewaltsüchtigen Senators Crescentius, der – mit sich selbst als Diktator – die römische Republik wieder eingeführt und der Herrschaft der Päpste Hohn gesprochen hatte. Mit Hilfe einer energischen Gruppe deutscher Bischöfe und Prälaten versuchte Otto III. die hierarchische Ordnung für Stadt und Erdkreis wiederherzustellen, und zunächst schien es, als habe er genügend Erfolg, um die aufsässigen Römer zur Unterwerfung zu bringen. Aber kaum war er wieder fort, wurde es schlimmer als vorher, und die beleidigten Römer stürzten sich auf den fremdländischen, schutzlosen jungen Papst. Vor dem römischen Pöbel sah sich Gregor V. machtlos.

Dem deutschen Herzogssohn und Großneffen Kaiser Ottos II., der griechisch gebildet war, fließend lateinisch sprach und auch die römische Volkssprache beherrschte, half seine Gewandtheit ebensowenig, wie die öffentliche Kleiderschenkung, die er jeden Samstag für die Armen veranstaltete. Crescentius, von neuem an der Macht, setzte ihn ab und rief als Gegenpapst seinen Günstling Johannes XVI. auf den Thron. Gregor antwortete mit dem Bann, hatte aber erst Erfolg, als der Kaiser Otto 998 nach Rom zurückkehrte, Johannes XVI. greifen ließ und es duldete, daß die Häscher ihm Zunge und Nase abschnitten und ihn mit rückwärts gewandtem Gesicht auf einem Esel durch die Straßen der Stadt trieben. Crescentius, den man ebenfalls fing, wurde in der Engelsburg enthauptet. Aber Gregor, der nun freie Hand gehabt hätte, erkrankte tödlich, und bis heute weiß niemand, ob er – erst dreißigjährig – an der Malaria gestorben ist, oder an Gift.

Mit seiner Gestalt, deren sterbliche Hülle in einem Marmorsarkophag aus dem 4. Jahrhundert beigesetzt ist, tritt zum erstenmal jene außerordentliche Epoche in unser Blickfeld, der das Schicksalsjahr 1000 als Aufgabe gestellt war. Und in der Begegnung der beiden Jünglinge Otto und Gregor, die sich am 21. Mai 996 im Zeremoniell der Kaiserkrönung vor Sankt Peter vollzog, kündigt sich schon die Leuchtkraft jenes größten Traumes an, den das Mittelalter zu träumen hatte: die Wiederherstellung des SACRUM IMPERIUM ROMANUM, wie sie dem Herzen und der beflügelten Vorstellungskraft des letzten ottonischen Kaisers entsprungen war.

Gegenüber dem Grabe Gregors V. treffen wir auf einen Sarkophag, der auf Adlerfüßen ruht und eine wogende

Ornamentierung aus aufgerichteten Wellenlinien zeigt, – wie wenn zwei hochgebäumte Wasserwände einer runden Sonne aus Stein die bewegte Umrahmung geben sollten. Auf der Sonnenscheibe lesen wir die Inschrift: OTTO SECUNDUS IMPERATOR AUGUSTUS. In diesem feierlichen Grabe ruht ein Mann von einunddreißig Jahren: Kaiser Otto II., der Gemahl der griechischen Prinzessin Theophanu, der Vater Ottos III. Ohne daß wir eine Erklärung dafür hätten, dringt aus diesem groben Schrein die Majestät eines Kaisertums zu uns herauf, das sein Amt noch als hohepriesterliche Funktion und seine irdische Gewalt noch als das weltliche Schwert, die Mehrung der irdischen Ordnung in göttlichem Auftrag betrachtete. Dieser Kaiser war für seine Reiche noch der neue Christus, dessen Krone ihm von der Macht der Dreifaltigkeit aufs Haupt gesetzt war, das Abbild des Menschensohnes, die Verkörperung jener Größe, in der der Mensch im Augenblick seiner Erschaffung von Gott gedacht worden war, der Verteidiger des Evangeliums, der Lenker des Erdkreises, das lebende Unterpfand für das Reich Gottes. Das Jahrtausend, das uns von diesem Kaiser trennt, hat es vollauf vermocht, nicht nur seine Gestalt, sondern auch die tiefere Idee seines Herrscherlebens zu einer ersehnten oder belächelten Utopie zu machen. Wer aber in der Weltgeschichte die Wahrheit sucht, wer abseits einer oberflächlichen Geschichtsromantik die Einheit der Schöpfung und den gesetzmäßigen Zusammenhang von Natur und Übernatur auch heute noch als verbindlich anerkennt, wird hier sein Haupt in Ehrfurcht beugen. Denn die Majestät ist eine Würde nicht von dieser Welt, und ihre Gewalt ist mit der Glorie des höchsten Richter-Amtes versehen, das erst durch den REX TRE-

DAS GRAB KAISER OTTOS II.

MENDAE MAJESTATIS am Ende der Tage aufgehoben werden wird.

Angesichts der rauhen Grabstätte Ottos II. ergreift uns der Gedanke, daß die Träger der höchsten Würde gerade in der Zeit, als man begann, den Kaiser-Gedanken so unfaßbar hoch hinaufzudenken, Menschen waren, die kaum das Jünglingsalter verlassen hatten. Und tausend Jahre haben nicht ausgereicht, um den Glanz dieser Jünglinge zum Erlöschen zu bringen. Bis zum Jahre 1918 wurde in den großen Anrufungen der Karfreitagsliturgie ein Gebet für den Kaiser des Römischen Reiches gesprochen, das ihn als den Schirmvogt der Kirche Gottes erkennen läßt, als jenen einzigen Protektor der Christenheit, von dessen universaler Herrschaft in der geschaffenen Welt Otto II. wachsam und Otto III. träumerisch durchdrungen waren.

Das Gebet für den Kaiser aus der Karfreitagsliturgie:

OREMUS PRO CHRISTIANISSIMO
IMPERATORE NOSTRO
UT DOMINUS ET DEUS NOSTER
SUBDITAS ILLI FACIAT
OMNES BARBARAS NATIONES
AD NOSTRAM PERPETUAM PACEM.
OMNIPOTENS SEMPITERNE DEUS
IN CUIUS MANU
SUNT OMNIUM POTESTATES
ET OMNIUM IURA REGNORUM
RESPICE AD ROMANUM BENIGNUS IMPERIUM
UT GENTES QUAE IN SUA FERITATE CONFIDUNT
POTENTIA TUAE DEXTERA COMPRIMANTUR.

Auf deutsch:

> Lasset uns beten für den Kaiser der Christenheit:
> daß Gott unser Herr alle Völker,
> die in der Dumpfheit der Barbarei verharren,
> seiner Herrschaft untertan mache
> und so unserem Frieden Dauer verleihe.
> Allmächtiger ewiger Gott,
> in dessen Hand die Gewalten und die Rechte
> aller Herrschaften vereinigt sind:
> erinnere Dich gnädig des Römischen Reiches,
> damit die Völker, die ihr Vertrauen
> allein in ihre irdische Kraft setzen,
> durch die Gewalt Deines Armes
> der Kelter der Einsicht zugeführt werden.

Wir gehen nun an der berühmten Petrus-Statue vorüber, die früher in der Vorhalle der Konstantinsbasilika stand – ihr Rumpf ist das klassische Standbild eines Philosophen oder Rhetors der Antike, den Kopf und die Hände hat das Mittelalter hinzugefügt – und gelangen an einen Sarkophag aus frühchristlicher Zeit, der im Mittelfeld die Gestalt Christi und ihm zu Füßen ein Ehepaar zeigt, als dessen Ruhestätte er ursprünglich diente. Außer diesen frommen Römern waren in dem gewaltigen Marmorschrein beigesetzt: von seinem Tode bis zur Überführung in die Kirche Sant' Andrea della Valle der bezaubernde und gelehrte Papst Pius II. (Enea Silvio Piccolomini), von 1606 an der im vierzehnten Jahrhundert verstorbene Kardinal Rinaldo Orsini, von 1620 an Papst Nikolaus III. aus dem Hause Orsini, der im dreizehnten Jahrhundert drei Jahre lang die Tiara trug und mit Erfolg versuchte, seine Familie zu einer römischen Großmacht werden zu lassen. Er war ein feudaler römischer Aristokrat, bedenkenlos im Verkauf kirchlicher Ämter, von wilder Kampfesfreude gegen die Franzosen in Neapel, und von gerissener Diplomatie gegen den Kaiser Rudolf von Habsburg, der auf das Drängen des Papstes Unabhängigkeit und Privilegien des Kirchenstaates in einer Goldenen Bulle aufs Neue garantierte, ohne zu ahnen, wie weit im Bewußtsein des Papstes das Patrimonium Petri und die Herrschaftsansprüche der Orsini identisch waren. In Rom hinterließ Nikolaus III. eine bedeutende Spur durch die Erbauung der Kapelle Sancta Sanctorum im Lateran, die wir noch sehen werden; in der Christenheit ist sein Andenken verbunden mit jener verhängnisvollen Bulle, die zum erstenmal die Absicht der Inquisition ausspricht und den Satz formuliert: »Ferner untersagen Wir mit aller Strenge, daß ein Laie, sei es nun öffentlich oder geheim, über den katholischen Glauben disputiere.«

An der Wand gegenüber zieht uns eines der schönsten Grabmäler von Sankt Peter an, würdig der Bedeutung des Papstes, dessen sterbliche Hülle es enthält: das Grab des Papstes Bonifaz VIII. In pontifikalischen Gewändern, die Tiara auf dem Haupt (sie erinnert in dieser mittelalterlichen Form sehr an die Kopfbedeckung der Pharaonen), liegt hier, von der Hand Arnolfo di Cambios meisterhaft porträtiert, ein Mann vor uns, der von der Geschichte ausersehen war, die Epoche des mittelalterlichen Papsttums zu beschließen. Am Anfang seines Pontifikats verfügte er über den einflußreichsten, intelligentesten und finanzkräftigsten Regierungsapparat Europas, am Ende seines Lebens stand er, von Sciarra Colonna geohrfeigt und in seinem eigenen Palaste drei Tage lang ausgehungert, auf dem Marktplatz der kleinen Stadt Anagni in den Volskerbergen und sagte: »Sollte sich eine gute Frau finden, die mir ein Almosen aus Wein und Brot gäbe, ich würde ihr Gottes und meinen Segen erteilen.« Er war ein gewaltiger Herrscher, ein von der Größe seines Amtes bis zum Übermaß durchdrungener Potentat, leidenschaftlich in seinen Gesetzgebungen, impulsiv in seiner Politik, den Bannstrahl schleudernd, wo immer ihm die absolute Vormachtstellung des Papsttums in der Welt bedroht erschien, von außerordentlicher persönlicher Würde, scharf und schneidend in seinen juristischen Formulierungen, pathetisch in der Demonstration seiner Herrschaftsfülle, ein Mann, der auf dem Throne Petri das Wort sprach: »Ego sum Caesar, ego Imperator« – ich bin Caesar, ich der Kaiser. Die Könige von England und Frankreich, gewalttätig und selbstherrlich wie er, waren seine geschworenen Feinde, der Kaiser nicht sein Freund. In der Stadt Rom standen die streitsüchtigen Colonna gegen ihn, in Italien die Städte, in der Christenheit ein großer Teil des Klerus. Die Höhe seiner Macht bildete die Verkündigung des ersten Heiligen Jahres, 1300, die schlimmste Konsequenz seiner Herrschaft war das Avignonesische Exil. Nach seinem Tode klagte man ihn der Zauberei, der Ungläubigkeit und der Sodomie an, bis vor dem Konzil von Vienne 1311 drei Kardinäle die untadelige Religiosität und die Sittenreinheit des Papstes bezeugten und zwei Ritter den Fehdehandschuh hinwarfen, um seine Unschuld gegen jeden Feind zu verteidigen.

In der Nische neben dem Bonifazius-Grab liegt Papst Nikolaus v. begraben, mit dem, nach den Worten Enea Silvios »das Goldene Jahrhundert der Stadt Rom seinen Anfang nahm«. Nach seiner Papstwahl sagte er zu seinem Freunde Vespasiano da Bisticci: »Sage mir,

Vespasiano, hat es nicht gewisse stolze Herren betroffen gemacht, hat es das Volk von Florenz glauben mögen, daß ein Priester, der vorher die Glocken geläutet, Papst geworden ist?« Da er kein Familienwappen besaß – er stammte aus ärmlichen Verhältnissen –, wählte er sich die Schlüssel Petri. Als junger Kleriker träumte er davon, alle Werke der großen Literatur an einem Ort gebrauchsfertig zusammenzutragen – und als er Papst war, begann er den Aufbau der vatikanischen Bibliothek. Ein begeisterter Humanist, war er in frühen Jahren auf der Suche nach Manuskripten weit gereist, hatte in Basel die Schriften des Kirchenvaters Tertullian wiederentdeckt und rechtfertigte, was sein Freund Vespasiano über ihn schrieb: »Alle Gelehrten der Welt kamen zu Papst Nikolaus' Zeiten nach Rom, teils aus eigenem Antrieb, teils von ihm gerufen...« Da es ihm gelungen war, den Frieden in der Christenheit wiederherzustellen, wurde das Jubeljahr von 1450 unter seinem Pontifikat zu einem unglaublichen Triumph. Es schien, als wolle die ganze Welt nach Rom pilgern, und es gab Leute, die die Scharen auf Italiens Straßen mit den Zügen wandernder Ameisen verglichen. Die Aufenthaltsdauer in der Stadt mußte zuletzt auf zwei Tage beschränkt werden. Nikolaus V. liebte die Stadt Rom. Er hatte die Absicht, ihr wieder zu jenem Aussehen zu verhelfen, das einer Hauptstadt der christlichen Welt geziemte. Zum Bau von Palästen wurden Kredite ausgegeben, der Vatikan wurde vielfach erweitert. Er zuerst dachte an den Neubau der Peterskirche, rief die besten Künstler seiner Zeit zu sich und überschüttete sie mit Aufträgen und setzte sich in den Fresken, die der alternde Fra Angelico in der Privatkapelle des Papstes aus den Wänden blühen ließ, sein klarstes und schönstes Denkmal. Sein Antlitz ist heiter. Das Eigenartigste darin ist der einseitig lächelnde Mund, von zwei tiefen Falten eingerahmt, die andeuten könnten, daß ihm jenes freie Lachen zur Verfügung stand, das an Gelehrten so bezaubernd ist. Über dem ganzen Gesicht liegt die Ausstrahlung eines Menschen, dem Nachsicht und Wohlwollen, Freude am Schönen und friedfertige Intelligenz als Früchte einer Harmonie zufielen, die er zwischen seiner Natur, seinem Amte und seinem Glauben hatte erreichen können.

Nun folgen vier jener verblaßten Erscheinungen auf dem Heiligen Stuhl, denen es nicht vergönnt war, im Kirchenregiment bedeutende Spuren zu hinterlassen: Innozenz VII., der mit einem unruhigen, gepeinigten Gesicht vor uns liegt, sieht aus, wie wenn er noch im Todesschlaf von schrecklichen Gesichten heimgesucht würde, der unglückliche Flüchtling von Viterbo, den der Pöbel, gehetzt von den Colonna, aus der Stadt vertrieben und erst wieder zurückgeholt hatte, als der wirtschaftliche Niedergang Roms ohne den Papst nicht mehr aufzuhalten war. Marcellus II., ein Pontifex von zweiundzwanzig Tagen, ist unsterblich durch die Missa Papae Marcelli, die Palestrina seinem Förderer gewidmet und dem Tridentiner Konzil als das Modell gereinigter Kirchenmusik präsentiert hatte. Julius III., der Papst der Blumenboot-Fahrten auf dem Tiber, Erbauer der graziösen Villa di Papa Giulio im heitersten Stil der Spätrenaissance, war ein bäuerlicher, genußsüchtiger und dem römischen Karneval wohlgesonnener Papst, ein Freund des alten Michelangelo, kunstsinnig und schwach, dem Nepotismus hörig und von unbekümmerter, duldsamer und an jeder Größe desinteressierter Gemütsart. Innozenz IX. endlich, dem zwei Monate der

Villa di Papa Giulio

Herrschaft unter dem Fischerring vergönnt waren, kam als todkranker Greis auf den Thron und erhielt vom römischen Volk, dessen Spottlust noch nie vor der Person eines Papstes Halt gemacht hatte, den Namen Papa Clinicus.

Unter einem Gewölbebogen, frei zugänglich von beiden Seiten, finden wir die Ruhestätte Benedikts xv., eines Papstes aus diesem Jahrhundert. Sein Schicksal war der erste Weltkrieg. Der Marchese della Chiesa war ein kleiner, verwachsener, von Geist durchleuchteter, unglaublich gütiger Pontifex, ein scharfsinniger Jurist und ein tragischer Vorkämpfer für den Frieden. Seine Bemühungen endeten damit, daß die Mächte ihn wechselweise schmähten, und seine Mißbilligung des Versailler Friedens hat zur Wiederherstellung einer dauerhaften Ordnung in Europa nichts beitragen können. Jedoch vollendete er, im Äußeren erfolglos, im Innern des katholischen Lebensgefüges eine Unternehmung von zeitloser Monumentalität: den Codex Juris Canonici, das zusammenfassende Rechts-Kompendium der Kirche, ein Werk von überwältigender Klarheit und Weitsichtigkeit, vergleichbar nur dem Corpus Juris des Kaisers Justinian, von dem es vierzehnhundert Jahre trennen. Im Leben der Kurie hat dieser vornehme Dulder durch eine glückliche Hand in der Wahl seiner Mitarbeiter weit über seinen Tod hinaus gewirkt: Er berief den glutäugigen Kanonisten Pietro Gasparri zum Kardinal-Staatssekretär – seiner energischen und geschmeidigen Diplomatie verdankt die Kurie zum guten Teil die Wiederherstellung ihrer weltlichen Souveränität durch die Lateran-Verträge von 1929 – und er machte Eugenio Pacelli zum Nuntius in München.

Wir nähern uns jetzt, dem seltsamen Rhythmus dieser Grabfolge nachgehend, dem Sarkophag einer königlichen Frau, deren Anwesenheit in Rom in der katholischen Christenheit einmal ebensoviel Jubel ausgelöst hat, wie sie dem Papste pikante Überraschungen bereitete: Christine Alexandra von Schweden, Tochter Gustav Adolfs. Man kann sich heute kaum mehr vorstellen, welche Wirkung es im Zeitalter der gegenreformatorisch-barocken Kirche haben mußte, daß die Tochter und Nachfolgerin des größten Herrschers der protestantischen Welt, des evangelischen Alexander, der Majestät des Nordens, in Innsbruck zum katholischen Glauben zurückgekehrt war. Da man ihr in Schweden die Herrschaftsrechte genommen hatte, kam sie nach Rom, und ihr Eintreffen glich einem cäsarischen Triumph. Sie bezog den riesigen Palazzo Corsini am trasteverinischen Tiberufer, schoß zum Vergnügen mit Kanonen, zeigte eine unersättliche Lebensgier und den sprunghaft phantastischen Geist jener Frauen, die das Schicksal bitter anzuklagen wissen, wenn ihnen einmal ein Wunsch nicht in Erfüllung geht. Der Stadt bot sie einen unerschöpflichen Stoff für Klatsch und dem Heiligen Stuhl hat sie manche Rätsel aufgegeben. (»Manchmal etwas sonderbar«, nennt sie ein vorsichtiger vatikanischer Chronist.) Da sie aber freigebig und gutherzig war, verzieh ihr das Volk ihre Häßlichkeit und der Papst ihre Eskapaden. An ihrem Hof sammelte sich eine Schar von abseitigen, schillernden Existenzen. Der Alchemie war sie aus Geldmangel, der Wissenschaft aus echtem Interesse verfallen. Die Dichtkunst förderte sie aus Eitelkeit, die Philosophie aus Überzeugung. Den Jesuiten war sie eine treue Freundin, ihre Konversion, die mit dem Thronverzicht verbunden gewesen war, betrachtete sie als den Höhepunkt ihres Lebens, und die Macht der alten Kirche hatte in ihr, wenn schon keine politische, so doch eine moralische Stütze von bedeutender Strahlung. Ihr Sarg ist einfach wie ihr Herz es war, ihr Denkmal, oben im rechten Seitenschiff der Peterskirche, theatralisch prunkvoll wie ihr Leben.

Ihr gegenüber ruht eine andere, sehr viel unglücklichere Königin: Charlotte von Savoia-Lusignano, die letzte Königin von Cypern. Vor den Türken geflohen, kam sie 1461 nach Rom, genoß den Schutz und die Freigebigkeit des Papstes, konnte aber die Venus-Insel nicht vergessen und starb an gebrochenem Herzen. Mit ihr kommt ein Hauch jener märchenhaften, von den Wohlgerüchen Arabiens duftenden christlich-orientalischen Kultur, die zwischen dem Zusammenbruch der Kreuzzüge und dem Türkenangriff im östlichen Mittelmeer blühte, in diese kühlen Grüfte.

Der nächste Sarkophag, von einfachster Gestalt, dessen antikes Stirnrelief erst unter Pius XII. aufgesetzt wurde, verrät in nichts, welch problematische Persönlichkeit darin ruht. Pius VI., Graf Braschi – der um das Jahr 1800 regierte –, von seinen Zeitgenossen »der schönste aller Päpste« genannt, hat der Kirche den wenig schätzenswerten Dienst erwiesen, neuerdings dem Nepotismus zu huldigen, der Stadt Rom hingegen den letzten großen römischen Palast verschafft, der heute noch seinen Namen trägt und die Südseite der Piazza Navona abschließt. In sein Pontifikat fallen die Auseinandersetzungen mit dem aufklärerischen Kaiser Joseph II., den er – von Sorgen zum Ungewöhnlichen getrieben – in Wien besuchte, ohne etwas anderes als pompöse Zeremonien zu erreichen. Unglücklich schon damals, sollte er unabsehbare Demütigungen erfahren von dem Augenblick an, da er mit Napoleon zusammengeriet. Ihm war von Cagliostro prophezeit worden, er werde der letzte der Päpste sein, und Napoleon ließ nichts unversucht, um dies zu verwirklichen. Er starb in der Verbannung, nachdem der französische General Haller dem achtzigjährigen Pontifex auf die Bitte um einen friedlichen Tod in Rom geantwortet hatte, sterben könne er doch wohl überall. Eitel und sentimental, vermochte er die Sprunghaftigkeit seines Charakters nicht ganz zu dämpfen, bis sein Tod die Schwächen seines Lebens mit tragischer Größe überdeckte.

Nun bleiben uns noch fünf Grabmäler auf der linken Seite der Grottenschiffe. Da ruht in einem Grab von zweifelhaftem Geschmack der lombardische Pontifex Pius XI., der Vor-Vorgänger des jetzigen Papstes, vor dessen Energie, Tatkraft und schöpferischer Phantasie gar manche überalterte Tradition in der Kirche fallen mußte. Man könnte über sein Leben die Worte schreiben, die er selbst seiner bedeutendsten Institution als

DIE LETZTEN STUARTS

Namen gab: actio Catholica. Erst eine spätere Zeit wird seine Größe ganz erkennen.

Am Grab des hocheleganten Kardinal-Staatssekretärs Raffaele Merry del Val vorüber gelangen wir zu einem großen, einfachen Steinsarg, dessen Deckel eine erzene Krone trägt. Hier ruhen die drei letzten Mitglieder des königlichen Hauses Stuart: König Jakob III. und seine beiden Söhne, Karl – »bonny Prince Charles« – und Heinrich, Kardinal von Yorck. Der ›alte Chevalier‹, König Jakob, war am Hofe Ludwigs XIV. aufgewachsen und in Frankreich zum König von Schottland, England und Irland ausgerufen worden, ohne jemals in England, dem die katholischen Stuarts die verdächtigen Statthalter des Papismus waren, auch nur landen zu können. Er war einer jener mißgeschickten Menschen, denen auch bei größten Erfolgschancen ein rätselhafter Neid des Geschickes Absichten, Pläne und guten Willen zunichte machte, und sei es nur in der Form von Masern, die ihn in dem Augenblick befielen, als er sich sein Königreich zurückholen wollte. Schließlich,

Piazza SS. Apostoli mit dem Stuart-Palast

nach langen, abseitigen Irrfahrten heiratete er eine anfänglich bezaubernde und später nörglerisch bigotte Frau, endete seine Tage in Rom unter dem Schutz des Papstes, und wurde hier zur Ruhe gelegt. Sein erster Sohn, ›der junge Chevalier‹, war schon in Rom geboren, veranstaltete einen abenteuerlichen Feldzug in Schottland, schlug sich in tausend Masken durch ganz Europa und kehrte verwüstet und gekränkt nach Rom zurück, wo ihn sein Bruder Heinrich, der inzwischen Kardinal geworden war, liebevoll aufnahm. Dieser, der letzte Stuart, ist der Dritte in dem großen Sarge, ein frommer, eleganter und temperamentvoller Mann, dem man nachsagte, er habe die berühmte Anmut seines Geschlechtes noch einmal in vollem Glanz verkörpert. Er starb 1807 hochgeehrt im Purpur und brachte den legitimen Stamm dieser unglücklichen und faszinierenden Familie zum Erlöschen. »Doch die Erinnerung an fähige, wohlgesinnte Herrscher blieb zurück, die, mißverstanden, bekämpft, verleumdet und verstoßen, dennoch durch Jahrhunderte mit einer Treue und Inbrunst geliebt wurden wie kein anderes königliches Haus.«

Nebenan liegt Innozenz XIII. begraben, der aus derselben Familie Conti stammte wie der große Innozenz III. Seltsam: er war der erste große Jesuiten-Gegner auf dem Throne Petri und führte zugleich das Fest des Namens Jesu ein, dessen Verherrlichung die Jesuiten sich ausschließlich gewidmet hatten. Die Zeit, in der er regierte, hatte verhältnismäßig viel Ruhe, über Rom lag der leichte und zärtliche Zauber des achtzehnten Jahrhunderts, und die tobenden Kräfte, welche das Papsttum so lange in Bewegung und Erschütterung gehalten und zu grandiosen Aufschwüngen veranlaßt hatten, schienen verstummt.

Wir brauchen aber nur ein paar Schritte zu tun, um sie sogleich wieder in voller Gewalt zu spüren: am Grabe Urbans VI. Noch einmal werden wir in das vierzehnte Jahrhundert zurückgeführt und begegnen einem Mann, dem manche Geschichtsschreiber den Namen ›der Schreckliche‹ verliehen haben. Es scheint in der Tat, als habe mit ihm ein Vorläufer des Absolutismus die Tiara erlangt. Unbeugsam, streng bis zur Grausamkeit, selbstherrlich, despotisch, dabei fromm und sittenstreng, versuchte er vergebens, aus einem freiweltlich gesinnten, von Politik und Luxus korrumpierten Kardinalskollegium eine Versammlung von Asketen zu machen. Von einem Tag auf den anderen sollten Nepotismus, Hofhaltungen, Pensionen und Kurialgebühren aufhören, das Hofschranzentum abgeschafft werden, die Könige Europas ihres Einflusses an der Kurie verlustig gehen, die Stadt Rom zu einem bußfertigen Kloster gemacht und im Kirchenregiment eine schrankenlose Autokratie eingeführt werden. Die Folge war das große abendländische Schisma: die Kardinäle erklärten, die stürmische Wahl Urbans sei durch äußeren Druck erfolgt und einigten sich auf einen Gegenpapst, Clemens, der in Avignon seine Residenz aufschlug. Zeit seines Lebens hat Urban gegen diesen Papst gekämpft, aber er hatte nicht alle Gutgesinnten auf seiner Seite. Wie stark die Kirche in Gefahr war, vollends auseinanderzubrechen, geht daraus hervor, daß die Heilige Katharina von Siena, dem römischen Papst treu, den Gegenpapst einen Judas nannte, während der Heilige Vinzenz Ferrer denselben Namen auf Urban VI. münzte. Dies alles geschah zur Freude der Türken, denen nichts willkommener sein konnte, als eine Christenheit, in der der eine Teil den anderen fortgesetzt exkommunizierte. Nach Urbans Tod dauerte das Schisma noch beinahe dreißig Jahre.

Zum Schluß wollen wir uns noch dem Krypta-Umgang zuwenden, der in einem Kranz von Kapellen uns dem Angelpunkt aller dieser Gräber zuführen soll. Noch einmal finden wir in der ersten Kapelle des rechten Eingangs ein phantastisches Grabmonument, das in der Renaissance für den venezianischen Papst Paul II. errichtet wurde und die lange Reihe der pontifikalen Grabstätten unter Sankt Peter beschließt. Mino da Fiesole und Giovanni Dalmata haben ihre reifste Kunst daran gewendet, den Nachruhm eines Mannes zu sichern, dessen Mitwelt sich weder über seinen Charakter noch seine Bedeutung einigen konnte. Über der liegenden Gestalt des Papstes, dessen Tiara seiner berühmten goldenen nachgebildet ist – sie hatte mehr als ein Palast, 180 000 Gulden, gekostet –, quirlt sich auf einem steinernen Halbrund der Leiberwirbel des Jüngsten Gerichtes zusammen, eine bemerkenswerte Vorwegnahme manieristischer Tendenzen. Von unglaublicher Reinheit und klarster Linie, und aus einem Marmor, den eine rätselhafte Sonne zu durchstrahlen scheint, sind die Bruchstücke des ehemals ziemlich umfangreichen Monuments an den Wänden. Paul II., dessen Kampf mit den Humanisten zu einem verzerrten Bild seiner Persönlichkeit geführt hat, findet im Grabe die Befriedigung, von Bildwerken eben jenes raffinierten Humanismus umgeben zu sein, der ihn als einen eitlen und geldgierigen Popanz verhöhnte.

Vorüber an der nicht sehr geistreichen Kapelle, die die Iren ihrem Glaubensboten, dem Heiligen Kolumban, an so ehrwürdigem Ort errichten durften, gehen wir nun den Korridor entlang, der um das Apostelgrab herumführt, erfreuen uns an den prachtvollen, antikisierenden Reliefs, die Pollaiuolo, der schwatzhafte geniale Hofbildhauer Sixtus IV., für den vom Papst errichteten Baldachin über dem Hauptaltar von Alt-Sankt Peter verfertigte, und verharren einen Augenblick an jener Stelle, wo in der Mittelachse der Basilika Papst Pius XII. dem Jüngsten Tage entgegenharrt.

Weiß, geradlinig, schmucklos ist sein Sarkophag. Beter knien davor, einfache Pilger und tief verschleierte vornehme Römerinnen, und Blumen liegen überall auf den Fliesen. Wer bisher den Gang durch die Grotten als eine interessante Exkursion betrachtet hat, wird hier seinen Schritt zum ersten Male dämpfen. Denn uns allen ist das Leben und das Sterben dieses durchglühten Menschen noch als erlebte Wirklichkeit vor Augen. Es war Pius XII. vorbehalten, dem Geheiß der Schrift: macht euch die Erde untertan, auf eine bisher unbekannte Weise zu folgen. Er hat dem Papsttum in der Welt eine moralische Autorität verschafft, die es niemals vorher besaß. Er hat auch noch den fernsten Zonen des Erdkreises die Leiden und die Lasten des Weltschicksals abzunehmen gesucht, und er hat, allein und von tausendfachem Unglauben bedrängt, in einer materialistischen, in Formeln und Doktrinen erstarrten Zeit der Liebe zu einem wunderbaren, weit über die Grenzen der Kirche hinausreichenden Durchbruch verholfen. Es hat eine tiefe Bedeutung, deren Formulierung späteren Zeiten vorbehalten ist, daß sein Grab durch die zentrale Achse der Petersbasilika mit dem Grabe des Apostels verbunden ist, vor dem unser Weg sein Ende findet.

Achtzehn Päpste haben uns auf eine höchst eigenartige Weise an diesen Punkt geführt: wir haben erfahren, wie die Epochen der Weltgeschichte im Angesicht der Majestät des Todes ihre chronologische Abfolge einbüßen, wie frühere Verdienste durch spätere Irrtümer zunichte gemacht und durch schweigende Duldung wieder zur Wirkung gebracht werden, wir haben geahnt, auf welchen verschlungenen Pfaden Menschliches und Göttliches ineinanderwirken, Ideen haben ihre Beständigkeit, Träume ihre Unsterblichkeit bewiesen, wir sahen das Heidentum sich mit dem Glanz einer übernatürlichen Institution verbinden, die universale Macht des christlichen Gedankens auch noch in der tiefsten Zerrüttung dauern, die Zeit enteilen und stillestehen. Hinter der unendlich heiligen Marmorplatte, vor der wir nun angelangt sind, wirkt ein Welt-Atom Göttlichen Geistes durch die Geschichte fort, frei gemacht durch das Gesetz der Liebe und gebändigt durch die Kraft des Rechtes. Die geordneten Massen des riesigen Domes und seiner Kuppel, die sich über diesem Grabe in den Himmel türmen, sind nur ein geringfügiges Symbol für die bewegende Energie dieser Stätte. Denn hier herrscht der Geist, der einst in Jerusalem den Apostel Petrus lehrte, in den Sprachen aller Völker zu reden, um das Angesicht der Erde zu erneuern.

DIE LATERNE VON SANKT PETER

Ein bißchen Sonne wird uns jetzt gut tun. Der belebende Strahl des römischen Lichtes, das uns im seidigen Blau des Himmels fast gewalttätig überfällt, läßt uns erkennen, wie tief wir in der Vergangenheit versunken waren. Wir haben nicht nur eine Wanderung durch die Grüfte des Vatikans hinter uns, sondern auch ein seltsames Experiment mit der Zeit: die scheinbare Willkür, mit der die Gräber der Päpste von den Jahrhunderten unter Sankt Peter aufgereiht wurden, hat von uns eine tänzerische Sicherheit im Springen von einer Epoche zur anderen verlangt. Aus der Antike sind wir in die Neuzeit geraten, ins Mittelalter zurückgekehrt, unvermittelt wieder in der jüngsten Vergangenheit aufgetaucht, um zugleich wieder in das Dunkel spärlich erhellter Jahrhunderte zurückzufallen. Nun wüßte ich für unser Ausruhen keinen besseren Ort, als die kleine Galerie hoch oben auf der Laterne der Peterskuppel. Denn hier verbindet uns die architektonische Senkrechte mit dem Apostelgrab, während der Horizont den Leib der Stadt Rom in seiner ganzen Ausdehnung umkreist. Hier oben, im Licht der unbesiegten Sonne, stellt sich mühelos alles vor unser Auge, was wir im Dunkel der Grotten ahnungsvoll begriffen.

Unter uns liegt das Dach der Peterskirche. Auf dem gewölbten Außenpanzer der Kuppel glänzt das päpstliche Wappen. Die sieben Meter hohen Steinfiguren, die die Fassade der Basilika krönen, erscheinen wie eine mit Kreuz und Buch gerüstete Phalanx von Galionsfiguren, die auf dem Bug des Schiffes Petri das Meer der Menschheit durchpflügen. Und wie der Ausguck auf dem Mast die Sterne verfolgt, die dieses Meer regieren, so wollen wir jetzt unsere Betrachtungen über die Stadt Rom beginnen, von Merkur sanft geführt, von Venus beglänzt, der Erde verbunden, mit Mars im Streite, dem Jupiter zugeneigt, von Saturn erschreckt und von Uranus gebeugt. Und die Sonne, die über ihnen allen leuchtet, wird auch uns ihre Gnade schenken, denn unser Auge ist sonnenhaft, und so kann uns Göttliches entzücken.

RINGS UM DEN PETERSPLATZ

Vor uns liegt der Petersplatz. Mit der Nadel des Obelisken im Mittelpunkt gewinnt er aus unserer Sicht jene Urgestalt zurück, die ihm auf einer berühmten Zeichnung des Barock zu eigen ist: die kräftige und verzeihende Umarmung der Menschheit. Wir sehen den vatikanischen Palast, die großen Fontänen, die Heiligen auf den Dächern, das exakte geometrische Muster des Pflasters und den ungeheuren Christus, der vom Giebel der Basilika auf den Platz hinunterblickt. Wir sehen aber auch die arme alte Frau, die sich auf den Steinsockel einer der Kolonnadensäulen gesetzt hat, mit verrunzelten Händen zwischen den Rosenkränzen in ihrer Tasche herumkramt und eine abgeschabte silberne Dose hervorzieht, um eine Prise zu nehmen, die schattenspendende Wohltat des Bernini – von dem sie nichts weiß – mit der genußreichen Befreiung ihrer Nase verbindend. Und wir sehen aus dem Himmel den Heiligen Papst Pius x. herunterlächeln, der den Schnupftabak sehr hoch zu schätzen wußte und deshalb mit seiner weißen Soutane immer ein wenig in Konflikt stand. Über die Mittelbahn des Platzes kommt ein langer, wohlgeordneter Zug deutscher Jungkatholiken daher, sie tragen große Banner in einer ziemlich anstrengenden, feierlichen Weise in die Luft gestemmt und singen hallend das Lied vom Haus voll Glorie. Davon wacht der Droschkenkutscher auf, der in breiter Behäbigkeit auf seinem Bock sitzt, die Peitsche an die Schulter gelehnt, die Hände zwischen den Knien gefaltet, ein Bild beruhigter Lebensführung im Schutze des Heiligen Petrus, der die Pilger hier brav vorbeischickt und dafür sorgt, daß der Taxameter immer gerade kaputt ist und die Preise individuell bleiben. Dann sind noch zu sehen: ein Konsistorial-Advokat, einer der weltlichen Funktionäre des Vatikans, klein und dick, mit glänzendem, glattem Gesicht, stolz in dem Bewußtsein, daß seine Handschrift von kalligraphischem Druck nicht zu unterscheiden ist und im Schatten des Heiligen Vaters einer freundlichen Anerkennung gewiß sein darf; zwei Schweizergardisten, die eine kräftige Portion Selbstbewußtsein in exakte Ehrenbezeigungen umzuwandeln verstehen, sobald auch nur der Zipfel einer roten Klerikerschärpe sichtbar wird; Autobusse, Autobusse, Autobusse, mit fröhlichen Zeichen weiter Überlandfahrten versehen, in der Sonne brütend, Schwitzkästen der Zivilisation; ein Beichtvater der Peterskirche in der Ordenstracht der Augustiner, der einen Augenblick vor dem stäubenden Strahl des linken Brunnens innehält, um nach sechsstündigem Ringen um das Menschenherz die frische Kühle des Elements zu fühlen; ein Intellektueller, für den die Peterskirche ein mißglückter Bau, der Vatikan aber ein finsteres Intrigantennest ist.

Und darüber hinaus sehen wir Hunderttausende von Gläubigen und Ungläubigen, von Gerechten und Ungerechten, von Spöttern und Mystikern – und die unabsehbare Heerschar derer, die weder für den Glauben noch für den Unglauben den Mut aufbringen. Wir sehen die Triumphzüge der Päpste und den Unterschied zwischen der Masse und der Gemeinschaft. Und wir spüren die Kraft des Segens, der täglich von dem berühmten Zimmer im dritten Stockwerk des Apostolischen Palastes in die Welt hinausgeht.

Die Stadt Rom hat drei große Plätze: das Kapitol ist ihr Salon, die Piazza Navona ihr Festsaal – was aber ist der Petersplatz? Er ist keine Kirche, obwohl er sakralen Charakter hat; er ist kein Stadion, obwohl er hunderttausend Menschen faßt; er ist kein Theater, obwohl auf ihm die Repräsentation des Heiles der Menschheit ihre großen Zeremonien vollzieht. Der Petersplatz ist das Forum Romanum der Christenheit, der Versammlungsort der freien Bürger des Gottesreiches, der Schauplatz von Haupt- und Staatsaktionen, die in den Sphären des Himmels ihre Konsequenzen haben, die letzte Station auf dem Wege der christlichen Via Sacra, eine Weiterführung des römisch-antiken Weltbaues unter dem Zeichen des kreuztragenden neuen Jupiter Christus, der über ihm regiert. Es ist kein Zufall – was ist in Rom schon Zufall? –, daß seit unkontrollierbar langer Zeit in Rom mit Hartnäckigkeit daran geglaubt wird, in der erzenen Kugel, die den Obelisken krönt, sei das Herz eines Mannes bestattet, von dem der Bau des römischen Erdkreises seinen Ausgang nahm: das Herz von Gaius Julius Cäsar.

Die Säulenhallen des Bernini haben die Basilika Emilia und Basilika Giulia abgelöst, der vatikanische Palast in seiner viereckigen Majestät ist die in den Himmel aufgetürmte Curia Romana geworden, die Loggia von Sankt Peter hat die Rostra ersetzt, und der Goldene Meilenstein steht heute als Obelisk im geometrischen und astronomischen Zentrum des Platzes. Das stille Quellwasser der Nymphe Juturna hat sich in die lebendigen Sprühschleier der beiden herrlichen Fontänen verwandelt, die Dioskuren sind den Apostelfürsten Petrus und Paulus gewichen, und die Heilige Pforte der Jubeljahre ist an die Stelle cäsarischer Triumphbogen getreten. Der römische Geist, geheiligt und gereinigt durch den Sieg des Kreuzes, hat sich am rechten Tiberufer ein neues Zentrum seiner Kraft errichtet, ein Forum und ein Kapitol, dessen Entscheidungen der Himmel als verbindlich anerkennt. Cäsars Geist, zu christlicher Größe bekehrt, lebt in diesem neuen Forum, wie er im alten lebte. Und die Worte des großen Mommsen, womit er Cäsars Position in der Weltgeschichte definiert, haben auf dem Petersplatz einen erhabenen Klang: »Daß von Hellas' und Italiens vergangener Herrlichkeit zu dem stolzeren Bau der neueren Weltgeschichte eine Brücke hinüber führt, daß Westeuropa romanisch, das germanische Europa klassisch ist, daß die Namen Themistokles und Scipio für uns einen anderen Klang haben als Asoka und Salmanassar, daß Homer und Sophokles nicht wie die Veden und Kalidasa nur den literarischen Botaniker anziehen, sondern im eigenen Garten uns blühen, das ist Cäsars Werk; und wenn die Schöpfung seines großen Vorgängers im Osten von den Sturmfluten des Mittelalters fast ganz zertrümmert worden ist, so hat Cäsars Bau die Jahrtausende überdauert, die dem Menschengeschlecht Religion und Staat verwandelt, den Schwerpunkt der Zivilisation selbst ihm verschoben haben, und für das, was wir Ewigkeit nennen, steht er aufrecht.«

Man muß dies festhalten, wenn man Roms Grundgefühl begreifen, wenn man den ewigen Orgelpunkt, die forttönende Basis der Harmonia Romana vernehmen, wenn man das Räderwerk durchschauen will, worin Recht und Glauben sich gegenseitig durch den Gang der Zeiten treiben. Cäsar wird auch uns, die wir seine Gestalt lieben, seinen Geist verehren und seine Größe erkennen, in diesem urrömischen Zusammenhang mehr sein als eine historische Person: ein sakrosankter Name, ein Symbol für die geistige Einheit unserer Welt, ein Siegel des Abendlandes, dessen Ursprung und Gestalt ohne ihn nicht denkbar sind. Die dreifache Krone, die den Papst über alle Könige und Herrscher dieser Erde erheben sollte, hätte ohne Cäsar keinen Glanz, und die unbegreifliche Nachsicht der katholischen Kirche gegen ihre Sünder hat in seiner herrscherlichen Langmut ihren ersten Keim. Das Symbol des Weltregiments, die Einsamkeit des Gipfels der Menschheit, die kühle und unbestechliche Wägung tausender wohlgeborgener Geschicke in stellvertretender Obsorge, dies alles ist mit cäsarischem Geiste eng verknüpft. Und so haben wir wohl nicht unrecht, einen Einzug des Papstes in die Petersbasilika mit dem antiken Triumphzug zu vergleichen, der dem Herrscher über den Erdkreis zurückgibt, was sein Amt ihm verweigert: die Dankbarkeit des Menschengeschlechtes.

HEILIGES OFFIZIUM

Wenn wir unseren Blick über das Dach der südlichen Kolonnade hinwegschweifen lassen, erkennen wir das Geviert eines sehr großen, schmucklosen Palastes. Er beherbergt das ›Heilige Offizium‹, die strengste, gefürchtetste und unnahbarste Institution der katholischen Kirche. Alles, was wir an bedrückenden Vorstellungen mit dem Worte Inquisition verbinden, ist in diesem Palast begraben worden, nachdem es seine Schrecken über die Welt verbreitet hatte. Diese in der Stadt Rom nicht sehr geschätzte Einrichtung hat heute zwar die Drohung des Scheiterhaufens verloren, aber dafür an Beliebtheit nicht gewonnen. Nicht, daß die Erinnerung an gefolterte Ketzer noch im Spiele wäre – die Menschheit hat eine verruchte Begabung, ihre eigenen Greuel zuerst plausibel zu machen und dann zu vergessen; doch bleibt auch heute noch über den großen und nichtssagenden Palast eine unheimliche Glasglocke gestülpt: das Schweigen. Die Welt hat innerhalb dieser Mauern noch mehr zu existieren aufgehört als in jedem Kloster. Kahle Gänge, durch die hin und wieder ein Dominikaner mit niedergeschlagenem Blick lautlos dahingeht, öde, hohe Sitzungszimmer, Archive, zu denen nur eine ganz kleine Anzahl Menschen Zutritt hat, Kanzleien, worin Schriftstücke behandelt werden, deren Inhalt nur verständlich wäre, würde man den Zusammenhang des Verfahrens kennen. Und diesen Zusammenhang kennt niemand. ›Secretum‹ heißt das große Wort – überall ist es am Werk: in den Strafverhandlungen gegen die Verfälscher der katholischen Lehre, in den Erörterungen über die Verfehlungen von Geistlichen, in der Prüfung der mystischen Erscheinungen, in der Stellungnahme gegenüber neu aus dem Boden schießenden Sekten, in der Behandlung und Verwertung der vertraulichen Berichte aus aller Welt, die dem Heiligen Offizium über die Tätigkeit, das Privatleben und die Gefährdung von Klerus und Laien zugeht, endlich in der Einschätzung der gar nicht kleinen Zahl anonymer Anzeigen, die von dieser verschwiegenen Behörde auf das ominöse Körnchen Wahrheit hin geprüft werden. Es gibt innerhalb der katholischen Kirche nur einen einzigen Eid, der ebenso schwer ist, wie der Schweige-Eid der Mitglieder des Heiligen Offiziums: der Schwur der Beichtväter. Und dieser ist, wie jener, in der Tat kaum jemals gebrochen worden. Überall sucht das Heilige Offizium den Zellenverfall am katholischen Menschheitsgewebe aufzuspüren, und stets geschieht es mit einer Geduld, Langmut, Diskretion, Vorsicht und Undurchdringlichkeit, die nur aus tiefster Kenntnis der menschlichen Natur gewonnen werden kann. Die abstrusesten Teufeleien der Seele werden hier durchleuchtet, seziert, erbarmungslos bis in die letzten Hintergründe erforscht, und man könnte sich durchaus vorstellen, daß das Schweigegebot auch deshalb so hart und unverbrüchlich ist, weil es entsetzlich wäre, wenn die Archive dieses Hauses in Wahrheit erzählen würden, wessen der Mensch in seinem Wahne fähig ist. Wer das Schweigen des Heiligen Offiziums bricht, verfällt der Exkommunikation, und zwar in so strenger Form, daß nicht einmal der Kardinal-Großpönitentiar, sondern nur der Heilige Vater sie wieder aufheben kann.

Finsteres Mittelalter? Ja und nein. Welch eine Wohltat liegt darin, daß es für die vor diesem Tribunal untersuchten Fälle keinerlei Statistik und Registratur, kein behördliches Erfassen gibt. Eine kleine Gruppe schweigsamer und gerechter Geistlicher versucht seit mehreren hundert Jahren in diesem Hause den menschlichen Geist und die katholische Lehre in Ordnung zu halten. Das Gericht des Heiligen Offiziums hat außerordentlich strenge Strafen zu Gebote: Versetzung eines Priesters in den Laienstand, heftige Gebets- und Bußübungen, Strafaufenthalt in einem Kloster strengster Observanz und als furchtbarste aller Waffen die Exkommunikation, die, auch wenn man ihrer Hohn spricht, so lange man lebt, im Augenblick des Todes zu einem Schrecken ohnegleichen zu werden pflegt.

Das Heilige Offizium ist die Behörde der Wachsamkeit. Man muß sich die Arbeit dieser geheimen Glaubenspolizei gänzlich immateriell vorstellen. Es wird keinem Menschen an Leib und Besitz ein Haar gekrümmt. Um so konzentrierter, um so überzeugter nimmt dieses schweigsame Gericht sich der geistigen Wirklichkeit dieser Welt an – von der Indizierung glaubensgefährdender Schriften bis zur Verteidigung der formulierten Dogmen des katholischen Lehrgebäudes. Es ist nicht möglich, den Palast ohne triftigen Grund zu betreten. Wer aber die öden Gänge durchwandert, erschauert vor dem kahlen Hause, das die Gerechtigkeit sich hier errichtet hat – eine Gerechtigkeit, die von der Voraussetzung ausgeht, daß es den Teufel wirklich gibt. Die Sünden, so argumentiert man hier, werden mit dem Geiste und gegen den Geist begangen. Wer sich nicht verteidigt, kommt um.

PÖNITENTIARIE

Sehr eigenartig ist es, daß in diesem Hause auch noch eine zweite wichtige Institution der römischen Kurie untergebracht ist, die gänzlich anderen Charakter trägt: die ›Pönitentiarie‹. Auch sie ist ein Tribunal, auch sie fällt strenge und gerechte Urteile, aber nicht zur Verdammung, sondern zur Rettung. Die Pönitentiarie ist das einzige Gericht der Welt, das die vor ihm erscheinenden Angeklagten nicht mit Namen kennt: ein Gerichtshof des Gewissens, der seine Fälle unter Decknamen behandelt und von einer Raschheit der Entscheidung ist, wie keine andere römische Behörde. Der Grund dafür ist bezeichnend: es handelt sich bei den Verfahren in der Pönitentiarie um die Lossprechung von Sünden, und niemand wird dort verhandelt, der nicht schon vorher bereut hätte. Aufrichtige Reue aber duldet keinen Aufschub, denn die rechtmäßige Beziehung der menschlichen Seele zu Gott ist das wichtigste Anliegen, das es gibt. In der Pönitentiarie fließen alle jene unglaublichen Düsterkeiten, Schandtaten und Geheimverbrechen der menschlichen Seele zusammen, denen die Beichtväter aus eigener Vollmacht die Absolution zu erteilen nicht mehr in der Lage sind. Dabei ist wichtig, zu bedenken, daß jeder Beichtvater unter gewissen Voraussetzungen auch einen Mörder absolvieren kann.

Ein weiterer Gegenstand der Pönitentiarie ist die Heiligkeit des Eides und Unauflösbarkeit des Gelübdes. Was der Mensch Gott versprochen hat, kann er nicht zurücknehmen. Geht aber das Versprechen so sehr über seine Kraft, daß seine Existenz als bedroht angesehen werden muß, so nimmt ihm ein mit der ganzen zeitlichen und ewigen Rüstkammer der Theologie versehenes Tribunal die Entscheidung ab. Es ist von Bedeutung für unser Rom-Bild, daß neben dem im Prunke des Purpurs strahlenden Heiligen Kollegium der Kardinäle auch noch ein demütiges, einfaches und verborgenes Kollegium der Beichtväter existiert, dessen Aufgabe es ist, über die Heiligkeit der Schwüre ebenso zu wachen wie über den Schutz der menschlichen Existenz vor ihrer zermalmenden Macht.

OSPEDALE DI SANTO SPIRITO

Wie viele Dinge in der Stadt Rom leben für die Seele des Menschen! Es hat mich immer gerührt, die unablässigen Anstrengungen zu bedenken, die hier zu gänzlich immateriellen Zielen gemacht worden sind. Ganz in der Nähe der südlichen Kolonnade, auf dem alten Borgo, finden wir ein Gebäude, das eine sehr hübsche Geschichte zu diesem niemals versiegenden Sich-Kümmern um das menschliche Wohl in Leib und Geist erzählt. Das ›Ospedale di Santo Spirito‹ ist ein edles Gebäude aus der Renaissance, mit einem hübschen Innenhof und einer seltsamen Baugestalt. Der Flügel, der am Borgo entlangläuft – eigentlich die Rückfront des ehrwürdigen Krankenhauses – zeigt in der Mitte seiner langgestreckten Anlage einen achteckigen, kuppelartigen Aufbau. Wenn man hineingeht, findet man, daß dieser zentrale, ziemlich hohe Raum zwischen zwei ausgedehnten Krankensälen liegt, und damit beginnt unsere Geschichte.

Es gab in Rom einmal einen jungen Hirten, der besonders schön auf seiner Flöte blasen konnte. Er pflegte seine Schafe auf den Fluren zu weiden, die damals noch große Teile des heutigen Stadtgebietes bedeckten und die Ruinen antiker Macht mit dem freundlichen Gewucher der Natur umhüllten. Man kannte den braven Mann überall. Wenn die bombastischen Kurtisanen und die glutäugigen Kavaliere von ihren Lastern genug hatten und eine Landpartie zu den Caracalla-Thermen veranstalteten, pflegten sie ihn oft herbeizurufen und den bezaubernden Saltarelli seiner Flöte zu lauschen. Unglücklicherweise verliebte sich unser Hirt bei dieser Gelegenheit in die Nichte eines Kardinals. Und er war unerfahren genug, diese Liebe zu verbergen. Die ahnungslose Dame heiratete einen Potentaten, und der arme Hirte wurde unglücklich und menschenscheu. Wie ein zaubernder Pan zog er durch die Weinberge und Gärten der Stadt und entlockte seiner Flöte Töne von nie gehörter Süßigkeit. Aber man sah ihn niemals. Da befiel die Nichte des Kardinals eine verzehrende Krankheit, und ihre Schönheit verfiel so sehr, daß sich niemand mehr um sie kümmern wollte. In einer verhängten Sänfte ließ sie sich in die Weidegründe hinaustragen, um weitab von den Menschen ihr entstelltes Antlitz der Sonne darzubieten. Von ferne begleiteten sie die Töne der Flöte, und sie, die nun niemand mehr hatte, den sie hätte lieben können, liebte diese Flöte. Als es mit ihr zu Ende ging, wollte sie die Flöte noch einmal hören; man suchte den Hirten und brachte ihn in den Palast. Er durfte sich vor ihre Türe setzen und spielen. Kaum hatte er begonnen, wichen die Schmerzen von der Kranken, und sie hatte einen sanften Tod. Der Hirte aber verschwand aus der Stadt. Der Kardinal, der seine Nichte sehr geliebt hatte, stiftete zu ihrem

Seelenheil ein Hospital und ordnete an, daß von nun an jeden Abend, bevor die Lichter in den Krankensälen gelöscht wurden, ein Flötenbläser kommen sollte, um unter der großen Mittelkuppel den Kranken Tröstung und Linderung zuzuspielen. Alte Römer haben mir erzählt, sie hätten den letzten dieser Flötisten im ›Ospedale di Santo Spirito‹ noch gehört.

MASKEN IN DER ENGELSBURG

Nun rückt in unser Blickfeld ein Bauwerk, dessen Steine von den Triumphen und Niederlagen des römischen Geistes mehr erlebt und von den Entfaltungen und Abstürzen der menschlichen Natur mehr vernommen haben als irgendwelche andere Mauern in Rom: das Castel Sant'Angelo, die Engelsburg. Rufen wir einen antiken Gott herbei, Merkur, der den Römern schon so oft in kaum entflechtbaren Situationen als Führer gedient hat, und bitten wir ihn um seine Hilfe. Er soll uns im Anblick dieser alchemistischen Versteinerung der Geschichte einen Augenblick den Theatermeister machen. Er soll die Masten auf den Zinnen der Burg mit wallenden Fahnen behängen, soll auf die Plattformen Fanfarenbläser stellen, den Feuerwerksmeistern sichere Plätze anweisen, den Himmel nächtlich verdunkeln, Boote und Segelschiffe in den Tiber setzen, uns eine Karosse mit vier Schimmeln und federhutgeschmücktem Kutscher senden und ein großes Maskenfest veranstalten, la mascherata del Castel Sant'Angelo.

Alles ist arrangiert, uns zu empfangen. Aus den Tiefen der Antike und des Mittelalters sind bedeutsame Gestalten aufgestiegen, haben sich mit Renaissance-Kardinälen und mit barocken Verschwörern zusammengetan, in Gruppen wandern sie auf den Galerien und

Mauerumgängen auf und ab, Hunderte von Fackeln werfen ihr flackerndes Licht über die Bastionen, und aus den Höfen, Arkadengängen und Loggien dringt eine geheimnisvolle chaotische Musik hervor – die gemessenen Rhythmen der Pavane, auf Theorben und Lauten gespielt, der groteske Springschritt der Gagliarde, von Trommeln und Schrillpfeifen getrieben, die dunkelsüße Sarabande, auf Violen und Gamben zärtlich fortgeführt, das vielstimmige Geflecht gefühlszerrissener Madrigale, dazu die kriegerischen Fanfaren des Papstes Paul III., die Feldmusik des Marschalls von Bourbon und die berückende Stimme einer blutjungen Kurtisane, die auf dem zirpenden Hintergrund der Laute den Preis der Liebe in die Nacht singt. Dunkel spannt der Himmel über uns sein Gezelt, während uns die Garden und Wachen am Eingang des Kastells aus der Karosse helfen.

Gleich hinter dem ersten Mauerring, in der großen, kahlen, quadergefügten Eingangshalle, wo vor achtzehnhundert Jahren einmal der goldene Koloß des Hadrian aufgestellt war, erwartet die Gäste ein Mann, der einen ziselierten Degen in der Hand hält. Er trägt spanische Tracht, hat ein gepflegtes, von schwarzem Vollbart umrahmtes Gesicht, duftet nach Salben und Parfüm, stolziert wie ein Pfau und lächelt das zerfurchte Lächeln quälender Eitelkeit. Es ist Benvenuto Cellini, der Verteidiger der Engelsburg während ihrer schlimmsten Tage, beim Sacco di Roma, 1527. Daß er ein berühmter Goldschmied war, daß Könige und Päpste vor seiner Kunst und seinen Preisen kapitulierten, hat ihn nicht halb so stolz gemacht wie das Kommando über die Geschützstücke, die man ihm zur Abwehr der deutschen Landsknechte unterstellt hatte. Da ihm Nachruhm und Unsterblichkeit wichtiger waren als sein Ruf im Leben, gebärdete er sich heroisch. Dieser theatralische Heroismus fand nicht immer einen Gegenstand, an dem er sich entzünden konnte und machte aus dem ruhmsüchtigen Goldschmied einen Querulanten und schließlich einen Mörder. Als dies den Päpsten zu viel wurde, sperrten sie ihn in die Engelsburg ein.

Nun weist er uns den Weg, nach rechts, in einen sanft ansteigenden, gekrümmten Gang, der sich wie eine Spirale um den Mauerkern des alten Hadriansgrabes herumwindet – überall stehen Lakaien mit silbernen Leuchtern in der Hand – die Rampe herauf kommt eine verführerische Frau mit weißem Turban, begleitet von zwei schwatzenden Kavalieren in Grau, Blau und Silber. Es ist die schöne Beatrice Cenci, die ihren Vater umgebracht hat und in der Engelsburg peinlich darüber befragt worden ist. Sie hat einen prachtvollen, kräftigen und anmutigen Hals, auf dem ein feiner roter Strich pikanterweise die Stelle verrät, durch die später das Henkerbeil gegangen ist. Frauen, die rätselvolle und schaurige Bluttaten mit großer äußerer Schönheit vereinigen, haben bei den Römern immer besonderes Interesse gefunden. Ist sie schuldig, dann ist es herrlich, zu wissen, daß eine so schöne Frau eine so tiefschwarze Seele hat, – ist sie unschuldig, dann scheint ihr wundervoller Anblick die Justiz Lügen zu strafen. Auf jeden Fall ist es aufregend, eine solche Frau geköpft zu sehen.

Mit Schellengeläute kommt ein Zug von scharlachfarbenen Lakaien daher und ruft: »Platz, Platz für den Herrn Connétable.« In großer Rüstung, mit dem Feldherrnstab in der gepanzerten Faust, erscheint zu Pferd der Herr von Bourbon, derselbe, der einst nichts dabei fand, seinen König Franz I. von Frankreich zu verraten, in die Dienste Kaiser Karls V. zu treten und die deutschen Landsknechte zur Plünderung nach Rom zu führen. Jetzt hat er sein Visier heruntergelassen, wahrscheinlich, um dem Anblick des Benvenuto Cellini zu entgehen, der ihm von hier mit einer Arkebuse, die heute noch in den Waffenkammern der Engelsburg liegt, den tödlichen Schuß in den Bauch gejagt hat. Zwar ist er gewaltig, aber sympathisch können wir ihn nicht finden. Ob er wohl schon vergessen hat, daß ein italienischer Fürst, in dessen Palast er einmal Quartier nahm, am Morgen nach seinem Weggang den Befehl gab, das Gebäude abreißen zu lassen, weil er es, nachdem ein Verräter darin gewohnt hatte, nicht mehr für würdig fand, einen Edelmann zu beherbergen?

Dort, wo der ansteigende Rampenweg in die Mitteltreppe mündet, erscheint nun eine Gruppe, die aus mehreren Edelleuten im Kostüm der Hochrenaissance besteht und die flache Treppe Alexanders VI. emporsteigt, mitten durch die Grabkammer des Kaisers Hadrian hindurch. Es sind lauter glänzende Herren, mit wallenden Federn auf den Baretts, deren Schicksale alle mit der Engelsburg verflochten sind. Aber nur einer unter ihnen reizt unsere Aufmerksamkeit: ein Mann von ungewöhnlicher Schönheit, mittelgroß, schlank, von durchdringendem Blick, mit leiser, etwas belegter und einschmeichelnder Stimme anmutig konversierend, Hohn und Spott in den Augenbrauen, Wollust um den Mund, Kühnheit und Laster auf der Stirn, ausgestattet mit dem gewinnendsten Lächeln und dämonisch verschönt durch die echte Sorglosigkeit des von Natur aus gewissenlosen Menschen. Es ist Cesare Borgia, der Sohn des Papstes Alexander VI., der Luzifer des Abendlandes. Er hat, wie man deutlich beobachten kann, die entsetzte Ablehnung aller späteren Historiker und Romanciers schadlos überstanden, und all die Morde, die sein Gewissen belasten sollten, haben ihm nichts von seiner Eleganz geraubt. Die Gutgesinnten finden, was er getan, abscheulich, doch die Ästheten sind schwach genug, zu seufzen: ach, der göttliche Cesare! Smaragdgrün und Schwarz sind die Farben, in denen er erschienen ist, eine feingliedrige Goldkette schmückt seinen Hals, am Zeigefinger der behandschuhten Rechten glänzt ein riesiger Diamant. Unruhig schweift sein Blick über die Scharen der Gäste und heftet sich plötzlich, verdunkelt, an drei Masken, die in einer Nische plaudern. In der Mitte ein großer, in der Mode der zwanziger Jahre unseres Jahrhunderts gekleideter, sehr dandyhafter Mann, mit schwarzem Schnurrbart und träumerischen Augen, auf einen feinen Bambusstock gestützt, neben ihm eine brandrote Schönheit, üppig, tief dekolletiert, glutäugig und wogend, mit einer Stimme, die schon beim Sprechen ahnen läßt, wie wundervoll ihr Gesang sein muß. Sie trägt drei Reihen Perlen um den Hals, steckt in einer großen Abendrobe des Jahres 1820, und ihr brennender Mund verrät in seinem leidenschaftlichen Lachen nichts davon, daß sie sich aus tragischem Liebeskummer umgebracht hat. Sie ist Tosca, die Sängerin, die sich um des Malers Cavaradossi willen vor den Nachstellungen des bösen Polizeipräfekten Scarpia durch einen Sturz von der Zinne der Engelsburg für immer in Sicherheit brachte. Und der Mann neben ihr ist der Komponist Giacomo Puccini. Auch Scarpia ist da, in palmenbesticktem Frack und Lackstiefeln, bleichgesichtig und lüstern, Vertreter jener unausrottbaren Zwischenrasse von ehrgeiziger Mediokrität, die ihre Macht an denen mißbraucht, die sie durch banale Verführungskunststückchen nicht zu unterwerfen vermochten.

Nun haben wir den ersten Hof erreicht, den Hof der Kugeln und des Engels. Fein säuberlich sind die zierlichen Steingeschosse, mit denen die Päpste in vielen Jahrhunderten ihre Feinde von der Unausrottbarkeit des Papsttums zu überzeugen suchten, zu kleinen Pyramiden geschichtet und von kleinen Fackelpfannen umgeben. Zwischen graziösen Schußwerkzeugen aus Erz sehen wir die Seide der Damenroben leuchten und dazwischen das schwarze Samtgewand eines Mannes, der einmal im achtzehnten Jahrhundert in der Engelsburg gefangen saß, nachdem er ganz Europa in Aufregung versetzt hatte. Graf Alexander Cagliostro, ein Sizilianer mit stechenden Augen, Wunderdoktor, Geisterseher, Alchemist, Reformator, Zauberer, Teufelsanbeter und Intrigant. Er hat sich die antikische, von Michelangelo entworfene Außenfront der Kapelle Leos x. als eine Art von Bühne ausgesucht, und man muß gestehen, daß dieser Hintergrund für sein Spiel nicht schlecht gewählt ist. Irgendwoher hat er einen grünen Lichtstrahl gezaubert, der die beiden quadratischen Öffnungen unter dem Renaissance-Giebel geisterhaft beleuchtet. Er selber steht, schweigend und hochmütig, vor einer der beiden leeren Nischen, die die kleine Fassade flankieren. Mit dem Auge des erfahrenen Magiers, der sein Publikum verachtet, blickt er über die bunte Gesellschaft, die sich vor ihm versammelt hat. Die Leute aus der Renaissance, mit Gift und Aberglauben vertraut, blicken skeptisch, belustigt und furchtlos auf ihn, die Leute aus dem Settecento – also aus seiner

Paul Bril

BLICK AUF DIE ENGELSBURG

Rom, Fresko in der alten
Sternwarte des Vatikans

eigenen Lebenszeit – fühlen beim Anblick dieses Nekromanten jene angenehm rieselnde Gruselfreude, die sich auf der Grenze von kokettem Unglauben und blasser Angst so leicht einstellt; die Augen der Nachgeborenen hängen an ihm mit der Verzückung, die, wie immer bei unbefriedigten Zwangsmoralisten, ein künstlicher Ausgleich für den fehlenden Mut zur eigenen Natur ist. Und er, Cagliostro, fühlt seine Kräfte wachsen.

Auf seinen Wink erscheint in dem dunklen Geviert ein bleicher Schatten, bärtig und von weicher Kontur, die Toga mit dem Purpurstreifen in Trauergeste halb übers Haupt gezogen. Geklimper kleiner Harfen umgibt die Erscheinung, die ein liebenswürdig grüßendes, weltmännisches Lächeln zeigt, während die Augen unbewegt in die Ferne starren. Das ist der Kaiser Hadrian, um dessen goldene Urne herum im zweiten Jahrhundert nach Christus die Engelsburg als Mausoleum errichtet worden ist, sechshundert Jahre bevor die Sarazenen die Asche des Kaisers zusammen mit den übrigen Urnen des antoninischen Hauses raubten. Hinter ihm tritt aus dem Dunkel eine Gestalt, deren leichtgeschürzte Tunika kokett die Ebenmäßigkeit ihres Körpers ahnen läßt – ein junger Mann mit schwellenden Lippen, weiblich sich gebärdend, die Wimpern getuscht und das Haar onduliert, Antinous, des Hadrian Lieblingsfreund, ein schöner Jüngling aus Bithynien, der in den Fluten des Nil verschwand, ohne daß man je erfahren hat, ob durch Gewalt oder durch Fahrlässigkeit oder durch freien Entschluß. Unter den Zuschauern erhebt sich das Raunen der Kenner, der Humanisten und der Lüsternen, während Kaiser und Favorit anmutig und traurig im Dunkel entschwinden.

Ein neuer Wink von Cagliostros Hand, und es erscheint der Krauskopf des Kaisers Caracalla, der auch einmal hier bestattet war, stiernackig, düster und engstirnig, aber er hat wenig Erfolg: Rom hat zu allen Zeiten die Primitivität seiner Methoden bei der Beseitigung von Menschen mißbilligt. Da ist Belisarius schon besser, der ihm nachfolgt, ein Kriegsheld aus Byzanz, Kraftmensch in schimmerndem Panzer, den roten Feldherrnmantel malerisch um die herkulischen Schultern drapiert, löwenhäuptig und ungebildet, ein wenig metzgerhaft vielleicht, doch tüchtig, unerschrocken, tollkühn und aggressiv. Ein Glück, daß er Hadrian nicht begegnet ist, der es ihm nie verzeihen wird, die herrlichen Statuen vom Zinnenkranz seines Grabmals auf den Köpfen der anstürmenden Goten zertrümmert zu haben. Nun kommt auch schon das Kätzchen Antonina, des großen Belisarius allzuweibliche Gattin, die ihn zahm zu machen wußte wie einen Schoßhund und ihn vor Beginn einer wichtigen Schlacht durch ihre Kapricen stets zur Weißglut brachte, damit er seine Wut darüber, daß er sich vor ihr fürchtete, im Gefecht in Tapferkeit umwandeln konnte. Noch einen dritten Schatten aus derselben Zeit ruft der Magier herbei: einen Mann in der Tracht byzantinischer Hofkanzlisten, schmalwangig und dünnlippig, mit jenen verdächtigen Spottkerben um die Mundwinkel, die das journalistische Ressentiment bisweilen erzeugt, Prokopius von Cäsarea, den Geschichtsschreiber des Gotenkrieges und Verfasser jener skandalösen Geheimgeschichte, der wir die ›Inside-Stories‹ des Justinianischen Byzanz verdanken.

Unter den Zuschauern ist einer, der sich nicht sattsehen kann. Er sieht aus wie ein halb demaskierter Schauspieler aus der Spätantike, in seinem verwahrlosten Chiton, den Zyniker-Bart wirr um das Kinn, die Füße in Kothurn-Sandalen, das Auge von Rührungstränen umflort, die ihm beim Anblick der Gestalten des Altertums aufgestiegen sind. Es ist Pomponius Laetus, der Begründer der Römischen Akademie, ein erklärter humanistischer Heide aus dem fünfzehnten Jahrhundert, klein, scharf, gewandt, schönheitssüchtig, ein Verächter von Reichtum und Luxus, wenn er nicht den Trümmern der Antike entstammte, ein Mann, der von der Kraft und dem Überfluß der lateinischen Sprache so trunken war, daß er es ablehnte, Griechisch zu lernen, um seinen lateinischen Stil nicht zu gefährden. Auch er hat einmal in der Engelsburg gesessen, zusammen mit seinem unglücklicheren und bedeutenderen Schüler Platina – verwickelt in jenen verhängnisvollen Prozeß, den Papst Paul II. gegen die neuheidnischen Tendenzen der Römischen Akademie mittels der Inquisition inszenierte. Auf Zehenspitzen steht er da, im Schatten der Flügel einer Marmorgestalt, die sich in der Mitte des Hofes erhebt und das ganze unzeitgemäße Treiben überragt: der Statue des Heiligen Michael von Guglielmo della Porta, die bis zum achtzehnten Jahrhundert die oberste Zinne der Engelsburg krönte. Das Eigenartige an diesem Engel ist, daß er, entgegen der Legende, das Schwert nicht in die Scheide steckt, sondern ›im Renaissance-Ton‹ drohend in der Hand hält und nur durch seine gelöste Haltung zeigt, daß weitere kriegerische Betätigungen nicht in seiner Absicht liegen.

Nun nähert sich, vom pästlichen Appartement zur Linken, ein paarweise geordneter Zug junger Damen und Herren, die eine Art Polonaise tanzen. Sie gehören zum Gefolge Ossolinskis, des Gesandten des polnischen

Königs Ladislaus IV., der soeben seinen Einzug in Rom gehalten hat – mit hundertsechzig Wagen, dreißig arabischen, mit goldenen Hufeisen versehenen Reitpferden, zehn Kamelen und einer vierunddreißigköpfigen Kosaken-Garde, wobei es ihm gelungen war, die Weisung seines Königs wörtlich zu erfüllen: er solle dort, wo die Franzosen Silber hätten, Gold nehmen, wo sie Gold hätten, kostbare Steine, wo sie aber kostbare Steine hätten, Diamanten. Im Tanzschritt gleiten die jungen Leute zum Schall von großen Trommeln und quäkenden Oboen an dem erstaunten Cagliostro vorbei und ziehen die Schar der Gäste nach sich – hinauf zum Appartement Pauls III., in den großen Festsaal und in die Perseus-, Amor- und Psyche-Gemächer. Der wirbelnde Zug geht über die Loggia Julius II. – wie lange ist es her, daß der gewalttätige und großartige Papst hier seinen Krückstock drohend gegen die Feinde seines Pontifikats erhob – und ergießt sich, in prachtvoll gestrafftem Rhythmus, in die Prunkräume des obersten Stockwerkes.

Hier werden die Gäste schon erwartet. Den Wänden entlang haben sich die Gestalten aufgestellt, die aus den Fresken von Giulio Romano und Pierino del Vaga herausgetreten und nun wie in einem Ballett lebendig geworden sind: Perseus und Andromeda, Amor und Psyche, und vor allem jene köstlichen, halb blumenhaften, halb menschlichen dekorativen Wesen, deren einzige Aufgabe durch die Jahrhunderte war, in träumerisch-abstruser Phantasie groteske Ranken um das menschliche Dasein zu winden. Wie apart wirkt es zum Beispiel, wenn man plötzlich einer Dame begegnet, die einen Insektenkörper ihr eigen nennt und mit einem Mann flirtet, der es vorgezogen hat, sich nach unten hin nicht in Gehwerkzeuge, sondern in Blütenkelche fortzusetzen – besonders, wenn das Ganze dann noch von einem Faun kontrapunktiert wird, der offenbar noch nie etwas von Obszönität gehört hat. Und wie anmutig ist es zu sehen, wenn eine tragische Maske sich auf einen Früchteleib niederläßt und eine Schar von fischschwänzigen Tritonen zur dionysischen Liebesfeier in die Muschelhörner stößt.

In das solchergestalt entstehende paramythische Durcheinander gerät ein violett gekleideter Hofmarschall, der – um sich verständlich zu machen – glücklicherweise zwei Trompeter mitgebracht hat. Er kündigt, in der zeremoniösen Form des Jahres 1492, zu Ehren des soeben gekrönten Papstes Alexander VI. ein Schauspiel an, das im Hofe, der den Namen dieses Papstes trägt, sogleich in Szene gehen wird.

Wir sind neugierig zu sehen, welches Stück man gibt. Der Hof, in den wir treten, ist gekrümmt, schmucklos, klassisch in der Linie, vollkommen in der Proportion. Eine Art von Tribüne ist für die Zuschauer aufgeschlagen – es ertönt eine fremdartige, morgenländische Musik, und aus dem dunklen Hintergrund tritt in das Licht der Fackeln ein beturbanter Mann, der sich als der König Boabdil zu erkennen gibt: der letzte mohamedanisch-maurische Fürst von Granada, der sich mit seinen buckelnden Räten über die hoffnungslose Verteidigung der Alhambra berät. Seltsamerweise bedient er sich dazu der lateinischen Sprache, was aber dadurch erklärbar wird, daß der Text von dem allseits geschätzten Monsignore Carlo Verardi stammt, dem Sekretär des spiel- und liebesfreudigen Kardinals Raffael Riario. Nach einer kurzen Zwischenmusik sehen wir die Gesandten des Sultans Bajazet daherkommen, die den von christlichen Spaniern bedrängten Mauren Mut machen, was aber nichts hilft, weil der schwache Fürst Boabdil die ganze Reconquista schon längst satt hat. Und man versteht das auch, wenn man gleich darauf sieht, wie entschlossen, heroisch, siegesgewiß und zerstörungswütig der spanische König Ferdinand mit seinen Rittern über die bevorstehende endgültige Vertreibung der maurischen Heiden aus Spanien verhandelt. Dazu erscheinen auf den Zinnen des Mauerumgangs die blauen Panzer der Tercios, jener gefürchteten spanischen Infanterie, die es zwar damals noch gar nicht gab, die aber ein halbes Jahrhundert später der Schrecken ganz Europas werden sollte und nicht wenig dazu beigetragen hat, den Kirchenstaat bis ins vorige Jahrhundert hinein in seiner Souveränität zu erhalten.

An der Wand lehnt, in die Betrachtung dieses Schauspiels mangels tieferen Verständnisses ein wenig mühsam versunken, ein Mann mit roter Halsbinde und einer Phantasie-Uniform des neunzehnten Jahrhunderts, dem der Gang der Handlung nur insofern etwas bedeutet, als es sich auch hier um den Sturz eines veralteten Regimes handelt: der General Giuseppe Garibaldi, dessen kriegerische, von Bersaglieri-Stürmen begleitete Ankunft in der Hauptstadt der Christenheit die jüngste Geschichte eingeleitet hat. Nebenbei denkt er wohl vor allem daran, daß sich seine Frau auf ihrem frenetisch-heroischen Denkmal auf dem Gianicolo noch zu Schanden reiten wird.

In einer Nische in der Ecke, dort, wo eine kleine, einsame Glocke aufgehängt ist, lehnt ein Mann mit langem, eisengrauem Bart, eingefallenen Wangen und dem fürchterlichen Ernst des Häßlichen, der inwendig nichts als Schönheit ist. Die Glocke ist ›la campana della misericordia‹ – die Glocke der Barmherzigkeit –, die man bei Hinrichtungen in der Engelsburg läutete, der Mann heißt Michelangelo Buonarroti. Buonarroti war Bildhauer, Maler, Architekt und Allesmacher für Julius II. Heute hat er die Aufgabe, für den phantastischen Abschluß des Festes zu sorgen. Das Schauspiel ist zu Ende gegangen, die Musiker-Gruppen auf den Balkonen und Loggien haben sich müde geblasen, Ballett und Tänze sind vorüber, eine Schar von Pagen erscheint und bittet die Gäste hinunter ins Parterre, komplimentiert sie mit freundlichen Worten aus dem Kastell hinaus, dirigiert die Karossen über die Engelsbrücke auf die linke Tiberseite und bringt das Wunder fertig, diese ewig undisziplinierten Römer aus allen Jahrhunderten an der Lände gegenüber dem Kastell noch einen Augenblick beisammen zu halten. Denn jetzt erst naht der Höhepunkt des Festes, geboren aus der Phantasie des Michelangelo und seit fast hundert Jahren nicht mehr inszeniert. Zwischen Cesare Borgia und dem vom leichtem Scheiterhaufengeruch umwehten Giordano Bruno stehen wir an der Kaimauer, vor uns den drohenden Rundschatten des Kastells. Alles ist verstummt, die Musik hat aufgehört, die Barken und Segelschiffe auf dem Tiber haben die Lichter gelöscht – nur die ewig gleiche Stimme eines einsamen Fischers vom Uferstrand dringt über die Jahrhunderte hinweg zu uns herauf. Aber kaum hat unser Ohr die ersten Töne seines einsamen Gesanges aufgefangen, da ertönt auf der Ringmauer der Engelsburg ein Kanonenschuß.

Über dem Engel des Kastells steigt ein sausender Lichtpfeil empor, zerbirst im Zenith des Nachthimmels zu tausend Sternen und leitet ein phantastisches Schauspiel ein: die ›Girandola‹, – das Feuerwerk der Engelsburg. In tanzenden Geometrien fahren rote Sonnen in die Höhe, auf den Bastionen beginnen Feuerräder zu kreisen, der Donner der berstenden Raketen mischt sich in das Läuten der Glocken und in die Salven des Geschützes, in einem unerhörten Crescendo entfaltet sich das Himmelsschauspiel, dessen Blitze noch bis Sankt Peter hinüberleuchten, und über dem dumpfen Rundleib des Kastells baut sich aus Raketenbahnen und gebündeltem Licht eine himmlische Engelsburg auf, die Apotheose jenes Prinzips, das Rom dazu ermächtigt, den Erdkreis an sich zu ziehen und in den Himmel hinauf zu schleudern.

Nach ein paar Augenblicken ist alles vorbei; die Girandola ist verglüht, die Masken sind verschwunden, die Jahrhunderte ruhen wieder festgebannt in den stummen Gemächern des großen Grabes, und während Merkur, der Seelenführer, langsam den Vorhang über das römische Welttheater fallen läßt, dringt immer noch die Stimme des Fischers von der Lände an unser Ohr:

Die Tiberlände mit dem Palazzo Borghese

Und hier ans Ufer komm ich jeden Abend,
nicht, weil's zum Fischen mir zu Mute wäre;
allein sein ist das Einz'ge, das ich möchte,
vergessen alles, was mich quält und drängt,
und der Erinnerung gehören, die mich brennt,
von der mein Herz nicht aufhört zu erzählen.
Wie Schwalben fliegen fort die Stunden
und viele Frühlingszeiten gehn und kommen,
nur du allein bleibst aus.
Du Blume aller Blumen, die einst kam,
wie eine Morgenröte
und wieder fortging, Sonne vor der Nacht.
Schwarz ist der Abend, schwarz ist mein Geschick,
ich steh und fische – und ich weiß nicht,
daß meine Hand noch eine Angel hält.
Und flackernd, wenn der Wind sich hebt im Dunkel,
verlischt mein kleines Licht von Zeit zu Zeit.

DIE RÖMISCHEN JAHRE DER PAOLINA BORGHESE

Ich möchte nun mit Ihnen, meine verehrten Leser, ein paar Monumente, Gedenkstätten und Bauwerke einander näher rücken, deren gegenständliche Verschiedenheit und räumliche Trennung durch ein vollgelebtes römisches Schicksal aufgehoben werden. Dieses Schicksal kann für drei Dinge als Beispiel gelten: für die liebevolle Nachsicht, mit der Rom die Menschen anderer Länder in sich aufnimmt, für die beruhigende und klare Sicherheit, die so viele innerlich gescheiterte Leben zu allen Zeiten aus der Stadt Rom zu ziehen vermochten, und für die verklärte Stillung, die auch noch der geheimste Schmerz in dieser Stadt erfährt. Die Monumente sind die Osteria del Orso, unweit der Engelsburg an der linken Tiberlände, der Palazzo Borghese am selben Ufer, die Villa Bonaparte an der Porta Pia und der schmale, schöne Palast, der die Einmündung des Corso auf die Piazza Venezia zur Rechten flankiert. Die Person, die mit allen diesen Schauplätzen in Zusammenhang steht, ist eine Frau, die vor eineinhalb Jahrhunderten in der Gesellschaft Europas durch ihre Art zu leben und durch ihre Schönheit einen unerreichten Rang einnahm.

Piazza Venezia mit dem Palazzo Bonaparte

In den ersten Jahren des vorigen Jahrhunderts gehörte das Albergo del Orso zu jenen altberühmten Gasthäusern Roms, die – von anderen neueren im Komfort längst überflügelt – von den Fremden hauptsächlich wegen ihres Kolorits aufgesucht wurden. Wer es heute besucht, wird außer ein paar sehr schönen großen Kaminen und den alten dunklen Balkendecken kaum mehr eine Spur von dem vorfinden, was zu Montaignes oder zu Goethes Zeiten dem Inventar zugehörte – man hat das Haus inzwischen, übrigens mit glänzendem

Geschmack, zu dem feudalsten Restaurant der Stadt Rom gemacht. Wundervolle alte Möbel, prunkende Barockleuchter, großflächige nachgedunkelte Bilder, schwere Moirévorhänge, Kerzenschimmer, Silber und Damast geben heute dem Fremden für teures Geld die Illusion, in einem großen römischen Hause zu Gast zu sein. (Wobei man allerdings hinzufügen muß, daß die wirklichen Herren großer römischer Häuser dort selten zu finden sind – sie haben das alles, und besser, zu Hause.) Was heute im ›Orso‹ fehlt, sind die seltsamen Alleskönner, die noch im vorigen Jahrhundert den Eingang dieses Hauses umlagerten, um in jener erzrömischen Mischung aus Geldgier und gastlich-beflissener Sympathie dem ahnungslosen und neugierigen Reisenden in einem Kauderwelsch aus allen gängigen Sprachen eilfertig ins Ohr zu flüstern: der Monsieur möge doch keinesfalls versäumen, in den Palazzo Borghese zu gehen und dort der Dame Paolina einen Besuch zu machen. Wobei man voraussetzte, daß selbst der völlig desinteressierte Nichtswisser bei dem Namen Paolina aus seiner Gleichgültigkeit erwachen und auf diese Weise wenigstens ein halbes Goldstück seinen Besitzer wechseln würde. Es handelte sich aber nicht etwa um den Besuch bei einer der üppigen und lebenslustigen Damen, die seit der Renaissance die Stadt Rom zu einem Paradies der Junggesellen hatten werden lassen, sondern um eine Statue. Ein Bildwerk aus edelstem, von leichtem bläulichen Schimmer umzogenen Marmor von der Hand des berühmtesten Bildhauers jener Zeit, Antonio Canova, wurde in dem riesenhaften Barockpalast der Familie Borghese in einem verschwiegenen Kabinett neben der Haupttreppe den nach Kuriositäten lüsternen Ausländern gezeigt – nicht etwa jedem Beliebigen, aber doch einer ganzen Menge von Leuten, die sich die Sache etwas kosten ließen.

Nun war Rom damals, wie heute noch, voll von herrlichen Plastiken der Antike, die päpstlichen Sammlungen faßten kaum den Reichtum an großartigen Funden, die der generöse Boden der Stadt und der Campagna den eifrig grabenden Archäologen freigab, und diese Schätze waren ohne irgendeine Mühe für alle Welt zugänglich. Warum also die Geheimnistuerei mit einer Marmorstatue, die noch dazu nicht antik, sondern zeitgenössisch war, warum so viel Geschäft um die Dame Paolina? Weil es sich in diesem Falle um das bis ins geringste Detail getreue Porträt einer Frau handelte, die die Schwester Napoleons war, die Fürstin Borghese, Paolina Bonaparte.

Auf dem Hintergrund von roten Damast-Tapeten wurde den schweigenden Besuchern bei spärlichem Fackelschein, der den Marmor lebendig machte, das Bild einer Venus geboten, deren vollendet modellierter Körper auf einem Ruhebett, halb ausgestreckt, halb aufgestützt, das Urbild aller weiblichen Schönheit darzustellen schien – und natürlich war es nicht von geringer Pikanterie, sich dabei vor Augen zu halten, daß es sich hier um die Schwester des Mannes handelte, der soeben im Begriffe stand, Europa vor seinem Namen erzittern zu lassen. In der Tat – es gibt nicht wenige Zeitgenossen, die eine solche Zurschaustellung als geradezu phantastische Schamlosigkeit empfanden, besonders in der Ewigen Stadt, in der ein besorgter, liebenswerter und lebensgefährlich bedrohter Papst auf dem Thron Sankt Peters saß. Weiterhin aber fragte man sich mit Recht, was sich denn eigentlich der Ehemann der leichtfertigen Dame, der Fürst Camillo Borghese, damals in Turin residierend, über die Sache denke, und man entdeckte in bekannter römischer Klatschsüchtigkeit alsbald, daß er sich leider zunächst gar nichts dabei gedacht hatte – es hatte ihn nämlich nicht interessiert. Um Himmels willen, sagten die Kenner, welch eine Ehe! Und darin hatten sie – leider nicht unrecht.

Als Paolina 1803 nach Rom kam, ahnte sie noch nicht, was ihr bevorstand. Sie besaß einen liebenswerten jungen Gatten, der in den Pariser Salons brillante Erfolge errungen hatte und in dem Rufe eines neuen Pretonius, eines arbiter elegantiarum stand, und sie hatte eine Menge guten Willens mitgebracht, dem Worte ihres Bruders gerecht zu werden, der ihr kurz vor der Abreise noch gesagt hatte, sie möge sich – ohne Affären, wenn's beliebt – in das römische Leben als seine persönliche Botschafterin einführen. Paolina war schön, leidenschaftlich und von kapriziöser Eleganz. Jetzt endlich fühlte sie sich befreit von dem Zwang, stets als die kaiserliche Schwester aufzutreten, und sie brachte eine so tiefe, innere Voraus-Liebe für die Stadt Rom mit, daß Napoleon schon bei der Verlobung dem Fürsten Borghese geantwortet hatte: »Fürst, meine Schwester scheint dazu bestimmt, einen Römer zu heiraten, denn sie ist Romana vom Kopf bis Fuß.«

Nun kam sie nach Rom – und fror. Sie fühlte sich in eine Welt versetzt, von deren Gravität sie sich keine Vorstellung gemacht hatte. Da war zum Beispiel der ungeheure Speisesaal im Palazzo Borghese, hoch wie eine Kirche und düster wie ein Grabmal – heute spielen darin die Herren des römischen Adels im Circolo della Caccia, auf zerschlissenen Ledermöbeln sitzend, exklusive Kartenspiele –, da war die alte Fürstin, die

Mutter Camillos, die in endlosen Monologen von dahingegangenen Menschen zu sprechen pflegte als ob sie noch lebten, etwa von der Königin Marie Antoinette, die längst unter der Guillotine geendet hatte und über deren versiegte Korrespondenz sich die Fürstin wunderte. Da waren die galonierten Diener, die mit unbewegtem Gesicht an den Wänden aufgereiht standen, da hantierten in rohen Kraft-Manieren die wappenbestickten Speiseträger mit den schweren Silberplatten, da war der Haushofmeister mit seiner für Pariser Begriffe unmöglichen Vertraulichkeit. Die Bilder an den Wänden zeigten eine Phalanx verblichener, für Paolina gänzlich uninteressanter Würdenträger des Hauses Borghese – und nirgends war Heiterkeit, nirgends Wärme, nirgends Trost. Selbst ihr Mann, der sich in Paris noch nicht genug tun konnte, die seltensten Leckerbissen für ihren Schoßhund zu erfinden, Camillo, der es gewagt hatte, das ernste Schwarz der päpstlichen Hoftracht für sich selber in ein schillerndes Pfauenblau umzuwandeln, der sich auf den Schlachtfeldern einen persönlichen Ruhm geholt hatte, den er bei seiner Serie hochtrabender Titel gar nicht nötig gehabt hätte – selbst dieser junge, wohlproportionierte Gatte war in Rom ganz anders als vorher in Paris. Die Würde eines Principe Romano dämpfte seinen Charme, sein Name hinderte ihn daran, Paolinas Kapricen weiterhin entzückend zu finden, und die Liebe, die noch wenige Monate vorher zwischen den beiden so heftig gewesen war, daß die Mutter Napoleons selbstherrlich auf die Trauung gedrängt hatte, obwohl Paolina noch nicht einmal ein Jahr lang Witwe gewesen war, diese heftige, zauberhafte Liebe erkaltete in den Gemächern des Palastes Borghese in erschreckender Schnelligkeit. Es geschah das Seltsame, daß Camillo, bisher das Non-plus-ultra des Pariser Chics, sich in einen gravitätischen und zeremoniösen Römer verwandelte, während in Paolina, von Napoleon so schön als Römerin apostrophiert, die Pariserin mit Leidenschaft erwachte. So trat schon in den ersten Wochen eine Entfremdung der Charaktere ein. Um das Unglück vollzumachen, entdeckte Paolina sehr bald, daß der Alkoven Camillos (wie man in jenen Zeiten so diskret sagte) ein Geheimnis hatte. Der Fürst war zwar ein köstlicher Charmeur und ein glänzender Soldat, aber seine Ehe wurde nur am Altar vollzogen. Dies war für ein Wesen wie Paolina, die nicht das geringste Verständnis für schicksalsgeforderte Opfer aufbrachte und der ihr Rang nur zu persönlichem Vergnügen diente, gänzlich unerträglich. Denn Paolina war nicht, was Canovas herrliches Vollporträt über sie aussagt: fragil und zart, von feinster Struktur und subtilster Grazie – sie war ein blutvoll bäuerliches korsisches Geschöpf mit der ganzen Glut mittelmeerischer Weiblichkeit und dem unverhohlenen Anspruch der lebensvollen Frau auf einen Mann, der restlose Hingabe fordert und dafür Schutz, Führung und Sicherheit gewährt. Nun kam sie an diesen unglückseligen Camillo und mit ihm nach Rom, und was sie vorfand, können wir heute noch sehen: den Stadtpalast einer Familie von immensem Reichtum, die Villa Borghese auf dem Pincio, eher eine Landschaft als nur Villa und Park, eine seit Jahrhunderten gleichförmig lebende, hochgestochene Gesellschaft, worin verblichene Päpste und Kardinäle als reale Faktoren des täglichen Lebens weiterexistierten, uralte Traditionen, verquickt mit den Praktiken einer halb korrupten, halb exaltierten Relegionsübung – und die selbstverständliche Erwartung der Römer, daß Paolina sich wie das weibliche Oberhaupt einer der größten Familien des päpstlichen Hofes benehmen solle.

Paolina, hinreißend schön und mit vollendetem Geschmack gekleidet, wußte denn auch vom ersten Augenblick an den Papst für sich einzunehmen, der – den skeptischen, lächelnden und illusionslosen Kardinalstaatssekretär Consalvi im Rücken – dem Charme und der blendenden Erscheinung Paolinas sein Herz und seine Zuneigung öffnete. Trotzdem kam sie sich in diesem Rom, das sich so sehr vom Rom ihrer Träume unterschied, irgendwie als Eindringling und noch dazu als ein emporgekommener Eindringling vor, und ihre leidenschaftliche Natur rebellierte – nur wußte sie noch nicht, wie sie sich befreien sollte. Hinzu kam der phantastische römische Tratsch, die Hintertreppen-Nachrichten, die Domestiken-Zuträgerei, die unausrottbare Sucht der Römer, aus einem Gerücht eine konkrete Tatsache zu machen, eine belanglose Handbewegung als geheime Liebkosung zu interpretieren, boshaft und genußreich irgendwelchen verborgenen Lastern nachzuspüren. Dabei war das einzige Laster Paolinas, wenn man es genau nimmt, daß sie eine Frau sein wollte – und Rom war eigentlich nicht der Ort, wo man ihr mit Grund ihre Prunkfreudigkeit und ihre Putzsucht hätte zum Vorwurf machen können. Paolina tat etwas ganz Alltägliches. Sie ließ ihre Augen spazierengehen und freute sich darüber, wenn alsbald ein ganzes Dutzend von beachtlichen Männern lichterloh in Flammen standen. Und unter diesen Männern war einer, der ihr ungefährlich erschien, weil er – als fast Fünfzigjähriger – der Dreiundzwanzigjährigen wie ein Greis vorkam: Antonio Canova. Eines Tages besuchte sie ihn im

Atelier. Hingerissen von ihrer Schönheit schlug ihr der Bildhauer vor, ihm für eine Diana-Statue Modell zu stehen, und sie selber, vielleicht aus jener versteckten Laszivität der unzufriedenen Frau, bot ihm an, nicht für die Göttin der Jagd, sondern für die Göttin der Liebe, Venus, sein Modell zu sein. So kam jenes berühmte Bildwerk zustande, das über alle andern Arbeiten Canovas weit hinausragt und heute noch im Museum des Casino Borghese viele tausend Besucher mit dem Lebensatem Paolinas erfüllt. Sicher bleibt die Statue hinter den großen klassischen Werken der Plastik erheblich zurück – aber auch heute noch hat sie nicht jenen seltsamen indiskreten Reiz verloren.

Als Paolina später von Rom Abschied nahm, geschah es ohne Kummer. Was half ihr ein Gartenschloß von der frühbarocken Grandezza des Casino Borghese, mit seinen unerschöpflichen Schätzen, wenn sie in den Kunstwerken die Gewalt der Liebe aller Epochen unerreichbar dargestellt sah. Was machte sie sich schon aus Tizians himmlischer und irdischer Liebe, wenn nur die eine dieser beiden Gestalten für sie Bedeutung haben durfte. Und was konnte ihr Berninis in der Verwandlung höchst erregte Daphne bedeuten, wenn der göttliche Apollo ihr nur in Marmor begegnete? Wir haben uns bei unseren Rundgängen durch eine solche Galerie längst abgewöhnt, darnach zu fragen, wie alle diese Werke der Kunst, die wir heute um ihrer selbst willen betrachten, auf diejenigen gewirkt haben, die sie besaßen. Mußte es Paolina nicht als ein Gleichnis von großer Trauer erscheinen, daß alle diese in Stein und Farbe bewegten Gestalten die Erfüllung dessen aussagten, was ihr selber, der mit Schönheit und Lebenswollust reich begabten Herrin dieser Schätze, versagt geblieben war? Es war ihr kein Trost, den flimmernden Glanz von Reichtum und Vergnügen um sich zu verbreiten, denn die Halbheit und das Ungenügen ihres römischen Lebens erhielten durch den teueren Tand ihres Alltags nur einen verschärften Stachel.

Im Jahre 1806 machte man einen letzten Versuch, der ungebärdigen Paolina Herr zu werden: man erhob sie zur Herzogin von Guastalla, wodurch sie eine souveräne Regentin wurde. Aber die Sache war zu billig. Guastalla war ein lächerliches, verrottetes Dorf, das ganze Herzogtum eine Operetten-Angelegenheit. Paolina war wütend und empfand das Ganze eher als eine Demütigung, besonders im Hinblick auf die Leichtigkeit, womit der inzwischen zum Kaiser gewordene Napoleon Europas Kronen unter die Mitglieder seiner Familie verteilte. Immerhin: sie konnte jetzt einen eigenen Hof halten, sie hatte einen Kardinal als Groß-Almosenier, zwei Äbte als Hauskapläne, eine Ehrendame, zwei Kanzler, einen Leibwächter, einen Exekutiv-Sekretär, einen General-Intendanten, eine Vorleserin, einen Hausarzt für alle Tage, einen Chirurgen für besondere Fälle und einen Apotheker. Mittels dieses Hofstaates konnte sie ein Lever abhalten, sie konnte ihre Morgentoilette zu einem fein abgezirkelten Zeremoniell ausgestalten, und dies mit um so mehr Genuß, als sie es noch nicht nötig hatte, die Nacht mit rohen Filetbeefsteaks auf dem Gesicht zuzubringen. Überdies hatte sie mit der ganz sachlichen Begründung, sich manchmal von dem anstrengenden Zeremoniell ihres Hofstaates erholen zu müssen, an der Porta Pia eine kleine Villa ausbauen lassen – heute noch berühmt als eines der reifen Zeugnisse des Empire –, immer in der Hoffnung, einmal weniger unglücklich zu sein. Aber weder der künstliche Glanz ihres winzigen Herzogtums noch die Anmut ihrer Villa konnten das erreichen, was eine einzige Reise nach Paris bewirkte: daß sie sich gut fühlte, daß sie ihren Kummer vergaß, und daß die Schatten eines tragischen Geschickes sich von ihrem heiteren Antlitz hoben.

Beinahe zehn Jahre später, unter gänzlich anderen Verhältnissen, hat die Stadt Rom Paolina wieder an sich gezogen, und sie hat der Heimkehrenden die früheren Schmähungen mit Trost und Liebe vergolten. Denn Paolina war, auch wenn sie in Rom ihr Glück nicht gefunden hatte, doch schon einmal eine Römerin gewesen, und Rom entläßt die Seinen stets nur auf eine begrenzte Zeit. Nach Napoleons Sturz und seiner Deportation nach Sankt Helena schien den meisten Mitgliedern der Familie Bonaparte der einzige sichere Schutz die Bannmeile des Heiligen Stuhles zu sein, den der Kaiser zu stürzen gedroht hatte. Unter der geizigen, strengen und großartigen Familienherrschaft von Madame Mère und unter der geistlichen Protektion des Kardinal-Onkels Fesch lebten die Geschwister Lucien, Louis und Pauline in der Hut des Kirchenstaates ein durchaus standesgemäßes Leben. Während die Welt sich noch in Schmähungen über den Korsen erging, begannen sie in dem Palazzo Bonaparte auf der Piazza Venezia, der heute noch den kaiserlichen Adler trägt, einen merkwürdigen Napoleon-Kult, aus dem später der kurzlebige, schillernde Phönix des zweiten Kaiserreichs in den Himmel Europas aufsteigen sollte.

Wenn wir uns Paolina in diesen späteren römischen Jahren vorstellen, dürfen wir nicht mehr an die kapriziöse Fürstin des Canova-Bildes denken. Sie hatte ihre Eskapaden aufgegeben, sie war sehr ruhig, und Schatten lagen über ihrem Antlitz. Aber immer noch bildete sie das Entzücken vieler Zeitgenossen, denn ihre Schönheit hatte durch ihre Reife nicht gelitten. Mit der Ewigen Stadt hatte sie sich versöhnt, mit ihrem Gatten ebenfalls, ihr Vermögen erlaubte ihr einen fürstlichen Hausstand und ihre angeborene, durch keine innere Unruhe mehr gestörte Gutherzigkeit ließ sie zu einer weit gepriesenen Wohltäterin werden. Als sie 1825 in Florenz starb – sie war ihrem Gatten dorthin entgegengereist –, trauerte man in Rom um sie wie um eine Römerin. Sie hatte sich jeden Luxus erlaubt, wofür die Römer immer Verständnis haben, sie hatte unendlich viel Gutes getan, wofür die Römer sich stets als dankbar erweisen, und sie war – wofür die Römer eine ewige Erinnerung besitzen – von unvergeßlicher Schönheit gewesen.

AUF DEM PALATIN

Mitten in der Roma malinconica ragt ein ungeheures Ruinenstück auf, Gewölbe, Portiken, Marmorfliesen, Oleander und Rosen: der Palatin. Sein weiter Park dient heute den Liebespaaren als Zuflucht, den Fremden als schattige Rast, der Musikakademie von S. Cecilia als sommerlicher Konzertsaal. Vor zweihundert Jahren gehörte das Gebiet den Königen von Neapel, die den Boden seiner schönsten Antiken beraubten und den Wucherungen der Wildnis keinen Halt geboten. In der Renaissance hatten die Farnese hier den ersten botanischen Garten Europas angelegt und dabei schon nicht mehr gewußt, daß die seltenen Blütenkelche dieses Gartens aus dem Moderstaub von Palastruinen aufstiegen, worin um das Jahr Tausend noch der kaiserliche Jüngling Otto III. seinen Träumen vom großen Reich des Mittelmeeres schwärmerisch nachhing. Noch zwei Jahrhunderte vorher, als Karl der Große nach Rom gekommen war, zeigte der Palatin kaum eine gestürzte Säule, und abermals sechshundert Jahre davor pochte hier in majestätischem Schlag das Herz der Welt.

Als Residenz der römischen Kaiser erlebte der Palatin vor zweitausend Jahren ein Zusammentreffen von Heiligkeit und Macht, das in seiner Magie und in seiner Wirkung über alle Vorstellungen der Zeitgenossen hinausreichte. Und da das Numinose, wenn irdische Gewalt sich seiner zu bemächtigen trachtet, im menschlichen Geist Schrankenlosigkeit und in der menschlichen Seele Verwirrung hervorruft, wohnten auf dem Palatin in dieser Zeit, von Gardelegionen bewacht und geschützt, zugleich der Schrecken und das Laster. Eingeweihte Geschichtsschreiber, wie Tacitus und Sueton, waren von den Wucherungen des Bösen in den Kaiserpalästen so entsetzt, daß sie die Wirkungen dieser Greuel auf den Erdkreis weit überschätzten. Denn während in den Hallen und Gemächern des Palatiums Menschenverachtung und Lebensgier, Todesangst und Geistesgestörtheit wie erweckte Erynnien umgingen, deren Versöhnung bestenfalls durch getarnte Menschenopfer erkauft werden konnte, verharrte das Römische Reich in ungebrochener Verehrung vor der Majestät dieses Hügels und der Göttlichkeit seiner Herrscher.

Es kostet eine geringe Mühe, sich aus den umwucherten Ruinen, die uns von dieser seltsamen Komposition aus Verruchtheit und Größe erhalten blieben, das Leben der ersten Kaiserzeit heraufzurufen. Wir finden sogar noch die Spur jener mythischen Geschehnisse, aus denen aller spätere Glanz geboren worden ist, die Spur der Hirtenvergangenheit Roms: das vorweltlich klobige Heilig-

tum des Romulus. Als er auf dem Palatin hauste, waren die Menschen Roms räuberisch und sittenstreng und ihre Götter furchterregend. Pales war eine von ihnen – der Palatin hat wahrscheinlich seinen Namen von ihr –, die Göttin der Hirten und der Herden, zu deren Ehren man später die Pallilien feierte, die als Geburtsfest der Stadt Rom noch heute begangen werden. Die Wölfin war eine andere, sie hatte die Zwillinge Romulus und Remus in der Wildnis gesäugt – die Magna Mater eine dritte, die vierzigbrüstige Herrscherin der Fruchtbarkeit. So haben die mächtigen Geister der ungezähmten Natur sich in grauer Vergangenheit auf der Kuppe des Palatin versammelt, um den Boden zu bereiten für das Reich der Gesittung, das von hier seinen Ausgang nehmen sollte.

Aber es sollte noch Jahrhunderte dauern, bis der Name des Palatin begann, sich mit Ruhm zu erfüllen. Zunächst blieb der Hügel lange Zeit fast gänzlich unbesiedelt. Erst in der späteren Republik begannen einige berühmte Bürger hier ihre Wohnstätten zu errichten. So wird uns berichtet, daß der Redner Crassus hier ein Haus geführt habe, das als das glänzendste von Rom galt; Cicero, der in Dingen des Geschmackes sehr empfindlich war, hat es später mit soviel Vergnügen bewohnt, als ihm seine nie gestillte Eitelkeit erlaubte. Der General Marcus Agrippa, der Erbauer des Pantheon, und Tiberius Nero, der Vater des Kaisers Tiberius, besaßen hier einfache und bequeme Villen, und im Hause des kunstsinnigen Advokaten Licinius Calvus hat der Dichter Catull, fieberglänzenden Auges von der römischen Freiheit träumend, an vielen Abenden seine wunderbaren Verse rezitiert.

Aus einer dieser Villen aber stieg ein Ehepaar zur Unsterblichkeit auf. Ein kleiner, kränklicher, zartgesichtiger Mann und eine kühle, strengblickende und rätselhafte Frau haben von hier aus die Welt in Ordnung gebracht: Augustus und Livia. Als sie, kaum vermählt und beide noch sehr jung, in das köstlich intime, großbürgerliche Haus einzogen, das uns heute noch als ›Haus der Livia‹ seiner entzückenden, rostrot grundierten Fresken halber anzieht, riefen sie in der Stadt Rom den Klatsch eines phantastischen Skandals hervor, und niemand ahnte, daß ein Zeitalter begonnen hatte, dem die Nachfahren mit Recht die Bezeichnung ›das Goldene‹ geben sollten. Zunächst sah es nur so aus, als wolle der Adoptivsohn und Erbe des großen Julius Cäsar in seinem Privatleben bestätigen, was man von seiner offiziellen Funktion im Staate her schon wußte: daß er vor keinem Gesetz zurückschreckte, wenn es galt, seinen Willen zu verwirklichen. Livia war die Gattin des Tiberius Nero gewesen, und sie wurde von ihrem Mann geliebt. Als Augustus sie kennenlernte, trug sie ihren Sohn Tiberius – den späteren Kaiser – schon unter dem Herzen.

Augustus, dessen Proskriptionen unter den wirklichen und angeblichen Feinden Cäsars grauenvoll gewütet hatten, erkannte bei der Begegnung mit Livia sofort, daß dies die Frau seines Schicksals war. Er zwang den Tiberius Nero, sich augenblicklich von ihr scheiden zu lassen, heiratete sie sofort und zog mit der Hochschwangeren auf den Palatin. Es schien, als habe er es nicht erwarten können, unter die Botmäßigkeit dieser Frau zu kommen, als seien Takt, Zartgefühl und Schicklichkeit in seinen Überlegungen vollständig bedeutungslos geworden vor der Tatsache, daß ihm hier der Mensch gegenüberstand, den er brauchte, mit Leib und Seele, mit Sünden und Tugenden, gleich und ohne Verzug. Das Genie des Augustus bestand in diesem Augenblick in der überwältigenden Vorausahnung, daß diese Frau an seiner Seite mit ihrem Verstand, ihrem Realismus und ihrer Charakterfestigkeit zwar vielen Menschen das Leben kosten, aber das Reich für Jahrhunderte mit brauchbaren Grundsätzen versorgen würde. Da es also um Staatsdinge ging, konnte nicht gewartet werden. Livia indessen sah anderes voraus. Da war ein schlanker, reizbarer, schmalköpfiger junger Mann, körperlich anfällig und hypochondrisch, von erwiesener Grausamkeit und schlecht verborgenem Hang zur Ausschweifung. Er sprach leise, war bedächtig in seinen Bewegungen, und in seiner Redeweise lag etwas Janushaftes: Wie der doppelgesichtige Schicksalsgott schien er stets zugleich voraus- und zurückzublicken, während sein eigentlicher Standpunkt im Unfaßbaren verborgen blieb. In die feinen Gelehrtenhände dieses Mannes war Macht gelegt, und er hatte durch die tödliche Verfolgung aller seiner ›Staatsfeinde‹ dieser Macht noch den Reichtum hinzugefügt. Livia spürte sofort, daß an Augustus etwas zu wirken war: wollte er Erfolg haben, so mußte man ihn, im Gewande eines Bürgers, zum Heiligen machen. Und Livia wußte, daß nur sie das konnte. Es reizte sie, ihr Dasein mit dem Leben eines Mannes zu verknüpfen, dessen Weisheit, auch wenn sie todbringend war, immer eine menschliche bleiben würde, und sie war sicher, daß sie ihm dazu die Erkenntnis bringen konnte, die stets unmenschlich ist, auch wo sie verschont. Entschleierung der Geheimnisse der menschlichen Natur, das wollte Livia dem Herrscher der Welt anbieten, und Augustus harrte bis zu seinem Tode unverbrüchlich an ihrer Seite aus, weil sie, nach der erfolgten Zerstörung aller Illusionen und Träume, für ihn das einzige Geheimnis geblieben war.

Niemals hat es zwei Partner von so souveräner Gleichwertigkeit gegeben, wie Augustus und Livia. Ein Leben lang maßen sie einander, in der Politik, in der Menschenbehandlung, im psychologischen Urteil, im Regiment über die Familie, in der Bosheit gerechter Urteile, in der Nachsicht gegenüber unschädlicher Eitelkeit und in dem tiefen Verdacht, einander in den Wurzeln ihrer Naturen feindlich zu sein. Sie spielten sich die Bälle des Weltgeschickes, von ihrer gegenseitigen Zuverlässigkeit überzeugt, im abgeklärten Lächeln ihrer tiefen Gegnerschaft mit leichter Hand zu – und nur in einem war Augustus seiner Gemahlin überlegen: wenn es ihm nützlich erschien, brachte er es fertig, den Pantoffelhelden zu spielen, während sie um keinen Preis jemals das Ehetäubchen vorgetäuscht hätte. In Augustus steckte etwas von dem Charakter des listenreichen und vielduldenden Odysseus, während Livia eine Penelope war, der das Schicksal insgeheim die Magie der Zauberin Circe verliehen hatte.

Wir wissen, daß Augustus den brennenden Ehrgeiz hatte, hinter die Schauseite der Dinge und der Menschen zu blicken, um ihre wahre Natur dann kühl und pessimistisch in sein weltgeschichtliches Kalkül miteinzubeziehen. Zeit seines Lebens galt ihm Freundschaft mehr als Liebe, aber er vertraute Livia, wenn sie ihm darlegte, daß an jeder Freundschaft der Gram des Verrates zu zehren pflegt. Reich zu sein hielt er für so unerläßlich, daß er gleichmütig zusah, wie sich die Blüte der römischen Familien, nachdem er ihr Vermögen konfisziert hatte, lieber umbrachte, als sich von seinen Schergen unter fadenscheinigen Begründungen hinrichten zu lassen. Als er dann reich war, als er zu seinem römischen Vermögen noch ganz Ägypten als Privatbesitz hinzugeschlagen hatte, war es Livia, die ihn dazu veranlaßte, auf eine fast lächerliche Weise bescheiden zu leben. Daß er Jahre hindurch das Defizit der Staatskasse aus eigenen Mitteln deckte, schien ihm eine Notwendigkeit, Livia aber verstand es, daraus eine öffentliche Tugend zu machen. Dem Augustus galt Macht nur als dauerhaft, wenn sie durch Moral gestützt wurde – und da die Römer von Natur aus unmoralisch sind, setzte er Edikte durch, die einen anständigen Lebenswandel zur Bürgerpflicht machten. Als er damit vollständig scheiterte, fuhr Livia lächelnd fort, ihn durch eine Auswahl erlesener junger Mädchen, für die er eine Schwäche hatte, darüber zu trösten. Bis zum letzten Augenblick hatte Augustus Sinn für Humor. Als er sein Ende kommen fühlte, wandte er sich an die Freunde, die sein Sterbebett umstanden, wie ein Schauspieler, der von der Bühne geht: »plaudite, gentes!« Dann sagte er die letzten Worte seines Lebens: »Livia, denk an unsere glückliche Ehe und lebe wohl.« In diesem Augenblick war er sicher, mit allen seinen Taten Unglück gebracht und Mißerfolg geerntet zu haben. Vielleicht teilte Livia diese Überzeugung, denn möglicherweise waren die Pilze, die ihm das Leben kosteten, von ihr vergiftet. Vor allem aber wissen wir nicht, ob Augustus das ahnte – und so bleibt dieses Doppeldasein auf dem Gipfel der Welt bis zum letzten Augenblick für unser Auge verschlüsselt und geheimnisvoll. Es ist, als spiegle sich in diesen beiden Leben der uralte Haß, die leidenschaftliche Anziehung und das lebensfordernde Wechselspiel zwischen dem männlichen und dem weiblichen Geschlecht in kühler Meisterschaft, und das Erschreckende daran ist, daß hinter all dieser Größe die Ironie mit zerstörendem Lächeln gegenwärtig bleibt.

Am deutlichsten kommt dies zum Vorschein in der Art und Weise, in der Augustus und Livia die Nachfolgefrage behandelten. Augustus selbst hatte mit Livia keinen Sohn, aus seiner Ehe mit Scribonia, von der er sich Livias wegen hatte scheiden lassen, eine Tochter: Julia. Livia hatte aus ihrer ersten Ehe zwei Söhne, den Drusus und den Tiberius. Den Drusus liebte Augustus sehr, den Tiberius nicht. Aber Drusus, der dem Römischen Reich als mitreißender Heerführer einen beträchtlichen Teil von Germanien erobert hatte (hätte er es nur ganz getan!), starb in jungen Jahren auf dem Feldzug. Des Augustus Tochter Julia, die mit dem General Marcus Agrippa verheiratet war, ein wollüstiges und ungezügeltes Geschöpf von großer Schönheit, hatte zwei Söhne – Augustus machte sie zu principes iuventutis und hätte ihnen mit Freuden das Reich hinterlassen, aber der eine von ihnen starb an einer Krankheit in Marseille, der andere durch eine Verwundung in Armenien. Augustus grämte sich in dem Gedanken, dem Tiberius die Nachfolgerschaft anzuvertrauen – er fürchtete, der stoische und verschlossene Altrömer werde das helle Element der Vernunft und der Humanität in der Reichsregierung gegen den düsteren Paragraphen-Ernst des humorlosen Pflichterfüllers eintauschen. Da des Augustus Tochter Julia in der Blüte ihrer Jugend Witwe geworden war, zwang er den Tiberius, sie – gegen den Willen beider – zu heiraten und nahm ihn so in die kaiserliche Familie auf. Augustus, der seine Tochter kannte, sah voraus, daß die Ehe nicht gut gehen würde.

Und tatsächlich hören wir, das Forum habe schon bald von den nächtlichen Bacchanalien widergehallt, die Julia – von der stoischen Ruhe des erzwungenen Gatten angeödet – mit der zügellosen aristokratischen Jugend Roms veranstaltete. Tiberius war nach dem Gesetz des sittenstrengen Augustus wie jeder Ehemann verpflichtet, einen Ehebruch seiner Frau nicht nur zu bestrafen sondern den Gerichten anzuzeigen. Aus Rücksicht auf seinen Schwiegervater, dessen Liebe zu Julia er kannte, entschloß sich Tiberius aber, zu schweigen, und als die Skandale seiner Frau das Ohr der Öffentlichkeit vielfach erreicht hatten, zog sich der aufs tiefste verletzte Tiberius für sieben Jahre nach Rhodos zurück, hörte dort Redner und Philosophen und überließ Julia ihrem Schicksal. Daraufhin verbannte Augustus die Julia – er hat sie niemals mehr begnadigt –, sicher zu seinem eigenen Schmerz, auf eine wilde Insel und designierte den Tiberius als Regenten: er hatte eine menschliche Eigenschaft an ihm entdeckt – Taktgefühl. Hätte er geahnt, was er in Tiberius mit all dem angerichtet hatte! Er, der sonst so Hellhörige, versagte im Falle seines Nachfolgers vollständig. Er scheute sich nicht, den unter seiner zuchtvollen Außenform unendlich sensiblen Tiberius mit der lächelnden Kälte des wahren Spielers in das doppeldeutige Geflecht palatinischer Politik mit einzubeziehen. Und wie Augustus sich an Tiberius verfehlte, so tat es Livia: sie hat ihrem Sohne Macht zu geben gewußt und darüber vergessen, daß er der Liebe bedurfte.

Das Abendland ruht in seinen Fundamenten auf den Namen von Augustus und Livia. Verbrechen stehen am Anfang dieses Doppellebens, Größe und Ruhm in seinem Zenith, Irrtümer an seinem Ende. Größe und Ruhm stehen am Anfang des Abendlandes, Irrtümer in seiner Mitte – und wer vermag angesichts dieser palatinischen Landschaft zu sagen, was an seinem Ende stehen wird?

Was hat Augustus von dem Glück verwirklicht, das ihm vorschwebte? Er hat die Menschen nicht geändert, er hat die Begierden nicht dämpfen, die Wollust nicht stillen und die Gier nach Luxus und Geld nicht unterbinden können. Er hat Ordnung geschaffen, indem er die Freiheit auf jenes Maß einschränkte, das dem Bürger zuträglich ist, ohne den Schwärmern ihre Träume zu nehmen. Tiberius, der wahrscheinlich viel mehr litt als sein Stiefvater, hat sich diesen eigenartigen Prozeß des Weltregiments von den verschiedensten Positionen her angesehen: als beargwohnter Kronprinz, als erfolgreicher Heerführer, als für die Staatsraison mißbrauchter Ehemann, als freiwillig auf Rhodos zurückgezogener Philosoph, als zu ernster, zu stolzer, zu verletzbarer und zu verschlossener Mensch. Das Einzige, was ihm als des Augustus Nachfolger nach einer wechselvollen, großartigen Regierungszeit übrig blieb, war ein Exil in der betörenden Natur von Capri und die tiefste Menschenverachtung, die man in der römischen Geschichte kennt. Über keinen Menschen ist man so hemmungslos hergefallen. Niemand ist so vieler Laster, Perversitäten,

Verbrechen und Gewalttaten geziehen worden wie er. Es gab Zeitgenossen und es gab Geschichtsschreiber, denen jede seiner Bewegungen diktiert zu sein schien von unheilvoller List, denen seine Ruhe nur ein Mittel für Verschlagenheit und böswillige Vorausplanung war, denen seine sprichwörtliche Höflichkeit – er geleitete jeden Gast persönlich zur Tür – nur eine glatte Maske schien, hinter der er mit vollendeter Kunst seine wahren, schaudervollen Absichten zu verbergen wußte. Betrachtet man indessen seine Taten, so fühlt man sich gedrängt, Mommsen beizustimmen, der von ihm gesagt hat, er sei der beste Herrscher gewesen, den Rom jemals besessen habe. Heute noch gewahren wir mit Schrecken, welch ein Los diesem Kaiser bestimmt war. In seinem Alter sprach ihn einmal ein Besucher an mit den Worten: »Erinnerst du dich, Cäsar...«, und Tiberius sagte darauf: »Nein, ich erinnere mich an nichts, was ich jemals gewesen bin.«

Alle Welt freute sich über seinen Tod. Und alle Welt war entzückt über seinen Nachfolger Caligula. Niemand ahnte, wie bald in dessen fröhlichen Augen schon der Wahnsinn glänzen würde. Witzig, freigebig, elegant, anmutig und von strahlender Jugend, so fing Caligula an. Ausgehöhlt, von Verfolgungswahn gepeitscht, von Gold, Macht und Blut berauscht, todeslüstern und geistesgestört hat er geendet. Und dazwischen baute er seinem Rennpferd Incitatus einen Stall aus Marmor und Elfenbein, gab ihm Gastmähler und trug sich mit dem Gedanken, es zum Konsul wählen zu lassen. Wenn er in Gesellschaft schöner Frauen speiste, war es ihm ein Vergnügen, auf ihren untadeligen Nakken die Linie des Henkerschwertes vorzuzeichnen. Allmählich füllte sich sein ganzes Wesen mit dem tödlichen

Gift der Selbstvergöttlichung, und so ließ er schließlich eine Maschine konstruieren, die den Blitzen und Donnerschlägen Jupiters in den Gewittern des römischen Himmels mit Blitz und Donner des Gottes Caligula zu antworten imstande war. Dem dicken Vitellius erzählte er einmal, die Mondgöttin sei soeben ins Zimmer getreten, käme auf ihn zu und schicke sich an, ihn zu umarmen. »Ja, siehst du sie denn nicht?« fragte er. »Nein«, sagte Vitellius, »nur Ihr Götter seid in der Lage, einander zu erblicken.« Ein solcher Mensch auf dem Thron des Riesenreiches, von Schmeichlern und Hofschranzen umgeben, in seiner Gewissenlosigkeit durch ein unbeschränktes Angebot von Ausschweifung gefördert, der Fliehkraft einer über alles Gesetz hinausgesteigerten Macht taumelnd preisgegeben, ein solcher Mensch mußte das Verhängnis heraufbeschwören. Irr und bleich wanderte Caligula durch die Hallen seines palatinischen Palastes, unbefriedigt selbst noch von den weihrauchumwölkten Verehrungsformen, die er auf dem Thron zwischen den Götterbildern des Castor und Pollux in deren Tempel entgegenzunehmen pflegte. Wäre jemand auf den Gedanken gekommen, ihn zu fragen, ob er glücklich sei, so hätte wohl kein Mensch mit mehr innerer Überzeugung nein gesagt, als Caligula. Und so kam der Dolchstoß, der seinem Leben im neunundzwanzigsten Jahr, im vierten seiner Herrschaft, ein Ende machte, wie eine Erlösung. Der Wahnsinnige stürzte in dem Gedanken zu Boden, nun endlich wirklich ein Gott zu sein.

Um den tragischen Zirkel dieser Gestalten fortzuführen, spülte das Meer des Geschickes den Claudius auf den Thron. Dieser dünnbeinige, triefnasige Mann, den niemand jemals ernst genommen hatte, war in Wirk-

lichkeit ein Genie. Er besaß die Verstellungskunst eines großen Schauspielers - mit dem einen Unterschied, daß er nicht wie ein Schauspieler in eine Rolle schlüpfte, um sie bald darauf wieder zu verlassen, sondern seinen Charakter und seine Haltung derart auszuweiten verstand, daß jede Rolle auf ihn paßte. Es machte ihm nichts aus, durch Jahrzehnte den geistig Zurückgebliebenen zu spielen, und er vermochte es mit Gleichmut zu ertragen, daß seine Mutter, wenn sie jemand als besonders schwachsinnig bezeichnen wollte, sich angewöhnt hatte, den Betreffenden »einen noch größeren Trottel als meinen Sohn Claudius« zu nennen. Später hat er vor dem Senat lächelnd zugegeben, er habe diese so lange mit Erfolg geübte Täuschung seiner Umwelt über die wahre Natur seines Wesens nur ins Werk gesetzt, weil ihm daran gelegen war, am Leben zu bleiben. Außer drei oder vier Historikern, mit denen er vertrauten Umgang hatte, wußte niemand, daß er auf dem Gebiet der Geschichtswissenschaft eine Autorität war. Als Herrscher schien es ihm notwendig, ein Pedant, ein Verwaltungsbeamter, ein hinterlistiger Spötter, ein Weiser und ein Narr zugleich zu sein.
Claudius ließ die Mörder Caligulas hinrichten: sie hatten zwar das Reich von einem Irrsinnigen befreit, aber sie hatten dabei sträflicherweise einen Kaiser umgebracht. Die Eroberung Englands nahm er wieder auf - es zeigte sich, daß er in seinen Maßnahmen, weit kühner als Augustus, auf die Pläne Julius Cäsars zurückgriff - und brachte sie zu einem glücklichen Ende. Als er seinen Triumph über die Niederwerfung Britanniens feierte, führte er im Zuge den gefangenen feindlichen König mit, ließ ihn aber nicht, wie der Brauch es wollte, im Mamertinischen Kerker zu Ehren der römi-

schen Götter erdrosseln, sondern schenkte ihm das Leben und machte ihn zum Verbündeten. Und England hat diese Tat dem Claudius bis heute gedankt. Zur Verwaltung des Reiches bediente er sich mehrerer Minister aus dem Freigelassenen-Stande, und einer von ihnen, Narzissus, besaß zeitweilig unumschränkte Gewalt über Rom. Da dieser Mann ebenso intelligent wie korrupt und dabei absolut loyal war, wurde er innerhalb von vier Monaten der reichste Mann Roms und bewirkte, daß das Reich eine Blüte erlebte, die selbst unter Augustus niemand hatte ahnen können. In seinen späteren Jahren widmete sich Claudius weniger den Amtsgeschäften als dem guten Essen und den Frauen, beides zu seinem Unglück. Seine Frau Messalina führte den Gutgläubigen Jahre hindurch öffentlich an der Nase herum und ging darin so weit, sich – als regierende Kaiserin – in den sallustianischen Gärten mit dem jungen Silius zu vermählen, während Claudius in Ostia badete. Als der Kaiser davon erfuhr, war er todunglücklich, schwankte aber so lange damit, sie zu bestrafen, daß Narzissus sie auf eigene Faust beseitigen ließ. Darauf erklärte der reuige Claudius den Prätorianern, sie dürften ihn bedenkenlos umbringen, wenn er sich noch einmal verheirate. Genau ein Jahr später nahm er Agrippina, die Mutter des Nero, zur Frau.

Seine Ehe mit ihr dauerte fünf Jahre, und als Nero nach dem Tode des Claudius den Thron bestieg, ließ er vor dem Senat das witzige Wort fallen, Pilze müßten doch eine Götterspeise sein, da sie den Claudius zum Gotte gemacht hätten. Ein Jüngling von empfindsamer Natur, mit weichen, phantasievollen Zügen, ohne eine Spur von Machthunger, wohlwollend und freundlich, künstlerisch begabt und für alles Schöne begeisterungs-

DER KAISER NERO

fähig, das war Nero zu Beginn seiner Herrschaft. Durch die Marmorhallen des Palatin scholl sein Gesang zur Harfe, er mühte sich um den Wohllaut seiner Verse, hörte die tugendreichen Lehren des Philosophen und Premierministers Seneca, auch wenn sie ihn langweilten, gravierte, malte, versuchte sich in der Bildhauerei und war ein Muster von Toleranz. Das Reich blühte unter ihm, die Grenzen waren befriedet, der Handel dehnte sich bis Indien und China, das Steuerbudget wurde gesenkt, die Korruption eingedämmt und der Staatsschatz floß über. Für viele nachfolgende Jahrhunderte war das ›quinquennium Neronis‹, die ersten fünf Jahre der Regierung Neros, die beste Zeit, die Rom jemals erlebt hatte.

Diesem Jugendbilde steht ein anderes, späteres gegenüber, das die Welt viel besser kennt: das Bild des Muttermörders, des Christenverfolgers, des Brandstifters, des größenwahnsinnigen Despoten, des Bösewichts im Purpur. Mit einunddreißig Jahren sah er sich gezwungen, im Keller einer Villa auf der Via Salaria Selbstmord zu verüben, war zu feig, sich das Messer in den Hals zu stoßen, und verröchelte, nachdem sein Freigelassener Phaon nachgeholfen hatte.

Es gibt aber noch ein drittes Bild von ihm: wir sehen seine frühere Geliebte Acte und seine alten Kinderfrauen, die den Leichnam in den Grabgewölben der Domitier zur Ruhe betten, wir sehen lange Züge von armen Leuten zu dieser Grabstätte pilgern und Blumen der Dankbarkeit dort niederlegen – für Nero, der die Armen beschützt und die Reichen verfolgt hatte. Und wir hören in den Schenken von Trastevere das Volk von Rom noch jahrelang davon erzählen, daß der Kaiser in Wirklichkeit gar nicht tot sei, sondern in Glorie wiederkommen werde, um die Milde seiner Herrschaft erneut über der Roma aeterna aufzurichten.

Welch ein Menschenleben — in seiner Verkehrung aller Tugenden, in seiner Rechtfertigung aller Laster: keiner der römischen Kaiser hat wie Nero Schönheit und Grausamkeit, Tod und Segen so wahllos und emphatisch über den Erdkreis verstreut. Der Kern aller seiner Taten war wohl eine Eigenschaft, die in den Wurzeln des römischen Volkes seit seinen dunklen Anfängen tobend kreist und in der Geschichte der Stadt Rom immer wieder vulkanisch hervorgebrochen ist: das Orgiastische. Das reißende Hinwegschwemmen aller Schranken, die Hemmungslosigkeit gegenüber Ordnung, Maß und Gesittung, das aufstöhnende Sicheinbohren in das Zentrum des Genusses, das quälende Ungenügen an den Grenzen der Sinnlichkeit, die Hetzjagd vom Laster des Geschlechtes zu Mord und Irrsinn, der Wahn, im Beifall der Massen Erlösung zu finden, der Mißbrauch der Künste zum Kitzel der Eitelkeit und das ästhetische Spiel mit dem Blute von Märtyrern und dem Tode von Unschuldigen — dies alles lag in Neros von Grund aus selbstquälerischer Natur. Er hat in der Welt eine böse Narbe hinterlassen, er hat das Vertrauen in den guten Kern des Menschen erschüttert und den Jahrtausenden nach ihm die Erkenntnis geöffnet, daß die Humanitas außerstande ist, unsere Abgründe gänzlich zuzudecken, weil sie bis zur Hölle hinunterreichen. Vor diesem maßlosen Kaiser hat auch die Weltgeschichte zum Äußersten gegriffen: unter seiner Herrschaft und Mitwirkung geschah es, daß Petrus und Paulus durch ihren Opfertod der Menschheit die Erkenntnis hinterließen, die Seele des Menschen sei der Erlösung fähig, weil sie bis in den Himmel hinaufreicht.

Der Brand Roms, die Ermordung der Agrippina, die Christenfackeln in den vatikanischen Gärten, zahllose phantasievolle Formen von Unzucht und Luxus begleiteten Neros Leben. Kaum war er tot, brach ein apokalyptischer Sturm über Rom und die Paläste des Palatin herein. Galba, ein gichtiger, geiziger General, verfügte, kaum zum Kaiser ausgerufen, die Rückzahlung von neun Zehnteln aller von Nero verteilten Geschenke und Renten an den Staat. Ein Senator namens Marcus Otho, der von Schulden strotzte, suggerierte seinen Gläubigern, sie möchten ihn doch ja zum Kaiser machen, sonst sei er, nach den neuen Gesetzen, gänzlich ruiniert und könne überhaupt nichts mehr zurückzahlen. Es gab genügend Leute, denen das einleuchtete, und so marschierte man zusammen mit den Prätorianern gegen den Palatin. Auf dem Forum begegnete man dem Galba, der seinen Kopf zur Sänfte herausstreckte und keine Gelegenheit mehr fand, ihn wieder zurückzuziehen.

Othos Herrschaft währte fünfundneunzig Tage, die mit den üblichen palatinischen Lastern angefüllt waren. Am sechsundneunzigsten steckte er sich zwei scharfgeschliffene Dolche unter das Kopfkissen und brachte sich am nächsten Morgen damit um. Der Grund hierfür war Vitellius, ein Schlemmer-General, der nunmehr mit dem Pomp des reichen Prassers auf dem Palatin einzog. Er muß eine großartige Begabung für die Behandlung von Soldaten besessen haben, denn seine Legionäre schlugen für ihn gegen die Truppen des nach dem Throne drängenden Vespasian in der Nähe von Cremona eine Schlacht, von deren Grausamkeit die Geschichtsschreiber Entsetzliches zu berichten wissen. Als Vitellius sah, daß alles verloren war, machte er es sich in den palatinischen Palästen gemütlich, veranstaltete eine Tag und Nacht währende Monster-Schlemmerei und hörte erst auf, als die Soldaten des Vespasian schon in Rom eingedrungen waren. Man berichtet, daß das Volk den Straßenkämpfen zwischen den restlichen Truppen des Vitellius und den Legionen des neuen Herrn wie einem Zirkus-Stück zusah, sich aber dann beeilte, dem Sieger zu huldigen, während der von seiner Tafel aufgescheuchte Vitellius langsam durch geschicktes Martern zum Tode befördert wurde. Und damit endete das Jahr, das drei Männer auf dem Thron gesehen hatte, deren Tod ihre Unfähigkeit bewies, ihnen aber den Kaisertitel bis auf den heutigen Tag nicht raubte.

Die Sonne der Flavier ging auf über Rom. In ihrem Hause sorgte Vespasian für Ordnung und Geld, Titus für Menschlichkeit und Spiele, Domitian für Gerechtigkeit und Majestät. Den ersten begleiteten Respekt und Dankbarkeit, den zweiten Staunen und Liebe, den dritten Verehrung und Haß. Vespasian war ein Bauer, der als Bauer starb, Titus ein Soldat, der als Mensch verschied, und Domitian ein Kaiser, der ermordet wurde. Vespasian kam sechzigjährig auf den Thron, regierte zehn Jahre wie ein Hausvater und sagte im letzten Augenblick seines Lebens: »Wehe, ich glaube, ich werde ein Gott.« Titus brachte es fertig, in den zwei Jahren seiner Herrschaft nicht eine einzige Hinrichtung zu befehlen, und das Volk nannte ihn »amor et deliciae generis humani« – die Liebe und Freude der Menschheit. Domitian regierte fünfzehn Jahre wie ein orientalischer Potentat, füllte Rom mit spiegelnden Marmorbauten und nach dem Leben geschnittenen Plastiken an, war der beste Richter seiner Zeit und starb schweigend. Wir sehen es vor uns, das Dreigestirn dieser Herrscher, den schlauen, ehrenhaften und taktlosen Vater, proletarisch, unbekümmert, stark und mißtrauisch, den älteren Bruder Titus, grausam und unbeholfen als Kronprinz, wohlmeinend und bescheiden als Herrscher – und Domitian, das Rätsel unter den dreien, den jüngeren Bruder, groß, begabt, verletzbar und tragisch. Innerhalb der siebenundzwanzig Jahre, während deren diese drei Menschen über die römische Welt gesetzt waren, haben sich die Vorstellungen von Göttlichkeit, von Macht und von Humanität entscheidend gewandelt; es ist kein Zufall, daß in diesen Jahren auf der Insel Patmos die glühende Vision von den letzten Dingen dieser Erde, die Geheime Offenbarung des Heiligen Johannes niedergeschrieben wurde.

Vespasian duldete keinen Müßiggang. Die Raffinessen der Lebenskunst, denen sich das epikureische Rom, unbeeindruckt von den Bluttaten seiner Herrscher, in vollen Zügen hingab, riefen in ihm Abscheu und Widerwillen hervor. Ein verdienstvoller Mann, der in ein neues Amt berufen worden war, machte dem Kaiser seinen Antrittsbesuch. Vespasian roch an ihm und fand ihn parfümiert. Er setzte den Unglücklichen sofort wieder ab und sagte: »Du wärest in deinem Amt geblieben, hättest du nach Knoblauch gerochen.« Der Kaiser war sich darüber klar, daß er Männer brauchte, deren Menschlichkeit noch nicht so überfeinert war, daß ihnen rücksichtsloses Durchgreifen Gewissensbisse verursachte. Denn der Staat war bankrott. Suetonius, den wir nicht immer freundlich finden werden, berichtet mit zögerndem Respekt, Vespasian habe sich ausgerechnet, daß die Summe, die zur Sanierung des Staatshaushaltes notwendig war, sich auf 40 Milliarden Sesterzien beliefe. Um sich dieses Geld zu verschaffen, trieb der Kaiser einen phantastischen Ausverkauf. Er veräußerte bedenkenlos kaiserliche Villen, Paläste und Güter, ließ sich jedes neu verliehene Amt hoch bezahlen und schickte habgierige Gouverneure in die Provinzen, um sie nach ihrer Rückkehr, wenn sie sich genügend vollgesogen hatten, erfolgreich enteignen zu können. In neun Jahren vollendete er auf diese Weise den Wiederaufbau des Staates.

Vespasian war klein von Statur, bäuerlich untersetzt, und vermochte diejenigen, die ihn nicht kannten, sehr geschickt darüber zu täuschen, welch ein durchdringender Geist hinter dieser breiten kahlen Stirn lauerte. Dabei machte ihm das Regieren Spaß, und er liebte es, seine Gegner zu foppen. Als er eine Verschwörung gegen sich entdeckte – auch unter seiner Herrschaft gab es republikanische Freiheitsapostel –, leistete er sich den Luxus, die Leute nach Hause zu schicken. Er ließ den Verschwörern sagen, sie seien Narren, denn wenn sie wüßten, wie wenig Vergnügen das Amt des Kaisers seinem Inhaber gönne, würden sie um sein ewiges Leben beten. Auf Grund solcher Maßnahmen starb er eines natürlichen Todes in dem Bauernhause in Reate im Sabiner Bergland, worin er geboren war und das er Zeit seines Lebens als seine Heimat angesehen hatte.

Auch sein Sohn Titus starb, nur zwei Jahre später, in Reate, von seinem Bruder Domitian in Bäder von Schnee gepackt – und man weiß bis heute noch nicht, ob die Natur des Fiebers, das Titus befallen hatte, eine solche Behandlung verlangte, oder ob Domitian nur das Ende fördern wollte. Denn Domitian war der einzige, dem die allgemein gepriesene Milde seines glücklichen kaiserlichen Bruders gründlich auf die Nerven fiel. Vieles, was Titus tat, war in den Augen Domitians für einen Herrscher über drei Millionen Quadratkilometer lächerlich, und er spottete über die Weichheit des Titus, der einen Verschwörer straflos entließ und der geängstigten Mutter des Entdeckten einen Boten mit der Nachricht von der Begnadigung des Sohnes ins Haus schickte. Der Gegensatz zwischen den beiden Brüdern wurde um so tiefer, je mehr das Volk die ›Clementia Titi‹ mit Liebe und Verehrung beantwortete. Es war aber nicht Neid, was Domitian zu seiner Gegnerschaft veranlaßte, sondern die Verschiedenheit in der Auffassung vom Herrscheramte. Titus sah den Kaiser als Zentrum der Gnade, Domitian als den Verbürger des Rechtes. Titus suchte die Nähe seiner Untertanen, Domitian floh in die Distanz. Für Titus war der Kaiser ein Mensch unter Menschen, für Domitian ein Gott hoch über dem Erdkreis.

Dabei war Titus nicht immer so sanftmütig gewesen. Als Kronprinz hatte er den Krieg in Judäa, den sein Vater mit viel List und wenig Opfern begonnen, in grausamer Schnelligkeit zu Ende geführt. Sein Name ist verknüpft mit der berühmten Zerstörung des Tempels von Jerusalem, bei der kein Stein auf dem anderen blieb – und der Triumphbogen des Kaisers am Fuße des Palatin zeigt in seinen Wangenreliefs, wie die gefangenen Juden die heiligen Tempelgeräte über das Forum schleppen. Kein Jude wird heute noch zu bewegen sein, unter diesen Bogen seinen Fuß zu setzen. Das Schicksal wollte es, daß Titus während des Feldzuges in Palästina sich in einer wilden Liebe zu der jüdischen Prinzessin Berenike verzehrte. Vielleicht hat ihn gerade der Verzicht auf diese wunderbare Frau, die er nicht auf den Kaiserthron erheben konnte, später zu einem so zartfühlenden Herrscher gemacht. Vielleicht verdankt es die Welt dieser tragischen Liebe, daß im Charakterbild des Titus bis heute eine Eigenschaft glänzt, die in der Antike nicht alltäglich war: das Mitleid.

Domitian dagegen, von schlangengleicher Intelligenz, war ausschließlich von seiner numinosen Berufung zum Herrscher durchdrungen. Er sah das Weltgetriebe als ein Ganzes an, in dessen Mittelpunkt das Schicksal ihn gerückt hatte. Das Amt des Kaisers war für ihn wie ein Prisma, das die Strahlen des göttlichen Willens vom Olymp herab in sich versammelt, um so die Menschheit zu erleuchten. Das humanitäre Gehabe, das sein Bruder Titus mit dem Kaisertum verband, war ihm ein Ärgernis, weil er die Erhabenheit der gottgewollten Majestät Roms zu schmälern schien. Als er auf den Thron gelangte, impfte er seinen Zeitgenossen ein, es sei keine Demütigung, vor dem Kaiser zu Boden zu fallen und seine Knie schutzflehend zu umfassen, denn in Wirklichkeit rage auch der aufrechteste Mensch dem mit Göttlichkeit und Schicksalskräften erfüllten Kaiser höchstens bis an die Knie. Ungeheure Statuen, die den Domitian in seiner wahren Dimension zeigen sollten, begannen die Straßen und Plätze des Reiches zu bevölkern, während sich die Wände des Flavier-Palastes auf dem Palatin mit zu Spiegeln geschliffenem Marmor bedeckten, damit der arme Gott Domitian in der Lage sein sollte, auch zu sehen, was in seinem Rücken vorging.

Mit den Jahren schärften sich seine Sinne. Er verspürte an sich eine hellseherische Fähigkeit, eine überscharfe Wahrnehmung des tausendfältigen Willensgeflechtes, über das er herrschte. Sein Ohr fühlte sich in der Lage, Worte hinter verschlossenen Türen zu vernehmen, sein

Auge, Gedanken hinter gefurchten Stirnen zu lesen. Dabei verfiel er nicht – wie Caligula – den Einflüsterungen seiner Göttlichkeit so sehr, daß er auf ihre Bestätigung durch die Wirklichkeit verzichtet hätte. Er stellte im Gegenteil ein Heer von Spitzeln auf, die die Ahnungen seines seismographischen Instinktes im einzelnen nachprüfen sollten. Und aus diesem Dilemma erwuchs seine Tragödie. Wie, so fragte er sich, wenn der Gott in mir sich täuscht, wenn die Wirklichkeit nicht mehr mit dem übereinstimmt, was ich an göttlicher Eingebung in mir fühle? Bin ich dann noch ein Gott? Was werden die Menschen tun, die ihr Haupt unter die Herrschaft des Gottes Domitian beugen, wenn sie inne werden, daß dieser Gott verwundbar ist? Wehe dem Kaiser, der das Schwinden der Göttlichkeit in sich fühlt. Er wird den Dolchen der Verschwörer nicht entgehen.

Vereinsamung trat hinzu – in dieser Hinsicht ähnelt er Tiberius – und Menschenverachtung blieb nicht aus. Aber während dieser Zustand bei Tiberius von tiefem Gram begleitet war, erzeugte er in Domitian Furcht. Unter seinen nächsten Vertrauten war einer, der am Sturz des Nero beteiligt gewesen war. Siebenundzwanzig Jahre waren seither vergangen. Eines Tages erwachte Domitian in dem Bewußtsein, mit einem Kaisermörder zusammenzuleben. Er warf seinen Argwohn auf den hochbegabten Mann, stürzte von einem oberflächlichen Verdacht in einen tieferen, ließ ihm – Neros wegen – den Prozeß machen, bestätigte das Todesurteil und versetzte damit den Palast in Aufruhr. Selbst seine eigene Gemahlin kam hierdurch zu der Überzeugung, es mit einem Wahnsinnigen zu tun zu haben. Und eines Nachts empfing er den tödlichen Dolchstoß von der

Hand des Kammerdieners seiner Frau. Der Gott in ihm war unterlegen, und der Mensch mußte bezahlen.

Am Tage seines Todes stürzte der Senat seine Bildsäulen um, unternahm einige Versuche, seinen Namen im Gedächtnis der Nachwelt auszulöschen, rief auf republikanische Weise »Freiheit – Freiheit!«, und beugte sich am anderen Morgen unter die Herrschaft des Nerva. Die Sonne der Flavier war untergegangen.

Damit entschwindet der letzte der elf Kaiser, deren Prozession wir aus den Schatten der palatinischen Ruinenlandschaft heraufbeschworen haben, in den dunklen Gewölben, die uns auf dem ehrwürdigsten Berg der römischen Geschichte überall umgeben. Nur bei einem einzigen von diesen Herrschern sind wir ganz sicher, daß er eines natürlichen Todes gestorben ist: bei Vespasian. Augustus wurde vielleicht vergiftet, Tiberius möglicherweise mit einem Kissen erdrosselt, Caligula starb durch einen Prätorianerhauptmann, Claudius durch das Gift der Agrippina, Nero durch einen halbgeglückten Selbstmord, Galba durch den Schwertstreich der Garden, Otho durch seine eigenen Dolche, Vitellius durch Marter, Titus wahrscheinlich durch Domitians Gewaltkur und Domitian sicher durch den Mordanschlag seiner Frau. Sie alle haben das Glück im Purpur nicht gefunden, sie alle haben die Todesnähe auf dem Gipfel der Welt gespürt, und nicht einer von ihnen hing so sehr am Leben, daß er es nicht für den Rausch des Kaisertums in den Wind geschlagen hätte. In dem Jahrhundert, das diese elf Herrscher in der römischen Geschichte ausfüllen, öffnete sich Petronius die Adern, Seneca ging unbewegt in den Freitod, Mallonia zieh den Tiberius öffentlich seiner Laster und brachte sich dann um; Arria Paeta quittierte die Nachricht, ihr Gatte habe auf Befehl des Claudius sogleich Selbstmord zu verüben, mit einem Dolchstoß ins eigene Herz und reichte dann ihrem Gatten die Waffe mit den Worten: »es tut gar nicht weh«. Die Gladiatoren, die man in den Arenen kämpfen sah, setzten auch in der Mittagshitze vor fast leeren Zuschauerrängen nicht damit aus, sich gegenseitig abzuschlachten, und auf dem Boden üppiger Triklinien fand sich überall in Rom, auch in den Kaiserpalästen, ein riesenhaftes Skelett in Mosaik gesetzt, das den Tafelnden durch eine Inschrift zu bedenken gab, sie mögen sich selber erkennen. Auf dem Grunde silberner Trinkgefäße blinkte ein Totenschädel, und es ist anzunehmen, daß der Zecher bei seinem Anblick ernste oder gar pessimistische Regungen in sich erwachen fühlte.

Seneca sagt: »Dies ist das einzige, das uns keinen Grund gibt, über das Leben zu klagen: es hält niemanden fest... Ein Messerchen genügt, den Weg zu bahnen zu jener hochherrlichen Freiheit, ein einziger Stich sichert uns sorglose Ruhe... Blicke nur um dich, überall findest du ein Ende für dein Leid. Siehst du jene steile Höhe? Dort führt ein Weg zur Freiheit. Siehst du dort das Meer, dort den Fluß, dort den Brunnen? Tief unten im Grunde sitzt da die Freiheit...«

Der Tod ist auf dem Palatin etwas anderes als in christlichen Häusern. Er ist nicht die Pforte zum wahren Leben, er ist nicht die Erfüllung unserer menschlichen Existenz, nicht der Höhepunkt des Lebens. Er ist das Erlöschen der Fackel ohne die Beklemmung des wartenden Gerichts. Wie die Nacht ist der Tod weiblichen Geschlechts, eine Gestalt der Trauer, nicht des Schreckens. Ihn leicht zu nehmen, bedeutet nicht Opfer noch

Größe, sondern Trost. Denn der Tod ist wie das Einmünden eines Flusses in das Meer – eine geringe Strecke noch erkennt man seine Spur, und dann verliert er sich sanft in der unendlichen Verwandtschaft aller Wasser. Noch immer schweben über dem Palatin die Verse des Dichters Catull, die er einmal vor zweitausend Jahren hier gefunden hat:

> ...nobis cum semel occidit brevis lux
> nox est perpetua, una, dormienda.
> ...uns aber schwindet eilends das kurze Licht
> schlafend und ewig eint uns die große Nacht.

Die Ruinen des Palatin

Die Residenz der römischen Kaiser hat den Glanz des Marmors eingebüßt. Aus einem Palastgewirr, in dessen Hallen einst die Sterblichen vor der Heiligkeit und Sternenhöhe der Imperatoren zitterten, ist eine Landschaft geworden. Mit dem Schweigen unbesiegbarer Geduld hat die Natur um Säulenhallen und Höfe die Trauer des Efeus, den Ernst des Lorbeers und die schattenreiche Wohltat der Pinien gelegt. Und die untergehende Sonne schüttet auf die umrankten Mauern das geläuterte Gold der Vergänglichkeit. Die Nachbarschaft von Schönheit und Tod, die Zerbrechlichkeit des Glückes und die Wechselkraft von Natur und Geschick lassen uns im Abendpurpur ihres immerwährenden Abschiedes die Ruhe und Herbheit dieser Gärten von tiefem Geheimnis bedeckt erscheinen. Und der Gesang der Vögel klagt darin der heraufkommenden Nacht den Notruf der Kreatur leise und rührend entgegen.

Heute indessen dringt unter dem steigenden Mond aus dem Stadion des Kaisers Domitian eine klare und schwerelose Musik an unser Ohr. Das Sommerkonzert im Palasthof des großen und wahnsinnigen Imperators streut den Reichtum und die Melancholie Mozarts über die uralten Gefilde. Dort, wo vor neunzehnhundert Jahren des Morgens der Ruf der Garden den frierenden Senatoren verkündete: »Unser Herr und Gott – Dominius et Deus noster – ist erwacht«, dort, wo die Erlaubnis zum Handkuß eine Lebensverlängerung und der Zutritt zum kaiserlichen Schlafgemach eine Karriere bedeutete, entführt uns heute der Wohllaut der Musik in das Reich unserer eigenen flüchtigen Träume. Aus den dunklen Gruppen der Pinien und aus den schweigenden Bosketts scheint uns das nie erreichte Land des Glückes hervorzuleuchten – Arkadien, in dem auch uns ein Platz gewiesen ist.

In einem solchen Augenblick ist uns der Palatin ein Beweis dafür, daß die Stadt Rom inmitten des Getriebes der Jahrhunderte, inmitten des beklemmend heiteren Brausens der Gegenwart, inmitten aller versunkenen und niemals vergangenen Majestät die Heimstätten für die lächelnden Nymphen Titanias, für die lieblichen Bewohner quellfeuchter Grotten und die anmutigen Geister mythengeschwängerter Luft unberührt bewahrt hat. Die Flöte Mozarts erweckt uns mühelos das beflügelte Gefolge Apollos, Daphnis und Chloe sind in ihrer Hirtenanmut von Lesbos herübergewandert, und der Luftgeist Ariel hat die Zauberinsel des alten Magiers Shakespeare verlassen, um in die zerbröckelnden Gemächer der Flavier einzuziehen. Wir sind umgeben von zweitausend Jahren, voll von Träumen.

Arkadien, das den Menschen nie aus dem Sinn entschwand, das Land der abgestreiften Erdenschwere, gesäumt von den Nadeln der Amphitrite, gekrönt von dem fernleuchtenden Orplid, das Arkanum aller Sehnsucht der Menschheit nach wunschlosem Glück und ewig reinem Dasein in besonnter Kühle, von Quellen sanft benetzt und von der dankbaren Seligkeit zeitloser Melodien durchwoben, Arkadien hat seinen sicheren Platz in Rom. Und es verschlägt nichts, daß dieser Platz eins ist mit dem Gipfel der Macht, mit dem gebieterischen Schauplatz kaltblütig zur Förderung der Menschheit begangener Verbrechen, mit dem wohligen Aufseufzen von Generationen, die sich durch einzelne Gezeichnete von grauenvollen allgemeinen Verantwortungen befreit sahen. Wer weiß, ob nicht des Tiberius tief verwundetes Gemüt über achtzehn Jahrhunderte hinweg an dem Widerhall alles Vergänglichen in den Melodien Mozarts Tröstung findet? Wer weiß, ob nicht aus diesen Tönen dem Caligula die Linderung des Wahnsinns und dem Titus das Vergessen der Berenike zuströmen? Wer weiß, ob nicht die Schatten der palatinischen Kaiser in ihrer fixsternhaften Einsamkeit aus diesen Tönen die Verheißung heraushören, nach der sie sich in ihren wilden Anstrengungen um das Glück stets gesehnt haben: daß es Arkadien gibt, das wir um so weniger zu erreichen vermögen, je mehr wir unseres eigenen Daseins sicher sind?

CAMPAGNA-VEDUTE

Im Konservatorenpalast auf dem Kapitol zu Rom gibt es die Statue eines jungen Mädchens, vor zweitausend Jahren in zartgelbem Marmor gemeißelt und von Leben wunderbar erfüllt. Den Ellenbogen auf eine hohe Brüstung gestützt, das vom Winde vielfach gefältelte Gewand eng um den Leib gezogen, blickt die schmale Gestalt hinaus – irgendwohin. Vielleicht auf das Meer, das ein Schiff mit einem scheu geliebten Menschen zurückbringen soll, vieleicht über die Stadt Rom, in deren lärmbewegten Gassen sie ein frühes Glück bedrängten Herzens nicht zu halten weiß – wer vermöchte das zu sagen? Vielleicht aber geht der Blick dieser Augen auch einfach nur über die abendlich vergoldete Campagna hin, aus deren berstender Abendtrauer eine erste unbekannte Sehnsucht zu ihr aufsteigt. Denn nichts in der Stadt Rom, nicht die Gräber und nicht die Erinnerungen, ist so sehr von Ahnungen gefüllt und so sehr von schönheitsgesättigter Melancholie überflutet, wie die Landschaft der Campagna, und kein Antlitz unter den Tausenden von Skulpturen in den römischen Sammlungen spiegelt so keusch die seltsame und tragische Stimmung dieser Landschaft wider, wie dieses Mädchen, dem eine poesievolle Archäologie den Namen Polyhymnia gegeben hat.

Der Anblick der römischen Campagna hat in vielen Generationen empfindungsvoller Menschen das betörende Bewußtsein geweckt, daß die Natur, die im

Gang ihrer Jahreszeiten keine Trauer kennt, dennoch aus ihrem herben Ernst die Hinfälligkeit menschlichen Geschickes in der ganzen zerbrechlichen Größe seiner Bestimmung ahnungsvoll hervorleuchten läßt. Und so soll dieses in Marmor gebannte scheue Kind, von Lieblichkeit und Trauer tief berührt, uns den Weg zeigen zu dem Sinn der Landschaft der Stadt Rom.

Die Campagna beginnt nicht außerhalb Roms, sondern in Rom. Sie beginnt an den vielen hohen Mauern, denen wir bei unseren römischen Wanderungen immer wieder begegnen. In keiner Stadt der Welt gibt es so viele Straßen, die zwischen abweisenden, verschwiegenen, geheimnisvollen Mauern still und demütig dahinlaufen – und wer in Rom lange zu Fuß gegangen ist, wird den träumerischen Reiz kennen, den der Anblick dieser weiten Abgrenzungen menschlicher Lebensbezirke in uns erweckt. Ernst und gelassen steigen über diesen Mauern die Pinien auf, deren klare breite Schirme des Morgens und des Nachmittags schwarz vor dem ungeheuren Lichtgewölbe des römischen Himmels stehen. So ist es auf dem Aventin, so ist es auf dem Gianicolo, so ist es auf der Via Appia Antica. Alles können diese Mauern einschließen: die Frömmigkeit der Mönche, die Duldsamkeit der Gelehrten, den Überdruß der Reichen, das Unglück der Liebenden, die zerbrechliche Unschuld behüteter Kinder und die unsagbare Sehnsucht alternder, allein gebliebener Frauen. Große, verblassende Familien hüten hinter solchen Mauern die Müdigkeit ihres Verfalls, formalistisch gewordene Diplomaten verbergen hinter ihnen die fortschreitende Aushöhlung ihres Amtes, geschwinde, weltscheue Nonnen suchen in ihrem Schutz den Gebetsausgleich für die zeitlosen Laster der Macht und den Mißbrauch menschlicher

Würde. In diesen Bezirken besänftigter Zurückgezogenheit lebt die alte Landschaft der Stadt Rom in der gepflegten, poesievollen Reglosigkeit schattenreicher Haine schlafend und träumerisch dahin, während draußen am Rande der Weltstadt die wildesten Greuel ungebändigter Spekulation ein stilles Tal und einen sanft begrünten Hügel nach dem anderen für die zweifelhaften Schnellbedürfnisse der Zivilisation gierig ergreifen.

Lassen Sie uns also, meine lieben Leser, einen Augenblick vor einem solchen ummauerten alten Villenbezirk verweilen, bevor wir uns draußen in der Landschaft vor der Stadt danach umsehen, wo die alte, große Freiheit der Campagna geblieben ist. Und lassen Sie uns, im Anblick dieser Schutzwälle schweigender Landschaft im Weichbild des alten Rom die Frage bedenken, die in der Geschichte dieser Stadt bis auf den heutigen Tag nicht verstummt ist: was für die menschliche Natur bedeutungsvoller sei, der Friede oder das Glück.

Da liegt, auf dem Gianicolo, die Villa Doria Pamphili, das Landhaus eines großen römischen Geschlechtes, in einem Park von verschwenderischer Ausdehnung, über dessen Bäume einmal vor dreihundert Jahren des Nachts ein riesiger feuriger Reiter in wahnsinniger Hast am Himmel dahinjagte. Ein junger Gärtner hat ihn gesehen und es heißt, daß zu derselben Stunde der Papst Innozenz x. Pamphili, von niemand betrauert, im Quirinal verstorben sei.

Heute liegt die meilenweit ausgedehnte Villa als ein Stück gänzlich menschenleerer Landschaft vor uns da, einsam und geschützt vor dem Lärm des Lebens, und der giardino segreto, der Garten der Geheimnisse, dehnt sich unter der lautlosen Flöte Pans. Von seltsam starrer, geometrischer Grazie ist das Gartenschloß, und sein von der Antike entlehnter Außenschmuck verrät in keiner Spur die dämonischen Geschehnisse, deren es bedurfte, um dieses Haus aufzurichten. In bekränzten Medaillons blicken die Gesichter der römischen Kaiserzeit glanzlosen Auges auf uns herab und erzählen uns nichts von den Nöten eines Papstes, der ein starker Mensch sein wollte und wußte, daß er es nicht war. In gegiebelten Nischen stehen Götter und Gladiatoren gelassen und traumgebannt auf ihren schmalen Postamenten und haben kein Wort der Erinnerung an eine Mutter, die jedes Opfer und Verbrechen auf sich nahm, um ihrer Familie die Unsterblichkeit auf Erden zu sichern und gescheitert, verlassen und gequält gestorben ist. Die Linien der geraden und kühlen Architektur sind umrahmt von figurenreichen Reliefs und überquellenden Friesen, die keine Kunde geben von der großsprecherischen Unfähigkeit des Papst-Neffen, der sie dort hat anbringen lassen. Und der ganze Reigen von Masken und Putten, Amazonen und Genien, Faunen und Mänaden, Gorgonenhäuptern und Amoretten zieht über die Fassaden des seltsamen kleinen Schlosses dahin, ohne Auskunft zu geben über den Charakter und die Natur derjenigen, durch deren Leben und Wünsche sie aus dem Dunkel der Ausgrabungen in dieses arkadische Dasein gehoben worden sind. Nur in den erloschenen Antlitzen unbekannter Sarkophag-Porträts und in den bärtigen Profilen später Cäsaren, die mitunter in die Wände eingelassen sind, lebt eine Ahnung von den tragischen menschlichen Verflechtungen, die am Anfang der Villa Doria Pamphili stehen.

Aber bevor ich Ihnen die Geschichte erzähle, wollen wir noch einen Blick in den Garten tun – und sei es nur, um von Anfang an eine versöhnliche Perspektive auf

das zu haben, was von dieser Tragödie geblieben ist.
Jenseits des kleinen Schlosses dehnt sich der Park in
feierlicher Ruhe. Da bilden überwachsene Grotten die
sanften Heimstätten für marmorne Nymphen, die das
Los wunschbefreiter Unsterblichkeit geduldig ertragen,
da badet die Göttin Venus ihre makellosen Glieder in
muschelüberkrustetem Gewölbe, da träumen Delphine,
Tauben und Schwäne auf tropfenden Fontänen. Die
Schatten wunderbarer Pinienwälder, kaum vom Winde
bewegt, fallen auf Wiesen mit klaren Bächen auf feuchtem Grunde. Da ist ein Tal der Rehe und ein spiegelglatter See, ein übergrüntes Gartentheater und ein moosbedeckter Wasserpalast für die Götter Arkadiens, und
überall breitet sich dämmernde Schönheit aus – von
seltsamen Ahnungen beschattet und von Trauer durchtränkt.

Der Papst, dessen Familie die Welt diese Villa zu verdanken hat, lebt fort auf einem berühmten Bilde, über
dem blaßgrün vergilbte Baldachinvorhänge sich schweigend bauschen. Es hängt in einem der beiden Stadt-

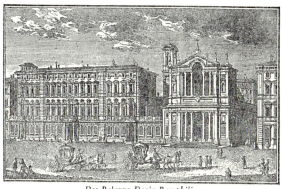

Der Palazzo Doria-Pamphili

paläste der Doria Pamphili auf dem Corso, und der Maler, der es mit fliegendem und untrüglichem Pinsel auf die Leinwand warf, hieß Diego Velasquez. Wir wollen diesen hochberühmten Künstler heute einmal nicht als das Genie spanischer Barockmalerei zu Rate ziehen, sondern als einen psychologischen Berichterstatter ersten Ranges. Er hat den Papst, der als Pontifex den Namen Innozenz x. trug, und von Geburt Giambattista Pamphili hieß, als einen Menschen von Bedeutung, aber ohne Größe gemalt. Da sitzt er vor uns, die Schultern von rotem Atlas bedeckt, die Knie unter der weißen Spitzenkaskade seines Klerikerhabits verborgen, die Arme auf die starren Lehnen seines rechteckigen Goldthrones gestützt und blickt uns in Augenhöhe an. Seine Augen sind blau, winkelig im Blick, fragend im Ausdruck, klein im Mißtrauen, und das Übermaß der Selbsterkenntnis hat ihnen die Wohltat des Lidschlags versagt. Formlos, von Fleisch dumpf umrundet, springt die Nase vor. Die Augenbrauen sind von Zorn und Ohnmacht zerrissen, die Schläfe fältelt sich in bläulichem Geäder, und der Mund spannt sich weit und schrecklich in dünnbärtiger Hilflosigkeit. Wo ist der Mensch, der sich an diesem Papste erfreuen könnte? Velasquez hat es nicht getan, wenngleich sein Spürsinn groß genug war, um die Tragik des Mißgenügens in diesem Menschen auszumessen. Und der Papst? Das Bild verrät, daß dieser Mann weit davon entfernt war, mit sich selber einig zu sein. Denn sein Blick forscht nicht nur nach den Absichten des Gegenübers, er fragt nach einem Urteil, das die Mitwelt, das die Nachwelt von ihm haben könnte. Es ist nicht nur der Pessimismus des einsamen Weltregenten, der diese verfallenden Wangen zeichnet. Im Gewinkel dieser Stirn stecken Unrast und Qual. Und wenn wir auf die Hand mit dem Fischerring sehen, so zeigt sich der Grund: sie ist nicht offen und nicht geschlossen; kraftlos hängt sie zwischen der Gnade, die sie verleihen könnte, und der Gerechtigkeit, die sie zu üben fürchtet. Diese Hand ist dumpf bereit, das Gute zu wollen und zu müde, es zu tun.

Sicher gibt es niemand, der sich von diesem Bild nicht unmittelbar angesprochen fühlte. Beim ersten Ansehen vermeint man, selber von diesen Augen gefragt zu sein – nach inquisitorischen Dingen vielleicht, nach Dingen, die nur ein Mensch mit der Autorität des Pontifex zu fragen in der Lage ist. Bei längerem Zusehen aber verflüchtigt sich dieser Eindruck: zu viel Gewissensqual steckt in diesen Augen. So schaut ein Mensch nur einen Menschen an, in dessen Mienen er Erlösung von seinen Zweifeln sucht, Ermunterung, Bestätigung, Sicherheit, Rat. Dieser Papst fragt aus seinem Bild heraus heute noch einen ganz bestimmten Menschen um seine Meinung und sein Urteil, einen Menschen, dem er sich mehr anvertraut hat, als seinem Amte zuträglich sein konnte, ohne den er nun nicht mehr auskommt, der für ihn Rechtfertigung und Linderung und Stachel in einem ist – und diesen Menschen hat es gegeben, Velasquez hat ihn gekannt, und zum Unglück des Heiligen Stuhles war es eine Frau: Olimpia Maidalchini, die Gemahlin seines älteren Bruders.

Es gibt nichts, was man dieser Frau nicht nachgesagt hätte. Da sie die Salons des Vatikans zeitweilig bis in die äußersten Vorzimmer hinein beherrschte, kann man die Empörung verstehen, mit der sich die Welt ihres Rufes bemächtigte. Und dennoch war sie eine Frau von großem Format. Sie war nicht schön, aber kühn. Sie hatte alle Frauen gegen sich, weil es ihr gelang, mit der hohen Geistlichkeit des Vatikans im geschliffensten Kurialstil Konversation zu machen, und sie hatte alle Männer gegen sich, weil sie ihnen auf weiblich instinktsichere Weise im Urteil überlegen war.

Der Papst verließ sich schrankenlos auf sie – er hatte sich schon als Kardinal stets mit Erfolg nach ihren Ratschlägen gerichtet –, denn inmitten einer Welt, in der die Erinnerung an das Gift der Borgias noch nicht erloschen war, in der die Mächte der erstarkenden europäischen Nationalstaaten um die Gunst und den Vorrang beim Heiligen Stuhl phantastische Intrigen mit ererbter Erfahrung einzufädeln liebten, inmitten eines Schwalles von Betrug und politischem Theater, war diese klar denkende Frau ein Hort der Sicherheit für den schwankenden Papst. Ihr großer Fehler war nur, daß sie eine Mutter war, und eine italienische Mutter. Das Papsttum war ihr im Grunde ein farbloser Nutzbarkeitsbegriff, gänzlich untergeordnet den grenzenlosen Vorstellungen vom Aufstieg der Familie Pamphili, der die göttliche Providenz einen Träger dieses Namens als Pontifex geschenkt hatte. Und wenn es die Tragödie Innozenz x. war, daß er sich in seiner Entschlußlosigkeit von der Stärkung seiner Familie einen Gewinn für sein Kirchenregiment versprach, so war es Olimpias Tragödie, daß diese Familie kein einziges Mitglied hatte, das sich dieser ungeheuren Chance würdig gezeigt hätte. Ihr eigener Sohn Camillo war für den geschenkten Purpur zu schwach. Mit 22 Jahren sah er sich als Kardinal in die höchste Position des Heiligen Stuhles gerückt, gab dem Papst jedoch nach kurzer, gänzlich talentlos hingebrachter Amtszeit den roten Hut zurück und heiratete die reiche Erbin des Hauses Aldobrandini. Die einzige Spur, die er in seinem Leben hinterließ, ist die Villa Doria

Pamphili, deren Betrachtung uns zu dieser Geschichte veranlaßt hat.

Nach dem kläglichen Mißerfolg mit ihrem Sohne hätte Olimpia ein Einsehen haben müssen. Aber die dämonisch-mütterliche Vitalität dieser Frau war viel zu groß. Selbst als noch zwei weitere Kandidaten, die den Glanz des Hauses Pamphili mit Hilfe des Purpurs begründen sollten, sich als unfähig erwiesen hatten, hörte Olimpia nicht auf, an die Zukunft ihrer Familie zu glauben. Und was aus Mangel an Talent nicht zu erreichen war, das sollte nun der Reichtum zuwege bringen. Olimpia war sicher – und zahllose Beispiele der römischen Geschichte geben ihr nicht unrecht –, daß das Gold auch dem unbedeutendsten Menschen noch die Aura der Größe und die Gloriole der Macht verschaffen kann. Wenn schon keine großen Menschen innerhalb des Hauses Pamphili aufzutreiben waren, so sollte wenigstens ein großer Name bleiben. Und wo der Name sich durch Leistung die Unsterblichkeit nicht sichern konnte, sollte es durch Gold geschehen. So brach sich das plutonische Element im Charakter Olimpias mit vulkanischer Gewalt Bahn. Sie begann, den Vatikan buchstäblich zu plündern, und als der hochbetagte Papst die Augen schloß, fand sich in seiner Privatschatulle nicht einmal mehr genug Geld, um das Leichenbegängnis zu bezahlen. Die Domherren von Sankt Peter wandten sich an Olimpia, hörten aber von ihr – der es um die Familie ging, nicht um den Papst, schon gar nicht um den toten –, man könne doch von einer armen Witwe, die ihr ganzes Vermögen im Dienste des Heiligen Stuhles verbraucht und geopfert habe, füglich nicht erwarten, daß sie ein pontifikales Leichenbegängnis bezahle. So wurde der Papst auf höchst bescheidene Weise in der

Familienkirche der Pamphili, in Sant'Agnese auf der Piazza Navona, bestattet – und das Geld dazu gab ein Monsignore, den Innozenz X. aus irgend einem Grunde als Maggiordomo des päpstlichen Palastes abgesetzt hatte. Die Stamm-Mutter des Hauses Pamphili aber, Olimpia Maidalchini, starb allein und von den Ihren gänzlich verlassen in ihrem Sommerschloß San Martino – und das Volk von Rom erzählt, daß sie ihre Ruhe heute noch nicht gefunden habe.

Meine lieben Leser, ich erzähle Ihnen diese Geschichte nicht, um ein düsteres Kapitel aus den Schicksalen des Vatikans lebendig zu machen, sondern weil ich Ihnen zeigen möchte, wie seltsam die Wege der Weltgeschichte sind, deren Spuren wir überall in der Stadt Rom vorfinden. Hier haben wir vor uns das Schauspiel mehrerer widerstreitender Prinzipien.

Da ist ein Papst, das Oberhaupt der Welthierarchie, der der Einsamkeit seines Amtes unterliegt. Da ist eine Mutter, einsichtslos gegenüber dem männlichen Weltkonzept der römischen Kurie, von Familienehrgeiz tief besessen und in dem Irrtum befangen, der psychologische Einfluß auf einen mächtigen Verwandten könne sich für eine ganze Familie zugleich in Gold und in Ruhm verwandeln. Da ist ein launischer, genußsüchtiger, desinteressierter Sohn, dem immense Reichtümer in den Schoß fallen, für die er nicht einen Finger gerührt hat, – und er baut nicht ein Grabmal für seinen Onkel und nicht ein Monument der Dankbarkeit für seine Mutter, sondern eine Villa, worin kein einziger Stein an den Papst und an Olimpia erinnert. Und da ist nun diese Villa, nach dreihundert Jahren eine Insel arkadischer Träume inmitten der lebensvollen gegenwärtigen Stadt Rom, und im Rauschen ihrer Bäume und im Tropfenfall ihrer Fontänen ahnen wir ein Element des Tragischen, auch wenn wir nichts wissen von der Geschichte dieser Menschen.

Noch im vorigen Jahrhundert lag die Villa Doria Pamphili im freien Lande. Im römischen Sprachgebrauch hieß das ›fuor' de' porta‹, außerhalb der Tore. Obwohl heute außerhalb der alten Tore der Stadt Rom sich endlose und freudlose Quartiere von Zementkasernen drängen, worin ein desperates Volk von Zugewanderten sich nur langsam romanisiert, ist der Ausdruck ›fuor' de' porta‹ immer noch nicht aus dem Sprachgebrauch der Altrömer verschwunden. Denn in jedem Römer von Geblüt lebt ein tiefes Gefühl des Lebenszusammenhanges zwischen Stadt und Land. Und so sagt man heute noch, wenn es darum geht, einen Ausflug auf das Land zu machen, ›'na scampagnata fuor' de' porta‹ – wobei zu bemerken ist, daß in dem Worte ›scampagnata‹ natürlich das Wort Campagna enthalten ist. Was ist eine ›scampagnata‹? Ein Zusammentreffen zahlreicher Gleichgesinnter, die durch Familien- und Freundschaftsbande miteinander vertraut sind, zu einem siebenfachen Zweck: ihre Sorgen zu vergessen, in freier, reiner Luft einen heiteren Tag zu verbringen, in unbegrenzter Menge zu essen, sich nicht durch Gesundheitsbetätigung, wie Schwimmen, Gymnastik und dergleichen in der von den Vätern überkommenen Bequemlichkeit aufscheuchen zu lassen, den goldgelben Wein der Castelli Romani nach Herzenslust zu trinken (die verläßliche Temperatur tief in die Erde gebohrter Keller ist dafür Voraussetzung), unter den jungen Leuten durch das Fernhalten künftiger Schwiegermütter aussichtsreiche Verlobungen zu stiften und endlich beim verschlungenen Gesang gitarrenbegleiteter Stornelli sich erneut zu bestätigen, daß es eine bessere Art zu leben nicht gibt. Unerläßliche Bedingungen für eine Scampagnata sind: ein tiefes Einverständnis aller Beteiligten über die Harmonie des Daseins, ein für den Augenblick getroffenes Arrangement der Kosten, eine Osteria im Schatten von Bäumen und Weingewächs und die Fähigkeit, auf primitiven Holztsühlen an wackligen Tischen stundenlang und in breitestem Wohlbehagen sitzen zu können. Es gibt viele Römer, die behaupten, eine richtige Scampagnata sei überhaupt nicht mehr zu verwirklichen. Der Autolärm, das Fehlen der Kutschen, der schlechter gewordene Wein, das Unverständnis der Jugend – all dies seien schwere Behinderungen. Ich bin nicht dieser Ansicht, denn auch als es das alles noch so gab, wie die alten Romani es träumen, war eine Scampagnata mit unendlichen Schwierigkeiten verbunden. Erstens: man hatte kein Telefon, um die Leute zu verständigen; zweitens: es brauchte nur ein Papst regieren, der fand, daß die Römer dem Bacchus zu sehr huldigten, schon gab es Verordnungen und Verbote – wie etwa jenes berühmte von Leo XII. am Anfang des vorigen Jahrhunderts, in denen den Römern untersagt wurde, Wein in der Osteria zu trinken, wenn sie nicht zugleich ein volles Mahl dazu verzehrten. Da viele Römer es bis auf den heutigen Tag lieben, sich ihre gebratenen Hühner in großen Körben mitzubringen, kam es damals zu wilden Polemiken. Der allzu himmelstrebende Papst hatte, um den Römern den Wein abzugewöhnen, sogar Gitter – ›Cancelletti‹ – an den Trattorien anbringen lassen, damit die Nur-Trinker ferngehalten würden: wenn sie Wein wollten, konnten sie ihn zwar kaufen, trinken mußten sie ihn aber draußen. Man konnte also nicht mehr, wie gewohnt, schon am Nachmittag um drei in die Osteria gehen und dort bei vielen schönen ›mezzolitri‹ bis tief in die Nacht sitzen bleiben. Der Nachfolger Leos XII., der gütige Pius VIII., hat dann die Gitter wieder entfernen lassen, und an der Statue des Pasquino konnte man den Dank des Volkes ablesen.

> Allor che il sommo Pio
> comparve innanzi a Dio
> gli domandò: – Che hai fatto?
> Rispose: – Niente ho fatto!
> Coresser gli angeletti:
> – Levò li cancelletti...

> Wie dann der höchste Pius
> vor Gottes Angesicht erschienen ist,
> hat ihn der liebe Gott gefragt:
> was hast du denn gemacht?
> Die Antwort war: gar nichts hab ich gemacht.
> Die Engel aber wußtens besser:
> Die Gitter wenigstens hat er verschwinden lassen...

Sicherlich waren in der Zeit der päpstlichen Herrschaft die ›scampagnate fuor' de' porta‹ der Jungbrunnen für alle die kleinen Geschichten, mit denen das Volk von Rom die Herrschaft der Päpste seit alter Zeit begleitet hat. So war Papst Gregor XVI. ein großer Liebhaber des Weines und machte kein Geheimnis daraus. Hier seine Geschichte an der Himmelspforte:
Als der Papst Gregor an das Himmelstor klopfte, konnte man drinnen die Stimme des Petrus vernehmen: »Wer ist denn da draußen?« – »Ich bins, der Gregorio!« – »Und was möchtest Du?« – »Ins Paradies möcht' ich!« – »Ins Paradies? – ja weißt du denn nicht, daß seit dem Tod vom Heiligen Gregorio Magno kein andrer Gre-

gorio mehr 'reingekommen ist?« – »Ja schon, wenn ich aber schon nicht der Gregorio Magno sein kann, dann bin ich halt wenigstens der Gregorio Vino...«

Es ist rührend, zu sehen, wieviel Wert die Römer noch im vorigen Jahrhundert auf ihre Landpartien legten. Wenn der Oktober nahte, der klassische Monat für die Ausflüge in die Castelli Romani, dann häufte sich in den päpstlichen Leihhäusern der Hausrat: man versetzte Leintücher und Decken – es ist ja noch nicht so kalt wie im Winter – und sehr oft auch die Lampen – wir gehen ja doch so zeitig zu Bett – und die Kupferkrüge zum Wasserholen am Brunnen – weil wir ja das Wasser genauso gut im Ziegenschlauch holen können.
Dahinter steckt aber ein tieferes Element, das sich auch heute noch nicht verloren hat: die Stadt ist für die Römer der Hort der Zivilisation, der Gesittung, der Kultur und der Religion. Das Land ist ihnen der Schauplatz der Freiheit, der Gesundheit und des Heidentums. In jedem Römer steckt ein Dionysos-Diener, und sicher ist es kein Zufall, daß das Fest des Weingottes im Altertum im Oktober gefeiert wurde – also in der Zeit der berühmten Ottobrate Romane, die den Höhepunkt aller Lebensverbindungen zwischen der Stadt und dem Lande Roms darstellen. In Marino, dem kleinen uralten Bergnest am Hange der Albaner Berge, springt heute noch jedes Jahr im Oktober beim Traubenfest der große Brunnen auf dem Marktplatz mit Wein, und jeder kann sich seinen Hut voll nehmen. Und über den herben Gefilden der römischen Campagna schwingt heute noch, verborgener vielleicht als unter der toleranten Herrschaft der Päpste, der Gott Bacchus sein bekränztes Szepter. Unter dem fröhlichen Gesang

seiner weinseligen Jünger in den Schenken tönt aber auch das Dunkle bacchischen Wesens mit durch die Zeiten fort: der Rausch, das Chaos und die Feindschaft der Erde gegen den Pflug. Dionysos, nicht Apollo ist es, der aus dem Volke von Rom die seltsamen Blüten der Poesie hervortreibt, die wir als Stornelli kennen.

Zu einer echten Scampagnata gehörte in früheren Zeiten der Improvisator. Oft war er nur ein bescheidener Campagna-Hirt, der in seinen Stornelli die Zeiten und die Gefühle, manchmal Zeile um Zeile, unbekümmert durcheinander schob. Hören wir ihm einen Augenblick zu:

> A tocchi a tochi – Schlag um Schlag
> Suona una campana – eine Glocke läutet
> Li turchi son arrivati – die Türken sind gelandet
> Alla marina – an der Lände am Meer
> Li turchi son arrivati – gelandet sind die Türken
> Alla marina – an der Meereslände
> Li berzajeri – die Bersaglieri
> Alle porte de Roma – an den römischen Toren.

Die Türken, das wissen wir schon, sind die plündernden Sarazenen, die zu Tausenden Malen in den ungeschützten mittelalterlichen Landbezirk Roms einfielen um zu rauben, Schrecken zu verbreiten und den Papst mit Terror in Untätigkeit zu halten. Aber in der letzten Zeile des Stornello sind wir, wie im Kaleidoskop, plötzlich im 19. Jahrhundert: Li berzajeri alle porte de Roma – und die Bergsaglieri, gemeint sind die Truppen Garibaldis, die dem Kirchenstaat ein Ende machen sollten, an den römischen Toren. Und dann singt er weiter: Und du kannst es mir glauben, was ich dir sage (vielleicht ist es einer der Gefangenen in der Engelsburg, dessen Stimme aus dem Munde des Sängers tönt, kurz vor Garibaldis Sturm auf Rom), du kannst es mir glauben, was ich dir singe: wenn ich herauskomm aus dem Gitter da, dann wird einer sein, der alles bezahlt. Bezahlen muß der Mensch, das ist uralter römischer Glaube. Bezahlen für alles, was er selber angestellt hat, und auch manchmal für das, was die anderen für ihn angestellt haben. Heute noch erregt es uns, zu hören, wie die Gefangenen in der Engelsburg hinter den schweren Gittern ihrer Kerker im flammenden Himmel des Spätnachmittags diese Strophen anstimmen, während zwanzig Kilometer weiter, in der Campagna, ihre Befreier schon die Lagerfeuer des Biwak angezündet haben.

> Zehn Jahre hab ich daran gewendet
> Ein schönes, starkes Schloß zu bauen
> Den Kastellan sollten die Leute mich nennen.
> Und wie es fertig war, und schön geworden,
> Da kamen sie und wanden mir
> Die Schlüssel aus den Händen.

Auch das wird einer bezahlen müssen, einer von denen, die den Sänger in dieses finstere Gefängnis gesperrt haben. Der Augenblick der Freiheit ist nahe und die Rache steht vor der Tür.
Woher kommt dieser leidenschaftliche Haß, der heute noch in manchem Stornello erschreckend lodert? Man kann in einer Trattoria friedlich mit einem Mann zusammensitzen, und dann kommt ein Gitarrist herein, stimmt eine Strophe an, und dein Gegenüber springt auf vom Tisch, schiebt sich den Hut ins Genick, bekommt eine beklemmende Düsternis in seinen Blick und singt davon, wie sehr er es ersehnt, von den Bersaglieri befreit zu werden aus der Engelsburg, in der seit fast

hundert Jahren niemand mehr eingesperrt war. All dieses scheinbar gegenstandslose Gefühl hat seine lebendige Nährquelle in der Campagna, in der Landschaft Roms, die ebenso zur Stadt gehört wie Häuser, Kirchen und Paläste.

Noch vor hundert Jahren ist die Campagna ein wüstes und von Räubern bewohntes Gebiet gewesen, und niemand vermag zu sagen, wie viele Römer noch Großväter haben, die in ihrer Jugend zu jenen Typen ehrenhafter Campagnaräuber gehörten, deren Ritterlichkeit sich mit ihrem Brigantentum so eigenartig verband. Durch das wilde Gestrüpp der Campagnabüsche ging noch im vorigen Jahrhundert eine unausgesetzte Hetzjagd der päpstlichen Sbirren nach diesen Räuberbanden. Und wenn gar nichts mehr helfen wollte, dann setzte man auch einmal Agenten ein, die als harmlose Reisende sich von den Räubern fangen und auslösen ließen, um deren Verstecke auszukundschaften. Allerdings durfte ein solcher Spion nicht entdeckt werden, sonst ging es ihm schlecht. Die Räuber hatten ihren eigenen Ehrenkodex und kannten keinen Pardon. Sie sangen dem Ertappten, kurz bevor sie sein Lebenslicht ausbliesen, noch ein schreckliches Stornello ins Ohr:

> Heiliger Petrus, um Gotteswillen,
> mach die Türen zu
> Und laß in den Himmel keinen ein,
> der ein Spion gewesen ist.
> Denn ein Spion muß zum Tod verurteilt werden,
> hier und dort.
> Darum, heiliger Petrus, um Gotteswillen,
> schließ die Türen.

All das ist mehr als hundert Jahre vorbei. Und immer noch ereifern sich die Römer damit, immer noch können sie mit leuchtenden Augen und mit zornroten Gesichtern einem Sänger zuhören, der diese alten Gesänge singen kann. Auf dem glorreichen Hintergrund der sonnenüberglänzten Stadt, von der ein altes Stornello sagt, sie sei wie eine schöne Frau, die den Frühling im Haar habe, und der Wind führe hinein und verbreite den Duft über die Welt, auf dem Hintergrund des männlichen Stolzes der Römer über die Unvergleichbarkeit ihres Lebens erheben sich Gefühle und Schicksale unbekannter, längst versunkener Stornellidichter als stets gegenwärtiges Zeichen der Erkenntnis: die Leidenschaft, mit der sich das Vergangene in diesem Lande und seiner Stadt vergegenwärtigt, ist der Grund, warum wir mit dem Worte Rom nicht ewige Vergänglichkeit, sondern ewiges Leben meinen. Nichts, was lebt, geht in Rom verloren.

Wie sieht nun diese Campagna aus, die auf so alte und vielfältige Weise mit dem Geschick und den Menschen

In der Campagna

der Stadt Rom verbunden ist? Wenn wir die Römer fragen, was sie unter der Campagna verstehen, werden wir sehr merkwürdige Antworten bekommen: der eine wird sagen, sie sei das Land rings um Rom, der andere, die Albanerberge seien ihre größte Zierde, der dritte wird die Tiberniederung bis nach dem römischen Hafen Ostia als ihre klassische Gestalt erwähnen, und niemand wird uns sagen können, wo sie anfängt und wo sie endet. Sicher ist, daß sie einmal eine buschbestandene, räuber- und hirtenbevölkerte Wildnis war, und daß sie das heute nicht mehr ist. Um aber von der Campagna in ihrem ewigen Bestand reden zu können, muß man mehrere Elemente beisammen haben: ein sanft hügeliges Gelände, im Winter braun, im Frühling zauberhaft grün, im Sommer verbrannt, im Herbste erdfarben, mit plötzlich einbrechenden Erdschlünden und einer unendlich weiten Himmelskuppel darüber. Dazu ein paar antike Monumente im Zustande ländlichen Verfalls, ein Grabmal, die Ruinen einer kaiserlichen Villa, die Bogenprozession eines versiegten Aquädukts, ein paar befestigte altersgraue Höfe mit weiten Stallungen und Speichern, das Geknall querfeldeintreibender Jäger und das holprige Gerumpel zweirädriger Weinkarren, die mit kleinen Fässern übervoll beladen sind und von quastengeschmückten Pferdchen graziös gezogen werden – vetturino dormiente – schlafenden Kutschers, wie man auf antike Weise hinzufügen würde.

Auch eine Grotte macht sich gut, die einmal einer Nymphe gehört hat und heute noch von vermoostem Mauerwerk der besten Kaiserzeit eingefaßt ist, oder eine gestürzte Säule, auf der ein zeitloses Liebespaar sich niedergelassen hat, regungslos geworden in der dämmerigen Gewißheit aller Freuden dieses Lebens.

Man kann auch noch ein paar Pinien hinzufügen, oder einen Steineichenhain, und auch der klassische Ölbaum darf nicht fehlen, denn Schatten ist in der Campagna nicht eine Wohltat, sondern ein Lebensinhalt. Das Sirren der Zikaden am hohen Mittag ist unerläßlich, ebenso der freudenreiche Gesang der Lerchen in der ersten Morgenhelle und die schmerzlich-schöne Klage der Nachtigall in den kurzen Stunden der sinkenden Sonne und der aufsteigenden Nacht. Wer die Antike liebt, der kann ohne weiteres noch den nach dem fernen Ithaka ausschauenden Odysseus in diese Landschaft setzen, und den Helden Äneas, der mit weit ausholender Segensgebärde über die Fluren schreitet, aus denen sein Volk, das Volk der Römer, bis in die fernsten Zeiten kräftige Nahrung gewinnen wird. Campagna – das ist die Landschaft, in der Romulus und Remus von der Wölfin gesäugt wurden, in der man den Cincinnatus vom Pfluge weg geholt hat, um die Stadt Rom in höchster Not zu retten, in die Hannibal seinen Einzug hielt, um dann, wie von magischen Kräften gebannt, vor den Toren der Stadt umzukehren. Die Campagna hat alles gesehen, was das Geschick der Menschheit bis in unsere Zeit herauf bestimmt hat: waffenklirrende Heere, schwerfällig dahinrollende Kaufmannszüge, elegante Reisende, weltverachtende Philosophen, bußfertige Einsiedler, goldgierige und ehrenhafte Räuber, ahnungslose Fremdlinge und die Glücksritter aller Sprachen und aller Religionen. Und die Campagna hat alles gehört, was Menschen in Freude und Schmerz bewegt: das Geheul der Klageweiber bei den Leichenbegängnissen, die dithyrambischen Flöten ländlicher Hochzeiten, den Saltarello der Bauern und die Stornelli der Räuber. Die Campagna kennt Rache und Mildtätigkeit, Fortschrittsglauben und Resignation, Gewalttat und bescheidenes Glück. Auch die Katakomben liegen in der Campagna, und ihre Toten hören heute noch, wie sich ahnungslose Nachfahren in den Schenken und Osterien harmlos jener Form des Mahles widmen, die schon in den ältesten Texten der Heiligen Messe als Vergleich für himmlisches Labsal erscheint: dem dulce refrigerium, das sich in der Phantasie so vieler Römer aller Epochen wohl kaum sehr von den Freuden einer zufriedenen scampagnata fuor' de' porta unterscheidet.

Schließlich ist die Campagna nicht denkbar ohne eine alte Römerstraße, die mit ihrem Ruhm, ihren Grabmälern und ihrem erhabenen Linienzug seit zweiundzwanzig Jahrhunderten die Landschaft vor den Toren Roms durchschneidet: die Via Appia Antica. Wer heute am späten Abend oder in mondheller Nacht auf die Appia hinausfährt, wird die Ränder dieser Straße von verschwiegenen Paaren bevölkert finden, die im Schatten der Gedenkstätten hochberühmter und hinabgesunkener römischer Familien die einfachen Zusicherungen der Liebe einander darbieten. Rom hat in seiner Weisheit und Güte immer dafür gesorgt, daß junge Leute, die zueinander streben, sich in seinem alten Schutz die Worte der Liebe ohne konventionelle Trübung sagen können – aber kein Bezirk der Stadt zieht die Liebespaare so sehr an, wie diese phantastische Totenstraße. Es ist, als seien die Manen des alten Rom, die Seelen der abgeschiedenen Heiden, zu geisterhaften, unhörbar eindringlichen Rufern geworden, die das Geschlecht der Römer im Gang der Weltgeschichte vor dem Verfall zu behüten trachten. Vielleicht ist es dem stillen Segen dieser Manen zuzuschreiben, daß das Volk von Rom sich durch so viele Jahrhunderte gleich geblieben ist und daß im Auf und Ab der Zeiten der Ruhm der römischen Frauen stets dann am hellsten geleuchtet hat, wenn die Männer von Müdigkeit befallen schienen. Einmal, vor dreihundert Jahren, gelangte über die Via Appia Antica ein Sendschreiben nach Rom, das der Kaiser von China an den Papst gerichtet hatte.

»An dich, Clemens«, so schreibt der Sohn des Himmels, »den gesegnetsten der Päpste, schreibt diesen Brief mit der jungfräulichen Feder des Straußes der Mächtigste aller Mächtigen auf Erden, der... auf dem smaragdenen Throne des Kaiserreiches von China sitzt und das Recht des Lebens und des Todes über hundertfünfzehn Königreiche und hundertsiebzig Inseln ausübt... Da Euer römisches Volk stets als die Stammutter der tapferen, keuschen und unübertrefflichen Frauen gegolten hat, wollen Wir Unsere mächtige Hand ausstrecken und eine von ihnen zur Gattin nehmen... Wir wünschen, daß sie die Augen einer Taube habe, die den Himmel und die Erde betrachtet, und die Lippen einer Muschel, die sich vom Morgenrot nährt. Ihr Alter soll zweihundert Monde nicht überschreiten, ihr Wuchs soll von der Länge eines grünen Weizenhalmes und ihre Dicke wie eine Handvoll trockenen Getreides sein... Indem Ihr, Vater und Freund, Unserem Wunsche willfahrt, werdet Ihr ein Bündnis ewiger Freundschaft zwischen Euren Königreichen und Unserem mächtigen Lande herstellen, und wie das Schlinggewächs sich an die Bäume schmiegt, so werden unsere Gesetze vereinigt sein. Einstweilen aber erheben Wir Uns von Unserem Throne, um Euch zu umarmen...«

Wir wissen nicht, an welche römische Prinzessin der Papst gedacht haben mag, als er dieses schicksalsträchtige Angebot erwog. Vielleicht hat sie ausgesehen wie

DIE CAMPAGNA

das kapitolinische Mädchen. Ja, in der Tat: blicken nicht die Augen dieses zeitlosen Bildes einer jungen Römerin über die Campagna hinweg hinaus auf die fernen Ozeane, die bis nach China reichen? Zieht sich nicht ihr leichtes Gewand ängstlich um den schmächtigen Körper in der Vorahnung eines solchen Geschickes? Sind nicht ihre Lider voll Trauer vor dem Weltgesetz, demzufolge Rom von seinen Menschen Starkmut und Größe fordert, weil es dafür Ruhm und Unsterblichkeit eintauscht? Ahnen nicht diese Züge schon, daß das Glück ein verlorener Traum bleiben wird? Begreift endlich nicht schon diese ganze schmale Gestalt, daß der Friede in Rom stets den Verzicht bedeutet und, wo er sich einstellt, voll ist von Erinnerungen und geläuterten, aber niemals erloschenen Schmerzen?

Porta di San Sebastiano

ROMA SANGUIGNA

ES GIBT IN ROM AUGENBLICKE, in denen unser Herz sich leicht und heiter fühlt. Dann hat alles Gefühl, das Rom in uns erregt, Teil am Leiden und an der Freude, an der Sünde und an der Gnade, am Fall Adams und der Verklärung des Jüngsten Tages. Wir spüren den schwerelosen Flug durch Zeiten und Räume, und es macht uns keine Mühe, nicht nur Monumente und Epochen ineinanderzurücken, sondern die Vielfalt des Lebens einzusammeln, die uns aus Rom entgegenströmt. Und Zuversicht erfüllt uns, wenn wir dem Sinn der ROMA SANGUIGNA auf der Spur bleiben, der nicht in der Tradition erstarrter Theorien, sondern in den schwankenden, graziösen und großartigen Prozessionen unzählbarer, niemals ganz erloschener Leben besteht. Wie die wärmende Kraft der Sonne, in den Stein gebettet, des Nachts aus Treppen und Brunnenrändern aufsteigt, wie der nie versiegende Schwall der römischen Wasser in wunderbarer Melodie durch den Gang der Zeiten rauscht, so leben auch die Empfindungen fort, die die Menschheit auf diese Stadt verschwendet hat, und wir werden ihrer im Glück des ewigen römischen Augenblicks dankbar teilhaftig.

> Fuscus, mein Freund, ein Leben frei von Schuld,
> das den verhängnisvollen Fehltritt meidet,
> bedarf der Waffen nicht aus Mauretanien.
> Der Speer, der Bogen und der pralle Köcher
> sind ein geringer Schutz auf deinem Wege.
> Selbst in des wilden Kaukasus Geklüft,
> in Wüstenglut der Syrten, in Gefilden,
> die der Hydaspes sagenreich befeuchtet,
> sind giftge Pfeile dir kein besserer Schutz,
> als Unschuld, Unbefangenheit und Träume.
>
> Als jüngst in des Sabinerwaldes Triften
> ein Lied auf meine Lalage ich sang
> und, nicht des Grenzpfahls achtend, in die Wildnis
> hinträumend eindrang, kam ein Wolf daher.
> Ein Untier, sag ich, wie der kriegsgewohnte
> Beherrscher Dauniens es vergeblich jagt
> in seinen weiten Forsten, und nicht Juba,
> der Lybier, König löwenträchtger Steppen.
> Doch floh der Wolf. Mein unbewaffnet' Lied
> hat ihn verscheucht in seines Waldes Dunkel.
>
> O setz mich aus an den erstarrten Fluren,
> wo nie ein Baum den Kuß des Sommers fühlte,
> verbanne mich in jene Todessphäre,
> wo tief in Nacht die düstern Nebelschleier
> das Antlitz unsrer Erde dumpf verhüllen.
> Bind an die Achse mich des Sonnenwagens
> und laß mich schleifen über starre Wüsten:
> Lalagens Lächeln werd ich nicht vergessen,
> und nicht der Liebe tändelnd süße Worte.

DIE STRASSE DER SIEBEN KATZEN

In einem der ältesten Quartiere der Stadt Rom, zwischen der Piazza Navona und der Tiberlände, wo die Häuser eng beieinanderstehen und die besten römischen Handwerker ihre höhlenartigen, lichtlosen Werkstätten haben, fand ich vor einiger Zeit ein antikes Marmorbruchstück, das – wie so oft in Rom – in eine Hausmauer eingefügt ist und in schöner lateinischer Schrift das Wort FORTUNAE zeigt. Fortuna, das ist das Glück, die Göttin mit dem Füllhorn, aus dem die reichen Gaben des Lebens wahllos und zufällig auf die Sterblichen niederfallen. Fortuna ist das Menschenschicksal in seiner rätselvollen Verflechtung mit dem Ablauf der Weltgeschichte, und Fortuna ist jene geheimnisvolle Macht, an die die Menschen niemals zu glauben aufgehört haben, die Macht, das vergeblich Ersehnte, das Unerfüllbare, das außer aller Wahrscheinlichkeit Liegende, plötzlich eintreten zu lassen. Und weil ein jeder Mensch mit einem gewissen Recht daran festhält, ein besonderes Schicksal zu haben, ist Fortuna endlich der Begriff aller Möglichkeiten, die in einem Lebensweg beschlossen liegen – das Brunnenbecken unserer Träume, das untergründige Bewußtsein, daß eine geringe Hilfeleistung genügen würde, um die Vorstellungen von Zufriedenheit und Glück, an deren Rand wir uns dahinbewegen, zur Wirklichkeit werden zu lassen. Da man sich, wenn man in Rom lebt, längst abgewöhnt hat, irgend etwas dem blinden Zufall zuzuschreiben, beschäftigte mich diese Inschrift. Wahrscheinlich haben irgendwelche Maurer, als sie vor vier oder fünf Jahrhunderten das Fundament zu dem Hause legten, das Marmorbruchstück im Boden gefunden – vielleicht stammt es aus einem antiken Tempel, vielleicht von einem Hausaltar, vielleicht vom Sockel einer Statue –, wer kann das wissen. Heute steckt es wie ein unbeabsichtigtes Straßenschild in der Hausmauer – oder ist es eine Widmung im tieferen Sinne, die den Verlauf der alten holprigen Straße der Fortuna anheimgibt? Dieses schöngefügte Schriftbild war der Anlaß, Ihnen, meine verehrten Leser, die Straße zu beschreiben, in der ich sie fand: ›la via dei sette gatti‹ – die Straße der sieben Katzen – und dazu die Schicksale von ein paar Menschen, die in ihr wohnen und deren Wünschen und Hoffnungen ich ein wenig nachgespürt habe. Es ist also kein großartiger Gegenstand, mit dem wir uns jetzt beschäftigen wollen. Kein Monument von einiger Bedeutung wird uns begegnen, kein Name eines römischen Großen unsere Phantasie in die Geschichte zurücklenken. Das kleine, unscheinbare und alltägliche Leben Roms werden wir entdecken, dessen Größe darin besteht, daß es menschlich gelebt wird, daß die Irrtümer verstanden und nicht verdammt werden, daß der Zorn verraucht, auch wenn er groß ist, und die Freuden bleiben, obwohl sie nur klein sind. Wollen Sie mir also folgen, in die Häuser und zu den Menschen der Via dei sette gatti.

Warum die Straße so heißt, kann ich Ihnen beim besten Willen nicht sagen. Es gibt zwar mehrere dicke Bücher, in denen römische Gelehrte alle auffindbaren Quellen über die Namengebung der Straßen der Ewigen Stadt zusammengetragen haben, aber in manchen Fällen wissen sie auch keinen Rat – und ein solcher Fall ist die Straße der sieben Katzen. Zwar ist in Rom an allen Ecken und Enden zu erkennen, wie eng die Katzen mit in das Stadtleben einbezogen sind; zwar kann man mit Leichtigkeit gewisse einleuchtende Parallelen zwischen dem Charakter der Römer und der Katzen ziehen – beide fühlen sich gänzlich unabhängig in der Zuwendung ihrer Gunst und in deren Beendigung, beide fürchten das Wasser, wenn es nicht aus Brunnen, sondern aus Regenwolken kommt, beide lieben es, den Sorgen für ihre Ernährung aus dem Wege zu gehen, indem sie der Güte irgendwelcher wohlwollender Wesen vertrauen, beide machen sich nicht die geringsten Gedanken darüber, warum ihnen diese Wesen eigentlich wohlwollen, und schließlich sind sich Römer und Katzen darüber einig, daß die Entwicklung von Dankbarkeit gänzlich unabhängig ist vom Empfang guter Taten – aber das alles ist noch keine Erklärung für den Namen: Via dei sette gatti. Wenn schon Katzen, so fragt man sich, warum dann ausgerechnet sieben? Sind es sieben bestimmte? Wir werden es nie ergründen, aber wie alle Römer verfallen auch wir dem indirekten Zauber solcher Formulierungen – wir stellen uns etwas vor, ohne zu wissen, was, wir lassen uns verführen, hinter einem solchen Namen etwas Besonderes zu vermuten und streifen gar schnell – von tausend sinnenfälligen Details abgelenkt – die deutsche Gründlichkeit ein bißchen ab, die immer ganz genau wissen will, warum ...

Sehen wir uns diese Straße einmal an. Sie liegt, wie ich Ihnen schon sagte, in einem sehr alten Viertel Roms, das den Namen ›Ponte‹ trägt, weil es der Engelsbrücke benachbart ist. Die Stadtviertel Roms haben seit der Zeit des Kaisers Augustus bestimmte Namen, und noch heute tragen die meisten von ihnen einen sehr ausgeprägten und unverwechselbaren Charakter. So ist zum Beispiel das Quartier ›Monti‹ in der Nachbarschaft des Forum Romanum ein ausgesprochen imperiales Viertel, mit Leuten bevölkert, die den päpstlichen Hof und das Leben der römischen Kurie mit gesunder Skepsis betrachten. Das Ponte-Viertel dagegen hat eindeutig päpstlichen Charakter, und in seinen Schenken sitzen die Männer am Abend beieinander und erzählen sich noch Geschichten aus der Zeit von Pio Nono – von Papst Pius ix. –, als Rom noch dem Kirchenstaat angehörte und ihre Großväter Kutscher oder Kammerdiener in vatikanischen Diensten waren.

Äußerlich jedoch ist der Via dei sette gatti von dieser sublimen Zugehörigkeit zum kurialen Leben nichts mehr anzumerken; wie auch in anderen Altstadtgassen ist der Himmel in ihr bedeckt mit den schwebenden Prozessionen von Hemden und Leintüchern, die die römischen Hausfrauen an Drähten über die Straßen ziehen lassen, und der Boden ist gepflastert mit jenen kleinen, abgewetzten, buckligen Holpersteinen, die in der römischen Altstadt dem Spaziergänger nach einer halben Stunde Wegs die Rast in der nächsten Trattoria so angenehm erscheinen lassen. Sonst ist von der Via dei sette gatti noch zu sagen, daß sie sich windet wie ein Katzenschweif, daß in den hundertzwanzig Metern ihres Verlaufes wenigstens sieben mal sieben ›gatti‹ ihr Wesen treiben, daß sie von dem Getöne von wenigstens siebzig mal sieben Radio-Apparaten angefüllt ist und daß unter den Kellern ihrer Häuser vielleicht ein Dioskur in Bronze oder eine Triumphstatue von Pompejus oder zwei herrliche kleinasiatische Amphoren liegen, die den Bewohnern nicht den geringsten Kummer machen und hoffentlich niemals an das Licht des Tages gezogen werden. Denn sonst müßten die seit unvordenklichen Zeiten durch Verwandtschaft und Nachbarschaft miteinander verflochtenen Familien der Via dei sette gatti aus ihren Häusern fort – ein Straßendurch-

DIE STRASSE DER SIEBEN KATZEN 175

bruch oder die Untergrundbahn könnten äußerer Anlaß sein –, und das wollen sie ganz und gar nicht, so wenig ›sozial‹ sich die Wohnungen in dieser kleinen Straße auch dem Fortschrittsgläubigen präsentieren. Die Via dei setti gatti ist ein vitaler Beweis dafür, daß es nicht der Komfort ist, der die Menschen glücklich macht.

Ich will damit nicht behaupten, die Bewohner dieser Straße seien alle glücklich. Aber in ihren lichtlosen, zusammengedrängten Wohnungen leben sie mit aller Leidenschaft, und sie haben immer ein Publikum für ihre Gefühle. Und selbst die scheinbar Einschichtigen genießen die uralte Wohltat der Nachbarschaft.

Da wohnt zum Beispiel auf Nummer vier der Commendatore di Stefano. Er hat zwei kleine Zimmer, vollgestopft mit Photographien, die ihn in seiner Glanzzeit zeigen, als Offizier der Polizei. Jetzt ist er in Pension, und es geht ihm recht schlecht. Immer noch hält er sehr viel auf sein Äußeres; auch wenn der Anzug abgetragen ist, so ist er doch stets mit größter Sorgfalt ge-

Das Ponte-Viertel

bürstet, die Krawatte hat einen künstlerischen Knoten, und der ganze kleine Mann sieht adrett, frischgewaschen und rosig aus. Er hat einen angeblichen Schnurrbart, den er mit Kunst zu zwirbeln pflegt, trägt sein Haar kurzgeschnitten, spricht in präzisen, knappen Sätzen, hat gelenkige, drahtige Bewegungen und blickt nur, wenn ihn niemand sieht, hin und wieder auf die vielfarbige kleine Ordensschnalle, die das einzige ist, was von seinen Verdiensten übrigblieb. Weil er von seiner Pension nicht leben kann, macht er den Kommissionär für ein großes römisches Kleidergeschäft, in dem die Leute auf Raten kaufen, die sie nachher nicht immer pünktlich bezahlen. Und wenn die Langmut des Kaufhauses zu Ende ist, wird der Commendatore in Bewegung gesetzt. Er zieht aus, voll Zuversicht und Pflichteifer und entschlossen, keinen Schritt zurückzuweichen. Lamentationen ist er gänzlich unzugänglich, aber seine Siege sind ihm kein Triumph. Wenn er dann am Abend, müde vom vielen Herumlaufen, abgespannt von tausend zurückgeschlagenen Ausflüchten, erledigt von Tränen, Drohungen, Verwünschungen und gelinden Gewalttaten der römischen Hausfrauen in seine kleine, ein wenig verstaubte Wohnung zurückkommt, dann schaut er seine Photographien an. Da ist seine Frau – sie starb ihm vor ein paar Jahren –, eine üppig freundliche Römerin, man sieht ihn mit ihr vor dem Kirchenportal am Hochzeitstag unter dem Spalier gezogener Degen; da sind Gruppenbilder, wo er in gestelzter Haltung unter seinen Kameraden zu sehen ist; da ist er auch in großer Gala auf dem Pferd, und da ist unter vielen anderen ähnlichen Bildern die vergilbte Photographie eines jungen Mannes mit verschleierten dunklen Augen – sein allzusehr verwöhnter Sohn. Als

Zwanzigjähriger ging dieser Sohn nach Südamerika und schreibt ihm jetzt von dort jedes Jahr einmal einen Brief mit beigelegten Photographien von seinen Enkelkindern, die der Commendatore noch nie gesehen hat. Und so wäre der rüstige pensionierte Polizeioffizier eigentlich ganz allein, wenn es nicht in der Nachbarschaft, auf Nummer sieben, ein Haus gäbe, das ihm die Familie ersetzt. Dort wohnt – in einer Wohnung, die wegen der Schmalheit des Hauses durch zwei Stockwerke geht – der Buchhalter Giovanni Battista Bambusi mit seiner Frau Mila, und dort ist der Commendatore im Bunde der Dritte. Um die Beziehungen des Commendatore di Stefano zum Ehepaar Bambusi zu definieren, muß man ein südliches Lebensgesetz bedenken: die Frau ist ein Wesen, das unter allen Umständen des Schutzes und der Begleitung bedarf. Der Buchhalter Bambusi, ein Mann aus dem italienischen Süden, hat in seinem Leben sehr viel bessere Tage gesehen. Aber seine Familie ist verarmt, und jetzt muß er arbeiten. Er ist eigentlich ein Herr, und das macht ihm bei seinen bescheidenen Lebensverhältnissen ziemlich zu schaffen. Denn er will seiner Frau doch halbwegs das Gefühl geben, eine Signora zu sein. Was aber, so fragt ihn – etwas zu oft – die Frau Bambusi, was gehört zu einer Signora? Ein Pelzmantel, ein Auto, eine Krokodilledertasche und ein Brillantring. Um dieses alles zu beschaffen, muß der Buchhalter Bambusi neben seiner normalen Beschäftigung in einer Verteilerfirma für Benzin auch noch dem Lebensmittelkaufmann um die Ecke und dem Lampengeschäft am Corso Vittorio und noch ein paar anderen Firmen am Abend und manchmal bis in die Nacht hinein die Steuer zusammenstellen. Und dies wiederum hat zur Folge, daß die Signora Bambusi es zwar mittlerweile durch Ratenzahlungen zu Pelzmantel, Tasche und Brillantring gebracht hat, dafür aber den ganzen Tag allein ist und abends nicht ins Kino gehen könnte, wenn — ja wenn nicht der Commendatore wäre, der sie überallhin begleitet, der ihre Lamentationen über Vernachlässigung und ihre vom Stachel des Neides angereizten Tiraden über die Reichtümer der Freundinnen geduldig anhört, der Verständnis zeigt, wo sie aufbegehrt und Trost zuspricht, wo sie in Niedergeschlagenheit verfällt und der vor allem dazu berufen ist, das eheliche Gleichgewicht wieder herzustellen, wenn der todmüde Ehemann am späten Abend beim Nachhausekommen von den fortgesetzten Kundgaben allzu großer Begehrlichkeit in rote Wut versetzt wird. Es ist ja immerhin verständlich, daß einer schließlich seine Nerven verliert, wenn ihm nach zwölf oder dreizehn Stunden angestrengter Arbeit zu Hause gesagt wird, es täte ihm doch nur gut, so viel zu arbeiten und ob er sich denn klarmache, welche Opfer seine Frau ihm bringe, die doch täglich sehe, welche Dinge andere Frauen von ihren Männern verlangen würden und auch bekämen... Dann schaltet sich der Commendatore mit der Energie des geschulten Mannes der Ordnung ein und sagt dem Ehemann, er solle doch nicht vergessen, was für eine sensible und nervöse Frau er habe, und ihr sagt er, sie müsse doch die Plackerei ihres Mannes auch anerkennen, weil er sie doch sonst eines Tages sitzen lassen könne (und davor hat der Commendatore eine große Angst). Auf diese Weise sind die Freizeitstunden der Signora Bambusi und die des Commendatore di Stefano trefflich ausgefüllt, und alles könnte in Frieden ewig so weitergehen, wenn nicht der Signor Bambusi einen Neffen namens Gigi hätte, einen zwanzigjährigen

bildhübschen jungen Mann, dem gegenüber er eine Familienschwäche hat; aber das ist schon wieder eine neue Geschichte.
Gerade heute kam die Sache zum Platzen. Zunächst war alles ganz friedlich. Die Abendglocken waren noch nicht verstummt, da erschien, wie es seine Gewohnheit ist, der Commendatore an der Tür der Bambusi und wurde mit vielen Komplimenten hereingebeten. Man setzte sich an den gescheuerten Holztisch zu einem Tratsch zusammen, die Dame des Hauses im Schlafrock und Lockenwicklern, der Herr Bambusi in Hemd und Hose, und das Radio spielte in voller Lautstärke die Gefühle des Herzogs aus dem Rigoletto in die Abendstunde. Ich muß noch dazu sagen, daß die drei eine Leidenschaft für Opernarien haben, der Commendatore hatte sogar einmal den Plan gehabt, ein kleines Albergo, ein ganz bescheidenes Hotel aufzumachen, das er Albergo Verdi nennen wollte – und so hörten sie andächtig zu, was sie im übrigen nicht am Reden hinderte, denn es ist eine Eigenschaft aller Italiener, Zuhören und Selberreden nicht als gegensätzlich, sondern als verbindend zu empfinden. Noch war das Stück nicht zu Ende, da läutete es an der Türe, und draußen stand der Neffe Gigi. Niemand ahnte etwas Böses. Nach dem üblichen einleitenden Gerede kam aber eine ganz vertrackte Geschichte zutage. Der Gigi, kaum dem Abitur entwachsen, hatte sich nämlich in ein junges Mädchen verliebt, in die Tochter eines kleinen Kassenbeamten, der auf Nummer vierzehn in der Via dei sette gatti wohnte. Dieses Mädchen, auch der Neid muß es ihm lassen, ist eine Schönheit – ein schmales Reh mit Kulleraugen, hinreißend gewachsen, mit dem scheuen Lächeln unschuldiger Koketterie begabt, das so viele Männer zu ihrem Un-

glück für Naivität nehmen. Dabei weiß sie ganz genau, was sie will, und sie will keineswegs nur einen Pelzmantel, ein Auto und einen Brillantring. Schon einmal hatte sie eine Verlobung wieder aufgelöst, und die Eltern, hoffnungslos in ihre Tochter verliebt, waren heilfroh, daß nichts daraus geworden war, weil sie möglichst einen amerikanischen Millionär, und wenn der schon nicht zu haben wäre, wenigstens einen römischen Prinzen für ihre Tochter erhofften.

Und nun hatte der schöne Gigi es tatsächlich fertiggebracht, diesem Kind den Kopf gänzlich zu verdrehen, und im Hause des Kassenbeamten gab es täglich Krach. Die schöne Marcella brachte den schönen Gigi mit ins Elternhaus und war erst bockig und dann beleidigt, als die Eltern ihn nicht großartig fanden. Das führte endlich dazu, daß Marcellas Vater zu Gigis Vater ging und beide sich darüber einigten, es sei an eine Heirat zwischen den beiden überhaupt nicht zu denken. Daraufhin bekam Gigi Krach mit seinem Vater und wandte sich in seiner Not an den Onkel Bambusi um Hilfe. Und dieser unglückselige Buchhalter, anstatt dem kleinen Gernegroß den Kopf zurechtzusetzen, versprach ihm eine Anstellung bei seiner Firma. Dies machte den jungen Mann mutig und führte die beiden jungen Leute zu dem Entschluß, einander gegen den Willen der Eltern zu heiraten. Gestern abend hatten sie es ihnen mitgeteilt. Darauf flog Gigi bei seinem Vater hinaus, und Marcella wurde eingesperrt. Und nun sollte der Zio Bambusi dem Gigi sofort zu einem Haufen Geld verhelfen, damit sie trotzdem heiraten könnten. Und das hörte nun aus Gigis Munde die Signora Bambusi. Der arme Buchhalter hat in seinem Leben noch keine solche Szene bekommen: in furchtbaren Kaskaden stürzten die Beschimpfungen auf ihn herunter, und niemand hörte noch dem Radio zu, das immer noch sang: Teures Mädchen, sieh mein Leiden...

Dabei muß man sagen, daß der Signor Bambusi seine Frau abgöttisch liebt, und je öfter es so einen Krach gibt, umso lieber hat er sie. Aber das sagt er ihr nicht – das sagt er nur seinem Freund von Nummer vierundzwanzig, der ein Portier ist, in einem alten, halbverfallenen kleinen Palazzo, dem einzigen Prunkstück der Via dei sette gatti –, und dieser Portier muß ihn verstehen, denn er ist ein Dichter. Nicht nur im Leben, sondern richtiggehend in der Literatur: er macht Sonette. Und die trägt er auswendig vor, wenn er mit müden Bewegungen die zersplitterten Fliesen des kleinen Palazzo-Hofes fegt und gerade einen findet, der ihm zuhört.

Er ist ein sehr gefühlvoller Mann, dieser Signor Andrea, nicht mehr der Jüngste, ein bißchen von Ischias geplagt (weswegen er dicke Filzschuhe trägt) und das verborgene Leiden der kleinen und vergessenen Leute, die er so täglich durch die Straße wandern sieht, gibt ihm Stoff genug für seine Verse. Wie der Buchhalter Bambusi in seiner Verzweiflung bei ihm ankommt, hat er grade wieder ein Sonett fertig, und ehe der andere auch nur zu Wort kommt, muß er es schon anhören. Es heißt: ›L'orfanello‹ – das Waisenkind.

> Mein liebes Waisenkind, du bist ganz arm und schwach,
> die Armut zehrt an dir, das Elend stellt dir nach,
> zerschlissen ist dein Hemd, dein Fuß ist unbeschuht,
> schon weiß dein bitterer Mund, wie weh der Hunger tut.
> Komm her zu mir, mein Kind, ich laß dich nicht allein,
> glaub mir, im Paradies wird alles besser sein...

Die paar Worte haben genügt, um aus dem Buchhalter Bambusi einen anderen Menschen zu machen. »Che bellezza«, sagt er, »das ist doch wirklich wunderbar, was bist du für ein poeta, lieber Andrea«, und beide sind gerührt und wissen gar nicht, warum. Und der Zufall will es, daß auch der Portier ein Radio besitzt, woraus Domenico Modugno in tränenseligstem Neapolitanisch im Augenblick »Resta cum me...« singt, ein Lied, das den Buchhalter Bambusi vollständig vergessen läßt, was für einen Krach er gerade hinter sich hat. Er geht gestärkt nach Hause, weil er seiner Gattin das Waisenkind-Gedicht des Signor Andrea vorlesen muß (er hat es handschriftlich mitbekommen) und dazu flötet er: »Resta cum me, per carità« – bleib doch bei mir, um Himmelswillen.

Wir merken schon, daß wir mit diesen Ereignissen in das Lebensgeflecht der Via dei sette gatti eingedrungen sind – in die nachbarliche, freundschaftliche, eifersüchtige und vitale Polyphonie der Fortuna, die die Menschen über den schmalen Schacht ihrer Straße hinweg miteinander verbindet und es verhindert, daß irgend etwas den Augen und Ohren aller Bewohner der Straße verborgen bleibt. Die soeben geschilderten Ereignisse hätten zweifellos jede Chance gehabt, für ein paar Tage das Gesprächsthema in mehreren Familien zu bilden, wenn nicht eingetreten wäre, was den Leuten noch aufregender erschien.

Man muß wissen, daß vor einiger Zeit ein Mensch in der Via dei sette gatti auftauchte, der sich durch drei Dinge von normalen Menschen unterschied: durch einen Bürstenkopf, durch fremdartige enge Röhrlhosen von blauer Farbe, andernorts ›blue jeans‹ genannt und durch die Tatsache, daß er Bilder malte, auf denen zum Beispiel zu sehen war: ein pechschwarzer Hintergrund, darauf drei weiße senkrechte Striche von beträchtlicher Dicke, und ein runder weißer Batzen. Das Bild erzielte einen bedeutenden Publikumserfolg in einer römischen Galerie, wo es unter dem Titel ausgestellt war: Forum Romanum bei Nacht. Nun erregen Leute, die spinnen, in Rom im allgemeinen weit mehr Mitgefühl als Ärgernis. Der junge Mann mit schwerfällig angelsächsisch kauender Aussprache des Italienischen suchte und fand auf Nummer vierundzwanzig ein bescheidenes Zimmer bei der Signora Nunzia, einem dicken, einzahnigen Drachen mit Fistelstimme und ungewöhnlicher Begabung im Kochen. Er war freundlich und wohlwollend in seinem Wesen und wurde von den übrigen Bewohnern so lange mit reiner Neugier betrachtet, als es eine Sensation bedeutete, daß man von der Signora Nunzia in den Stunden seiner Abwesenheit sein Zimmer gezeigt bekam, um dort Kreise und Klekse und Schraffierungen auf Leinwand und Papier zu betrachten und sich über die Verirrungen der jungen Generation ein bißchen den Mund zu zerreißen.

Wirklich interessant wurde die Sache aber erst, als jener junge Mann zum ersten Mal die Tochter des sehr ehrenwerten Metzgermeisters Gelsomino Bianchi erblickte und sich in den Kopf setzte, sie als Modell zu engagieren. Nicht, daß die Tochter als Modell so übel gewesen wäre – aber kein Mensch verstand, warum er überhaupt eins brauchte. Und in der Familie Bianchi erhob sich ein Streit: Mama, die darauf hielt, ihre Tochter von einem zukunftsreichen unerkannten Genie porträtiert zu sehen, war dafür, der Vater war dagegen. Den Ausschlag gab die Signora Bambusi, eine Busenfreundin von der Signora Bianchi – die beiden Damen einigten sich über die Notwendigkeit des Fortschritts in der Malerei – und die Tochter durfte. Als Anstandsdame wurde Signora Nunzia beauftragt, und die Sitzungen begannen – aber das Resultat bekam niemand zu sehen. Ursprünglich wollte der Maler Jimmy mit der Sache bis Weihnachten fertig sein, aber dann schaffte er es doch nicht ganz – und der Grund war ganz einfach. Er schaute zu viel und malte zu wenig. Und wenn die Signora Nunzia in die Küche mußte, redete er von Liebe, was dem kunstungewohnten Gemüt der Metzgerschönheit nicht gut tat, weil sie ihm glaubte.

Und nun erschien plötzlich und überraschend heute morgen ein Wesen im Hause des Malers Jimmy, das ihm sehr ähnlich war: blue jeans auch hier, dünnbeinig und mokassinbeschuht, sommersprossig und mager – aber weiblich. Das Unglück wollte es, daß die Signora Nunzia gerade aus dem Hause trat, als der letzte Zipfel der Pferdeschwanzfrisur dieser nie gesehenen Dame im Stübchen des Malers verschwand – und der Weg der Signora Nunzia führte in den Metzgerladen. Kurz darauf sah man das hintergangene Modell, atemlos auf Bleistiftstöckeln über das Pflaster wippend, auf des Malers Haus zueilen – und wie auf Kommando öffneten sich überall in der Nachbarschaft die Fenster. Wer konnte den Leuten nur erzählt haben, daß sich hier etwas ereignen würde? Es wird ein ewiges Rätsel bleiben, wie die Römer so etwas merken. Die Verständigung geht auf eine Weise vor sich, als ob alle mit dem sechsten Sinn begabt wären – und in diesem Fall lohnte es sich auch. Denn plötzlich war ein fürchterliches Geschrei zu hören, dann ging mit dem Geräusch splitternden Holzes und berstender Scheiben das Fenster des Malers auf und ein großes Stück Leinwand segelte auf die regenfeuchte Straße – das Porträt. Pinsel und Farbtöpfe kamen hinterher und belebten den eintönig grauen Grundton der Straße und auch der gegenüberliegenden Hauswand mit ausgezeichneten Kompositionen der modernsten Malerei. Das Modell erwies sich als der Situation durchaus gewachsen. Nicht mit einem Wort war von Eifersucht die Rede, obwohl jedermann annehmen konnte, sie sei das treibende Motiv gewesen. Offiziell wurde die ganze Sache als der Racheakt einer durch die quadratischen Neigungen der heutigen Malweise beleidigten Vertreterin runder Schönheit ausgetragen – und das Malerlein mußte mit hängenden Ohren abziehen, zum Triumph der Einwohner, die ihm die Liebe verziehen hätten, wenn nur die römischen Vorstellungen von Schönheit und Harmonie dabei unangetastet geblieben wären. Cavaradossi, der dazu aus dem Radio sang, war wesentlich besser daran.

Noch haben wir nicht von einer Persönlichkeit gesprochen, die in den Schicksalen der Via dei sette gatti eine sehr bedeutende Rolle spielt, obgleich sie kaum jemals in Erscheinung, oder besser gesagt, in Aktion tritt – von einer Persönlichkeit, die sozusagen das Ohr des Dionys besitzt, jenes zaubervolle Mittel, mit Hilfe dessen man die geheimsten Gespräche belauschen kann, ohne daß die Betroffenen davon eine Ahnung haben: die Marchesa von Campoferrato. Stellen Sie sich eine Dame von vierundsiebzig Jahren vor, von zierlicher Statur, mit einem schwarzen, silberknaufigen Krückstock versehen, den sie je nach Gelegenheit als Stütze oder Waffe gebraucht, mit Perlen behängt, in schwarze, weite, faltige Gewänder gänzlich unbekannten Schnittes gekleidet, mit einem schwarzen Bändchen um den Hals, woran ein Medaillon mit der Miniatur ihres vor dreißig Jahren verstorbenen Mannes befestigt ist. Sie hat graue, klar und energisch blickende Augen in einem faltigen Gesicht, ist über alle Gesetze der Konvention erhaben, liebt alten Kognak und raucht viele Zigaretten. Eine Dame mit einer tiefen kommandierenden Stimme, die jeden Tag in die Messe geht und denen, die sie kennen, Respekt mit Liebe, denen, die sie nicht kennen, Respekt mit Furcht untermischt einzuflößen weiß. Sie wohnt im ersten Stock des altersgrauen Palazzo, dessen Portier der dichtende Signor Andrea ist. Sie ist die einzige, die kein Radio besitzt. Sie hat einen Hauskater, der dem übrigen Katzenvolk der Straße gegenüber genau um das Maß zuviel Snobismus hat, das der Marchesa gegenüber den Menschen fehlt (auf solche Weise gleichen sich die Verhältnisse in Rom immer wieder aus). Weiterhin besitzt sie einen Pekinesenhund von biblischem Alter, der ein so widerwärtiges Gekläffe von sich gibt, daß es selbst dem Heiligen Franziskus zuviel geworden wäre, und während des Winters trinkt sie den ganzen Tag Tee aus einem russischen Samowar, um sich mit dessen Gesumme die Vorstellung von Wärme und Gemütlichkeit zu geben, die ihre unheizbaren Räume während der kalten Monate nicht auszustrahlen vermögen.

Sie ist die Tochter einer russischen Mutter, hat während des ersten Weltkrieges an der russischen Front Rotkreuzdienste geleistet, flüchtete dann vor den Kommunisten, heiratete den spitzbärtigen Marchese von Campoferrato und lebt seit dem Tode ihres Mannes allein, vollständig sicher ihrer selbst, von wenigen, aber sehr guten Freunden umgeben, das moralische Gewissen der Via dei sette gatti.

Von den Ereignissen, die ich Ihnen geschildert habe, besitzt sie bereits die genaueste Kenntnis, doch sind diese

Dinge ihr nicht wichtig genug, um einzugreifen. Die Geschichte von Gigi und Marcella hält sie für eine Dummheit, die man nicht aufhalten kann, die Signora Bambusi, die vor ihr mehr Furcht hat als vor dem Gewitter, ist ihr eine zu große Gans, als daß sie dem Signor Bambusi seine Seelenschmerzen ersparen könnte, ihr eigener Portier bekommt jedes Vierteljahr eine fürchterliche Standpauke, um zwischen Dichtung und Auskehren einen Ausgleich zu schaffen, und daß der Maler wieder fort ist, erfüllt sie mit Befriedigung, weil sie die Meinung der Nachbarn über moderne Malerei teilt. Da aber in diesem Falle ein Stückchen Herz von der Metzgerstochter mitgegangen ist, sinnt sie auf Heilung – in Form einer baldigen Verheiratung der üppigen Schönen. Zu diesem Behufe wird sie die Frau von Andrea in ihre Wohnung zitieren und ihr ungefähr sagen: der Signor Bianchi könne bestimmt damit rechnen, daß seine Tochter bei ihrer Hochzeit ein hübsches Halsband aus der Schmuckkassette der Marchesa bekommen würde. Und die Signora Andrea geht mit dieser Nachricht nicht etwa zum Signor Bianchi, sondern zum Sohn des Garagenbesitzers um die Ecke, der schon lange schmachtend um die schöne Metzgerstochter herumwirbt, und gibt ihm damit zu verstehen, daß er das Einverständnis der Aristokratie bei einer künftigen Eheschließung mit dem Ex-Modell habe. Und das wird den Garagenjüngling in Schwung bringen und im April, wenn die Fastenzeit vorbei ist, wird es eine Hochzeit geben.

Meine verehrten Leser, das sind nun alles Bruchstückchen aus einem römischen Lebensmosaik, scheinbar ohne Anfang und ohne Ende. Wollten wir uns jetzt daran machen, einer jeden dieser unvollständigen Geschichten weiter nachzugehen, so würden uns bei jeder Phase der

Entwicklung zehn oder zwanzig neue, mehr oder minder für den Handlungsfortgang wichtige Personen begegnen, und zum Schluß hätten wir die ganze Einwohnerschaft von Rom beieinander. Deshalb erlauben Sie mir, hier abzubrechen, und die Bewohner der Via dei sette gatti ihrem bewegten römischen Schicksal zu überlassen. Wir können sicher sein, daß sie mit Liebe, Schwäche, Leichtsinn, Eifersucht, Respekt und Poesie dem römischen Lebensbaum Jahr um Jahr einen gesunden Ring anfügen werden. In Gelassenheit werden sie auch in Zukunft das Rauschen ihrer Brunnen vernehmen und nicht wissen, daß es die Kaiser Claudius und Trajan und die Päpste Paul V. und Clemens XIII. sind, denen sie die Wohltat des Wassers aus diesen Brunnen verdanken. Sie werden sorglos und scheinbar ohne Leitstern die Kälte der Tramontana, den feuchten und belebenden Atem des Zephyrs, die versengenden Hitzewellen des Scirocco und die fächelnde Kühlung des Eurus verspüren, sie werden wie immer aufbrausen und sich ereifern, sie werden Krach machen und schimpfen, aber sie werden sich immer wieder versöhnen, noch ehe die Sonne am Horizont verschwunden ist. Beim Abschied von ihnen stellen wir uns nur eine Frage: ist vielleicht die Fortuna, deren zweitausendjähriges Schild so klar über dieser unbekannten römischen Straße steht, nicht doch mehr als eine Göttin des Glücks, die das Füllhorn des Unerwarteten über den Sterblichen ausschüttet? Ist Fortuna nicht auch die Göttin der Zufriedenheit, der Geborgenheit im eigenen Schicksal, das freundliche Zeichen für einen Weltlauf, der trotz aller Störungen seiner Atmosphäre immer noch in Ordnung ist, weil ja doch kein Haar von unserem Haupte fällt, ohne daß ein Sinn damit verbunden wäre? Das Römische dabei ist, daß man es hier längst aufgegeben hat, nach dem Wie dieses Sinnes zu fragen – es ist genug, daß es ihn gibt, und daß man das weiß.

IL PAPA SANGUIGNO

Rom ist in der Welt der Ort, an dem es der Humanität gelang, sich auf dem höchsten Thron der Erde niederzulassen. Es gibt im Vatikan seit Jahrhunderten eine Reihe von sehr fein unterschiedenen Formen, in denen die Päpste, je nach der Bedeutung und Art des Gegenstandes, ihren Willen und ihre Ansicht kundzutun pflegen. Kaum einer unter den Nachfolgern des Heiligen Petrus hat sich jedoch mit diesen offiziellen Formen begnügt. Das Stadtvolk von Rom lebt nahe genug am Heiligen Stuhl, um zu wissen, daß die Tiara auch für den vollkommensten Menschen eine furchtbare Last ist. Aber es hat – gerade deshalb – von seinen geistlichen Herrschern immer erwartet, daß sie unter den goldschweren Hüllen ihrer Pontifikal-Gewänder großherzige und freundliche Menschen blieben. Die offiziellen Formen päpstlicher Äußerungen sind für die repräsentativen Anlässe da. Die Art und Weise jedoch, mit der ein Papst versteht, den Alltag seines Pontifikats persönlich und menschlich zu lösen, war von jeher das Kriterium für das Maß an Liebe, das ihm die Seinen aus freiem Willen darbringen. So sind in Rom am anhänglichsten stets die Päpste geliebt worden, denen die Last ihres Amtes den Humor nicht raubte.

Begeben wir uns einen Augenblick in das achtzehnte Jahrhundert. Da sehen wir – von 1740 an – einen Mann auf dem Thron, der schon als Kardinal ganz Italien mit seiner Treffsicherheit, Schlagfertigkeit und Spötterei in Begeisterung versetzt hatte. Er war hochgelehrt und

Reiterkavalkade an Santa Maria Maggiore

ließ seine Überlegenheit niemand spüren, er war fromm und zeigte davon nur die Dankbarkeit, die er gegenüber dem Schöpfer einer so schönen Welt hegte, er war unbeugsam und hütete sich davor, doktrinär zu erscheinen. Damit erreichte er, daß man ihm alle seine guten Eigenschaften glaubte. In einem halbjährigen Konklave, in dem sich die Kardinäle nichts erspart hatten, war er der einzige Gleichmütige, und so machte man ihn schließlich zum Papst, weil jeder der Kardinäle überzeugt war, Prospero Lambertini habe niemals einen ernsthaften Gedanken auf die Möglichkeit seiner eigenen Wahl verschwendet. Heiterkeit war so sehr der Grundzug seiner Natur, daß er gelegentliche Depressionen innerhalb weniger Minuten zu überwinden verstand. Er war der liebenswürdigste Papst, den die Geschichte von Leo x. bis Leo xiii. kennt.

Er nahm den Namen Benedikt xiv. an, aus Dankbarkeit für jenen Papst, der ihn zum Kardinal kreiert hatte, segnete das Volk, spitzte seine Feder und fing an, die Finanzen des Kirchenstaates durchzurechnen. Der erste

Posten, den er aus dem Haushalt strich, war militärischer Natur. Er hielt nichts von einer großen päpstlichen Streitmacht, verringerte seine Truppen, bis sie nur noch Polizei-Funktionen ausüben konnten und war der Meinung, es sei an sich schon absurd, wenn der römische Pontifex militärischen Schutz brauche, weil er sich mit den Regierungen katholischer Länder in Gegensatz befinde. Für den Verkehr mit Königen und Fürsten hatte der Papst sich eine einfache Devise zurechtgelegt: »Wir wollen sie nicht abgeneigt machen, Uns um etwas zu bitten, was sie auch ohne Uns mit Gewalt nehmen könnten.« Seinen Verwandten blühte kein leichtes Los. Dem Bruder verbot er, nach Rom zu kommen, den Neffen schickte er zu den Jesuiten mit der Weisung, ihn streng und in äußerster Bescheidenheit zu erziehen, und am liebsten wäre ihm gewesen, wenn er überhaupt keine Familie besessen hätte. Als seine Schwester in den späteren Jahren ihrer Ehe noch zwei Söhne gebar, gratulierte er ihr kaum. »Ich hatte schon gehofft«, sagte er zu einem Prälaten, »daß diese Bande von Dummköpfen endlich aussterben würde.«

Abrüstung, Ende des Nepotismus, innere Reform des Kirchenstaates, Versöhnung mit den gewaltigen kirchenfeindlichen Strömungen seiner Zeit, Beilegung des österreichischen Erbfolgekrieges, Neuaufbau der Beziehungen zwischen der Kurie und den europäischen Staaten – ein weites Programm. Benedikt XIV. beschäftigte drei Sekretäre, denen er so intensiv diktierte, daß ihnen manchmal vor Übermüdung die Augen zufielen, während er selber heiter fortfuhr. Trotz all dieser Arbeit ließ er sich jedoch nie von seinem Amt unterdrücken. Es kam oftmals vor, daß er plötzlich unterbrach, seinen Rohrstock nahm und wie ein einfacher Priester zu langen Wanderungen durch die Stadt Rom aufbrach. Als es einmal sehr nach Regen aussah, wollte ihn ein Monsignore zurückhalten: »Heiliger Vater, Sie werden in ein Gewitter kommen!« — »Für wen halten Sie mich«, sagte Benedikt, »ich bin doch kein Soldat des Papstes!«

Vor seiner Wahl war Benedikt Kardinal von Bologna gewesen. Er hat der dortigen Universität später seine berühmte Bibliothek vermacht, von der er sagte, sie sei weit mehr wert als er selber — und auch als Pontifex stand er in regen Beziehungen zu seiner ehemaligen Diözese. Er kannte sehr genau die Vorzüge dieser köstlichen Stadt, liebte ihr gutes Essen und den starken Wein der Emilia, schätzte die Kenntnisse ihrer Juristen und lächelte über die Eitelkeit ihrer alten Familien, die damals noch den Verband der ›Quaranta‹ — der Vierzig bildeten. Wenn ein Mitglied dieser Oberschicht sich irgendwo vorstellen ließ, fügte er seinem Namen das Wort ›Quaranta‹ hinzu, um seiner Zugehörigkeit zu der bolognesischen Nobilität Ausdruck zu geben. Nun sandten die Bologneser dem Papst einmal eine Delegation nach Rom, deren Führer die Namen ›Lupi‹ — Wolf und ›Orsi‹ — Bär trugen. Die Ankündigung des päpstlichen Haushofmeisters am Beginn der Audienz lautete korrekterweise: »I Signori Orsi Quaranta e Lupi Quaranta.« Der Papst stutzte, legte die Feder weg und sagte so laut, daß die Betroffenen es im Vorzimmer hören konnten: »Ah ja, sie sollen nur hereinkommen, die achtzig Viecher! — entrino pure queste ottanta bestie!« Solche Geschichten gefielen dem römischen Volk so sehr, daß es diesem jovialen Papst sogar die hohen Steuern nachsah, die er im Kirchenstaat auszuschreiben gezwungen war. Man wußte allerdings auch, daß er — wenn man von seinem eigenen bescheidenen Unterhalt absieht – nicht einen bajocco aus der Kassa nahm. »Hätte mein Vorgänger«, so schrieb er an einen Freund, »dasselbe getan, so bräuchten wir jetzt nicht Zinsen für Millionen von Schulden zu bezahlen.« Benedikt zahlte aber nicht nur die Zinsen, er tilgte auch die Schulden. Und wenn es ihm manchmal – der schwerfälligen Bürokratie des Kirchenstaates halber – ein bißchen zu langsam ging, dann machte er sich mit einem Seufzer Luft: »Ach, wie schwer ist es doch, mit den Ochsen seines Vorgängers zu pflügen!«

Es machte diesem Papst ein ausgesprochenes Vergnügen, die Last seiner Pflichten mit Ironie und gutmütigem Spott zu würzen. Bei seinen Spaziergängen durch Rom hatte er bemerkt, daß es mit der Straßenreinigung nicht zum besten stand. Der Kardinal, in dessen Ressort die Sache fiel, erhielt eines Tages ein Billett, den Papst in der Nähe einer Kirche in Trastevere zu erwarten. Es war Sitte, beim Herannahen des päpstlichen Zuges niederzuknien. Benedikt ließ sich in einer Sänfte tragen, fand den Kardinal an der verabredeten Stelle vor, sah, wie er sich besorgt die Soutane raffte, bevor er seufzend ins Knie sank, unterhielt sich eine halbe Stunde in der freundlichsten Form mit ihm und entschuldigte sich nachher: »Oh, Eminenz, Wir haben uns mit Ihnen so gut unterhalten, daß Wir ganz vergaßen, Ihnen die Erlaubnis zum Aufstehen zu geben.« Die schöne Soutane war völlig verschmutzt, aber von diesem Tage an wurden die Straßen gesäubert.

Der Papst Benedikt XIV. war alles andere als ein schöner Mann. Er hatte ein volles, rundes Gesicht, eine große Nase, kleine bewegliche Augen und Lachfältchen in den Augenwinkeln. Für die Karikaturisten war er ein dankbares Objekt. Der beste von ihnen, Pier Leone

Ghezzi, hat ihn ebensowenig verschont wie die Kardinäle, und es hieß, der Papst habe immer schon ungeduldig darauf gewartet, daß wieder ein neues Blatt von Ghezzi erscheine. So hoch stand dieser blendende und mutige Zeichner in der Gunst des Papstes, daß er heute noch des päpstlichen Wohlwollens teilhaftig wird: Seine Zeichnungen vom Leben des römischen Klerus sind in der vatikanischen Bibliothek zusammen mit dem Miniatur-Porträt des Papstes in derselben Vitrine ausgestellt. Auch satirische Angriffe verletzten den Papst nicht. Einmal legte man ihm ein längeres Gedicht vor, das ihn mit viel Bosheit, aber in ziemlich schlechtem Italienisch zu verhöhnen suchte. Der Papst nahm sich das Flugblatt vor, korrigierte die Verse, machte Verbesserungsvorschläge an den Rand und schickte das Pamphlet an den Autor, mit einem Billett, worin er seiner Hoffnung Ausdruck gab, in dieser Form werde das Gedicht vielleicht einen besseren Absatz finden.

Die großen Ereignisse der Weltpolitik, die Benedikt XIV. mit Sorgen und Leiden überhäuften, die zweimalige Besetzung des Kirchenstaates durch fremde Truppen, die jansenistische Bewegung in Frankreich und die gallikanische Unabhängigkeitstendenz, die Jesuiten-Frage, dazu der siebenjährige Krieg Preußens gegen Österreich, – dies alles hat den Papst nicht daran gehindert, sich auch weiterhin als ein Gelehrter zu fühlen, mit den führenden Geistern der Welt einen interessierten Kontakt zu halten – Voltaire hat ihm den ›Mahomet‹ gewidmet und ein höchst schmeichelhaftes Distichon auf ihn verfaßt –, Akademien zu gründen und (im Ausnahmefall) sogar Frauen zum Universitäts-Lehramt zuzulassen. Die Naturwissenschaften erfuhren durch ihn eine glänzende Förderung; der Chirurgie, der höheren Mathematik und der Chemie richtete er neue Lehrstühle ein. Die heutige akademische Welt denkt nicht mehr daran, was sie diesem Papst verdankt – aber selbst, wenn dies alles unberücksichtigt bliebe, hätte sich Benedikt XIV. in der gebildeten Welt ein Denkmal verdient durch seine wunderbare Fähigkeit zur Freundschaft. Vielfach wird erzählt, daß er Professoren, die er aus seiner Prälatenzeit kannte, am Vollzug des Zeremoniells hinderte, mit ihnen als Papst so unbekümmert sprach wie vorher als Kardinal und sie mit der Versicherung entließ: »Wir werden immer Freunde bleiben.« Man überliefert von ihm das Wort: »Ich kann nicht warten, bis die Wahrheit zu mir kommt, vielmehr gehe ich, sie aufzusuchen. Denn sie hat einen so hohen Rang, daß man sie nicht im Vorzimmer warten lassen darf.«

Über das Spiel der Protektion am päpstlichen Hof machte sich Benedikt manchmal auf sehr sublime Weise lustig. Ein verarmter Advokat aus Bologna, der mit ihm auf der Schulbank gesessen und im Leben viel Unglück gehabt hatte, kam nach Rom, um den Papst um Hilfe zu bitten – er war die letzte Hoffnung des Bittstellers. Benedikt sagte zu ihm: »Laß das nur meine Sorge sein. Morgen muß ich die neue Kirche der Oratorianer einweihen, dann stell' dich mitten in der Menge auf. Und wenn ich ankomme, dann geh auf mich zu und begrüße mich ohne Umschweife wie einen alten Freund.« Der Advokat, Furcht im Herzen, tat wie ihm geheißen. Der Papst sah ihn auf sich zukommen, eilte ihm entgegen, umarmte ihn mit Zärtlichkeit und führte ihn an seiner Seite in die Kirche. Von diesem Augenblick an war das Glück des Advokaten gemacht: er bekam mehr Aufträge als er erledigen konnte.

Alle diese bezaubernden Charakterzüge des Papstes hatten ein weltweites Echo. Man erzählte sich die Geschichten über ihn nicht nur in den katholischen Ländern. Die Engländer, eingeschworen papstfeindlich seit Heinrich VIII., verehrten ihn wie einen Heiligen. Der jüngere Walpole, ein erklärter Protestant, stellte die Statue des Papstes in einer Galerie auf und verfaßte ein überschwengliches Lobgedicht. Als Benedikt es zu lesen bekam, verglich er es mit den Statuen in der Peterskirche: nur von weitem, so meinte er, seien sie leidlich anzusehen. Ein Verwandter des großen englischen Ministerpräsidenten William Pitt stellte in seinem Londoner Stadthaus die Büste des Papstes auf und ließ darunter folgende Inschrift anbringen: »Jan Pitt, der nie über irgendeinen römischen Geistlichen etwas Gutes gesagt hat, errichtete dieses Denkmal zu Ehren des Papstes Benedikt XIV.«

Der Papst der Heiterkeit — so steht Prospero Lambertini vor uns, heiter auch in all seinen Sorgen und fröhlich in seinem Glauben. Als man ihm einmal eine Liste der laufenden Heiligsprechungsprozesse vorlegte, entdeckte er darunter eine Reihe von Namen, deren Träger er noch persönlich gekannt hatte. Und er sagte zu seinem Sekretär: »Wenn ich mir so die neuen Heiligen betrachte, könnte ich beinahe an den alten zweifeln...«

So war Papa Lambertini — wie er heute noch im römischen Volke heißt — ein Urbild der Katholizität, und das Leben unter seiner Herrschaft spiegelte die gehobene Weltfreude dieses glaubenssicheren Mannes in prachtvollem Farbspiel wider. Wenn auch die Finanzen des Kirchenstaates große Sparmaßnahmen erforderten, so hat Benedikt doch nicht auf die Feste verzichtet, die des römischen Volkes ganze Freude sind.

Und so wuchsen beim Anlaß von Staatsbesuchen auf der Piazza Navona antikische Triumphbogen auf, allegorische Festzüge mit zweihundert Karossen gingen unter ihnen dahin, die Vornehmen aller Welt gaben sich an solchen Tagen in Rom ein Stelldichein, das Volk briet Ochsen und balgte sich um die Goldmünzen päpstlicher Freigebigkeit, und die Sonne Roms lächelte darüber hin. Im Teatro Argentina dirigierte Gluck seinen ›Antigono‹, erhielt von dem entzückten Papst den Orden vom Goldenen Sporn und nannte sich von da an ›der Ritter Gluck‹. Die Grazie eines verfeinerten Jahrhunderts entfaltete sich im Rom Benedikts XIV. an der unbeirrbaren Heiterkeit des Papstes zu jenem Charme, den nur die verfeinerte Form des geistlichen Lebens kennt, und den wir – zu unserer höchsten Überraschung und Freude – an der Gestalt des jetzigen Papstes wiederfinden.

Die Ähnlichkeit zwischen Johannes XXIII. und Benedikt XIV. ist im Vatikan schon unmittelbar nach dem letzten Konklave besprochen worden und hat sich bisher aufs köstlichste bestätigt. Beide Päpste sind Menschen des Wohlwollens, der verzeihenden Weisheit und der Urbanität. In den Charakteren beider finden sich jene wunderbaren Glanzlichter katholischer Weltfreude wieder, die höchste Autorität und gelöste Toleranz zu dem verbindet, was wir als den Zenith der menschlichen Natur erkennen. Das Wort, das Johannes XXIII. als Devise über sein Tagewerk gesetzt hat, könnte von Benedikt XIV. sein: »Eins tut not: immer die Würde dessen vor Augen haben, der neben einem steht, und der Freiheit des Menschen die höchste Achtung zollen. Denn Gott selbst hält es nicht anders.«

KARNEVAL

Eine der Enttäuschungen, die Rom heute seinen Besuchern bietet, ist der Karneval. Man hat Goethe gelesen und erwartet Maskeraden, Blumenkorso, Pferderennen und Festbeleuchtung. Anstatt dessen hüpfen ein paar sorgfältig und unpraktisch kostümierte Kinder als Cowboys und Schweizergardisten auf den regenfeuchten Straßen herum, von ihren stolzen Müttern ängstlich gehütet. Hat wirklich jemand den Mut, in einem der großen Hotels ein Kostümfest zu veranstalten, dann erscheinen die römischen Damen und Herren in teuren und gänzlich phantasielosen Roben, entweder als Marquise de Pompadour oder als Graf von Monte Christo, adrett, hochelegant, in bester Form und tiefernst. Es herrscht eine Langeweile, die nur noch durch die heroische Nüchternheit der geschniegelten Teilnehmer überboten wird. Man hat den Eindruck, die Leute hielten ein paar Hände voll Konfetti über das freigebige und vielleicht ein wenig bedenkliche Dekolleté einer nicht mehr ganz taufrischen Dame gestreut für den Höhepunkt der Lustigkeit. Hin und wieder rafft sich ein Mitglied des diplomatischen Corps – in der Hoffnung auf die althergebrachte Toleranz der Römer gegenüber diesem privilegierten Stande – dazu auf, sich eine knallrote Nase vors Gesicht zu binden, im Smoking, versteht sich. Und dann sagen die Leute: »Che uomo unico, – was für ein ungewöhnlicher Mann, nein so ein Charme, nicht zu glauben.« Wenn dann der Aschermittwoch da ist, geht man in die Kirche und läßt sich mit dem Gefühl der Erleichterung Asche auf das Haupt streuen: man ist die fatale Verpflichtung zur Ausgelassenheit glücklich wieder losgeworden.

Und dennoch muß man Goethe glauben. Was er beschreibt, hat er erlebt, daran ist kein Zweifel. Wohin aber ist dies alles geraten: die Stierhetzen, die Pferderennen, die Büffeljagden, die plebejische Freiheit derben, lebensgierigen Mummenschanzes? Wo ist die Freistatt überschäumender Temperamente geblieben, diese Ausschweifung gegen das Zeremoniell, diese sanktionierte Verhöhnung der Sittenstrenge? Wie lange kann Rom noch leben, wenn die Tage der Rebellion fehlen, wenn der wilde Ruf des Chaos verstummt und kein gefährliches Getänzel am Rande des Todes der Gesittung ihr Rechtfertigung gibt? Wir Heutigen ahnen kaum mehr, was der römische Karneval einmal gewesen ist. Wir beziehen unsere Kenntnisse aus zeitgenössischen Berichten, wundern uns über die Päpste, die nichts dabei fanden, sich vom hohen Balkon des Palazzo Venezia aus in das Treiben der fessellosen Verkehrtheit mit einbeziehen zu lassen, loben unsere ungestörte Nachtruhe und haben an den Ungereimtheiten der Vergangenheit keinen Anteil. Trotzdem: selbst heute noch, fast hundert Jahre nach dem Ende der päpstlichen Herrschaft über die Stadt, verspüren wir, daß dieser Karneval, so sehr man ihn auch unterdrückt hat, immer noch nicht ganz tot ist.

Er lebt fort in gewissen Charaktereigenschaften der Römer, er hat sich wie ein Feuerwerk in abertausend kleine Funken geteilt – die Feuergarbe ist vergangen, aber die Funken glimmen noch, während sie langsam zur Erde schweben und niemand weiß, wo überall sie einen Brand entfachen können. In Rom war man seit alters der Meinung, daß die Freiheit das Eigentum der Narren sei. Das klingt, als ob es sich um eine exemplarische These papistischer Intransigenz handelte. Jedoch sieht die Sache anders aus, wenn man zugibt, daß die Existenz von Narren die Voraussetzung für wahre Freiheit ist. Nehmen wir hinzu, daß Maske und Freiheit in einer uralten Verbindung miteinander stehen, und gestehen wir weiterhin ein, daß Dankbarkeit, Schonung, Höflichkeit und Diskretion rühmenswerte Tugenden sind, die den dunklen Trieben der menschlichen Natur zuwiderlaufen, so wissen wir schon, wo der Karneval geblieben ist.

Ein wahrer Römer unterhält sich niemals allein. Er braucht einen Menschen, mit dem er reden kann. Nichts ist tödlicher, als allein Revolution zu machen. Da ohne einen massierten Angriff auf die bestehenden Verhältnisse in Rom kein echtes Amüsement möglich ist, muß die primitivste Art der Unterhaltung oder des Gesprächs mit den Worten beginnen: »...wissens, versteh'n Sie mich, es ist nichts mehr... heutzutage.« Von dieser Voraussetzung aus läßt sich mit dem gegensätzlichsten Menschen eine Art von urtümlicher Komplicenschaft erzeugen, mit einem ausgesprochen umstürzlerischen Beigeschmack. Die Verhältnisse sind miserabel. Du und ich, wir wissen das. Wenn wir wollten, könnten wir sie ändern. Das tun wir aber nicht, weil es besser ist, über sie zu schimpfen. Der Unzufriedene möchte, daß sich etwas ändert. Der Schimpfende möchte, daß sich nichts ändert, weil er sonst nicht mehr schimpfen könnte. Wenn ein Mann aus Zorn und Wut seine Frau mit dem Küchenmesser erdolcht, so heißt das, er war mit ihr unzufrieden. Wenn er sie verprügelt, was manchmal schlimmer ist, so heißt das, es wäre für ihn ein Unglück, wenn sie nicht mehr da wäre, weil er sie sonst nicht verprügeln könnte. Und wenn der Richter einen solchen Gewalttäter fragt, warum er das getan habe, dann sagt er mit der Überzeugung des echten Gläubigen: »Ich war fuori di me – außer mir, in Ekstase, nicht mehr Herr meiner Taten«, und wird entschuldigt. ›Fuori di me‹ – außer mir sein, das bedeutet nicht nur, die Herrschaft über seine Sinne und seine Handlungen verloren haben, es bedeutet, sein Bewußtsein gespalten zu fühlen: ich bin, aber außerhalb meiner selbst. Ein Mensch, der ›fuori di se‹ ist, setzt nicht etwa die Gesetze außer Kraft – er bestätigt sie, indem er zugibt, nicht in der Lage zu sein, ihre Forderungen zu erfüllen. Nehmen wir anstatt eines Einzelnen den ganzen Staat, der an einem bestimmten Punkt seiner Existenz die Grundlagen seines Bestehens in Frage stellt, indem er die Gesetzlosigkeit proklamiert, so ist das – wenn es ohne zeitliche Beschränkung geschieht – die Anarchie. Geht es vorsätzlich und nur für eine bestimmte Zeitspanne vor sich, dann ist das Resultat der Karneval.

Es wäre interessant, zu erforschen, ob das Bestehen einer sittlichen Ordnung im Staatsleben seit der Abschaffung des Karnevals in Rom gefestigter geworden ist oder nicht. Man hat schon öfter den Versuch gemacht, den Karneval auszuschalten. Manchmal war die bedenkliche Barbarei der Grund, mit der sich das Leben in der Stadt während der letzten Wochen vor der Fastenzeit abspielte. Mitunter war auch einfach die Überzeugung am Werke, daß den Teufel nichts mehr zur Verzweiflung bringt, als der Mangel an Gelegenheit. Doch sind alle diese Versuche bald gescheitert – bis auf den letzten, der heute noch weiterwirkt. So lange wie dieses Mal war der Karneval noch niemals verboten gewesen. Heute sind wir so weit, daß man sein Fehlen im stadtrömischen Leben schon kaum mehr bemerkt. Der Grund hierfür ist einfach genug: es ist sinnlos, einen Karneval abzuhalten, wenn es niemanden mehr gibt, gegen den er sich richten kann. Wenn der Repräsentant einer im Übernatürlichen verankerten Lebensordnung fehlt, hat die Proklamation des Chaos keinen Reiz. Seit die Päpste nicht mehr über Rom herrschen, spürt niemand mehr in der Tiefe der Seele das Bedürfnis, durch ein zeitweiliges Verkehren aller Ordnung ihre moralische Autorität zu bekräftigen.

Am Anfang des fünfzehnten Jahrhunderts bestieg nach der Beendigung des großen abendländischen Schismas der Kardinal Otto Colonna als Martin V. den päpstlichen Thron. Auch sehr kritische Chronisten bestätigen diesem Papst seine untadelige Lebensführung und den tatkräftigen guten Willen, aus dem Wirrwarr herauszufinden, der durch drei gleichzeitig amtierende Päpste in der Christenheit entstanden war. Im achten Jahre seines Pontifikates erließ dieser Papst ein Dekret, demzufolge der römische Karneval über mehrere Wochen ausgedehnt werden konnte; das Tragen von Masken wurde derart empfohlen, daß das Volk den lebensfreudigen Pontifex ›il papa Carnevale‹ nannte. Nach einer langen Zeit der Depression hatte das Papsttum wieder festen Grund unter den Füßen, die verwahrloste Stadt Rom bevölkerte sich mit Künstlern und Gelehrten, Kunstgewerbe und Handwerk begannen zu blühen, der Fremdenzustrom stieg an. Kaum zeigten sich die ersten Spuren des Wohlstandes, wurde der Karneval zu einer Notwendigkeit: die Weisheit der Kirche nahm ihn als ein köstliches Mittel der Entladung aller inneren Spannungen, um so schätzenswerter, als damit auch noch ein prächtiges Divertimento verbunden war. Ein Chronist aus dem Jahre 1445 gibt uns ein anschauliches Bild, wie der Karnevalszug dieses Jahres ausgesehen hat. »Allein der Zug der Kongregationen«, so schreibt er, »dauerte vier Stunden. Jeder Stadtteil von Rom hatte seinen Wagen, geschmückt mit Symbolen, Musen, antiken Gottheiten. Vor allem Bacchus trat immerfort in Erscheinung. Den Schluß des Zuges bildete ein Wagen, auf dem die Statue des Papstes zu sehen war, von den Tugenden dienend umgeben.« Streichen wir von diesem Bericht die bedenkenlose Verwendung von Sinnbildern und Gestalten aus der heidnischen Mythologie als zeitgebunden ab, so bleibt immer noch die Tatsache, daß die religiösen Körperschaften der Ewigen Stadt geschlossen und pompös auftraten, um einer Maskerade Glanz und Ansehnlichkeit zu geben. Und der Papst selber sah lächelnd und nachsichtig zu. Die Spiele des Himmels und der Hölle pflegen sich auch unter den Vermummungen des Karnevals fortzusetzen, darüber gab es nie einen Zweifel. Aber die Gewährung des Rechtes auf Narretei an die Bewohner einer heiligen Stadt und eines geistlichen Staates gab dem Himmel eine große Chance.

In Rom ist der Karneval – im Gegensatz zu dem aristokratischen Venedig – immer eine plebejische Sache gewesen. Während in der undurchschaubaren, kühlen und weisen Serenissima die Schleier und Visiere, die in höchster Eleganz über die Gesichter fielen, die Standesunterschiede zugunsten des Abenteuers verwischten, befreite die Maske in Rom vom Zwang der Konvention, ohne die Gesellschaftsordnung anzutasten. In Venedig war das Grundelement des Karnevals das Spiel, in Rom der Tanz. Die neptunische Republik züchtete sich unter dem zeremoniellen Kostüm des Dominos einen Maskentyp von höchstem Raffinement, die Stadt der Päpste öffnete im Karneval die Schleusen eines ungezügelten, grausamen, lauten und farbenfrohen Volkslebens von uralter, furchterregender Vitalität. Das Rennen von Tieren und Menschen, die Verhöhnung von Buckligen und Zwergen, die atavistischen Roheiten gegenüber den Juden, die abstrusen Quälereien von Unschuldigen zur Belustigung der Menge – dies alles wäre in Venedig nicht denkbar gewesen. In Rom dagegen herrschte Saturn in diesen Tagen, und unter dem harmlosen Schwärmen der Masken erwachten gefährliche Triebe. Das Volk, für zehn Tage jeder Zügel ledig, berauschte sich an der Illusion, keine Herren zu haben. Zwar wurden Karnevals-Verbrechen mit Strafen von drakonischer Härte geahndet, aber es mußte schon zu einem gewaltigen Ärgernis gekommen sein, bevor man einen ›Unfall‹ oder ein ›Mißgeschick‹ als Verbrechen interpretierte. Da die auf den Karneval folgende Zeit der Buße in Rom ernst genommen wurde, liebte man während der Festtage jenen seltsamen Zwischenzustand, worin die Grenze zwischen Freiheit und Sünde zwielichtig verfließt.

Wir können uns Rom zur Zeit des Karnevals kaum mehr vorstellen. Der Corso war mit Fahnen übersät, die Fassade des Palazzo Venezia trug ein großes farbiges Sonnensegel, das den päpstlichen Balkon beschattete, alle Fenster waren besetzt mit kostümierten Menschen, übervolle Kutschen mit zechenden Künstlern und Musikanten fuhren in langen Zügen durch die Straßen. Alle Arbeit ruhte, die Läden hatten geschlossen, die Schenken waren Tag und Nacht geöffnet. Auf den Stufen und in den Vorhallen der Kirchen streckten sich ermüdete Masken zum Schlafen aus, den Fiasco di Vino neben sich. Die Bevölkerung der Campagna strömte in die Stadt, auf den kleinen Plätzen des Campo Marzio wurde der Saltarello getanzt und unter den vergitterten Fenstern der großen Paläste standen Wahrsager und Bänkelsänger, um verschämten Schönen den vor der Tür stehenden Bewerber zu prophezeien und ihre Phantasie mit romantischen Räubergeschichten anzufüllen. Sah man irgendwo ein weibliches Wesen ohne Maske, so wußte jedermann, daß das eine Kurtisane war – diese anmutigen Damen waren die einzigen, denen es verboten war, das Gesicht zu verhüllen. Die Schwaden der Küchendüfte müssen beinahe greifbar in den engen Gassen gehangen haben, und das Gezirpe zahlloser Gitarren und Mandolinen erfüllte die Luft. Wenn die großen Rennen waren, standen die Menschen auf dem Corso so dicht gedrängt, daß die vorbeirasenden Pferde eine echte Lebensgefahr bildeten – trotzdem hat es bis ins neunzehnte Jahrhundert gedauert, bevor man die Zuschauer durch einen Kordon von Polizei und Militär in Schranken zwängte. Denn das Volk von Rom liebt das Spiel mit der Gefahr, jeder Taxichauffeur ist heute noch ein Beweis dafür. Nur im Ghetto war Stille – denn die Juden durften an den Vergnügungen der Christenheit nur dadurch teilnehmen, daß sie sie bezahlten. Lange Zeit gab es eine eigene Zeremonie, in der der Oberrabbiner dem Papst einen prall gefüllten Beutel mit Goldstücken überreichen mußte, worin der von der päpstlichen Kammer geforderten Summe noch die dreißig Silberlinge des Judas in Form von dreißig Fiorini angefügt sein mußten. Einmal in jedem Jahr konnte das Volk von Rom wieder sein, was es in der Antike war: lüstern nach blutigen Schauspielen, arbeitsscheu, leichtlebig und erbarmungslos.

Während sich das Volk auf den Gassen den Freuden

des Karnevals schrankenlos hingab, versammelten sich in den Salons der Paläste die Großen um die Scharlatane. Wir wissen von Cagliostro, dem wir schon in der Engelsburg begegnet sind, daß er bei seinem Auftreten in Rom als Requisit für seinen Hokuspokus einen Tisch verwendete, der mit Totenschädeln, ausgestopften Affen, Schlangen, Eulen und Amuletten über und über bedeckt war. Von diesem Tisch nahm er das berüchtigte Pulver, mit dessen Hilfe es ihm gelang, einen Edelstein um das Doppelte zu vergrößern. Er erbat sich vom Kardinal de Bernis einen großen Solitär, tauchte ihn in die Lösung dieses Pulvers, sprach ägyptische und chaldäische Formeln darüber und gab dem erstaunten Kirchenfürsten den Stein, zu doppeltem Umfang angeschwollen, wieder zurück. Erst spät merkte der Kardinal, daß er einer Suggestion zum Opfer gefallen war. Cagliostro mußte teuer dafür bezahlen, der Kardinal verfolgte ihn mit leidenschaftlicher Unversöhnlichkeit. In einer dieser Sitzungen geschah es auch, daß Cagliostro, von dem man immer noch nicht weiß, wie weit er selber seine Behauptungen glaubte, Wasser in Orvieto-Wein verwandelte und von sich sagte, er sei ein ›vorsintflutlicher Mensch‹ – also ein Wesen, dem die Kräfte und Erkenntnisse des Paradieses noch zur Verfügung standen. Als er dazu noch die Französische Revolution vorhersagte, griffen die päpstlichen Behörden ein und verhafteten ihn, um ihn niemals wieder freizugeben. Wir aber wissen bis heute nicht, ob dieser Mann ein Genie oder ein Verbrecher war.

Zuzeiten war die Stadt voll von solchen Magiern. Alles, was den Naturgesetzen widerspricht, alles, was im Dämmer des Unerklärlichen wuchert, alles Zauberisch-Phantastische hat die Römer seit alters mächtig angezogen. In einer Stadt, in der das Weltregiment durch so lange Jahrhunderte aus der strengen Unterscheidung zwischen Gut und Böse verstanden wurde, haben die Phantasmagorien der Scharlatane stets dankbaren Glauben gefunden. Das Zwischenreich des getrübten Guten und geglätteten Bösen, die Illusion auf der Grenze zwischen Licht und Finsternis, das Mögliche des nicht-religiösen Wunders sind heute noch Bestandteile des römischen Denkens. Noch immer sind die Römer bereit, jede Weisheit und Einsicht in den Wind zu schlagen, wenn sie ein unglaubwürdiges Wunder dafür haben können.

Rom hat dem Erdkreis eine Ordnung geschenkt. Doch ist diese Ordnung gebändigte Anarchie. Rom hat das Licht der Wahrheit in sich aufgesammelt wie ein makellos klares Prisma. Doch hat es das Dunkel der menschlichen Natur niemals verleugnet. Rom hat der Vollkommenheit der Schöpfung durch zwei Jahrtausende gedient, aber Zerstörungswut und der Drang zur Gewalttat haben stets in seinen Mauern gewohnt. Seit den Saturnalien der Antike geht durch diese Stadt eine Welle von ungezähmter Wildheit, und wir haben keinen Beweis dafür, daß das Erlöschen des Karnevals das Problem der römischen Gesittung harmloser gemacht hat. Die Weisheit und Güte der Kirche hat den Zorn und den gleißenden Feueratem der Dämonen nur beruhigt, nicht gestillt.

DIE FABELN DES HERRN TRILUSSA

Unter den vielen Bildern berühmter Gäste, die in den römischen Trattorien die Wände schmücken, fällt dem vertrauteren Besucher oftmals der Kopf eines Mannes auf, der in nachdenklicher Positur die Hand an die

Wange stützt und einen bleichen, schläfrigen und sehr interessanten Eindruck macht. Im Gegensatz zu normalen Gepflogenheiten ist an keinem einzigen seiner Bilder eine Bezeichnung zu sehen, geschweige denn ein Namenszug, und es gibt Wirte, die ihre Gäste geradezu danach beurteilen, ob ihnen der seltsame Mann etwas bedeutet oder nicht. In Trastevere, zwischen der alten, von Papst Sixtus IV. erbauten Brücke und dem Brunnen, der die Acqua Paolina in die Stadt herunter führt, hat dieser Mann ein Denkmal. Man sieht ihn, wie er sich mit überlangen Gliedern ein wenig kasperlhaft über einen antiken Sarkophag lehnt, als stünde er im Begriffe, an die zu seinen Füßen herumtollenden Ragazzi eine eindringliche Rede zu halten. Der Name des Platzes, auf dem dieses Denkmal steht, ist ›Piazza Trilussa‹, und der Mann hieß Carlo Alberto Sallustri, bevor er seinen Namen in Trilussa umwandelte. Er war ein Bonvivant erster Güte, ein skurriler und großartiger Außenseiter der römischen Gesellschaft, der sein Leben damit zubrachte, von einer römischen Kneipe in die andere zu ziehen und Fabeln zu dichten – Fabeln, die keinerlei literarischen Anspruch erhoben und dennoch heute zur klassischen römischen Literatur zählen, obwohl sie nicht in der Schriftsprache, sondern im Dialekt der Stadt Rom geschrieben sind. Diese Fabeln haben es fertig gebracht, daß man ihren sarkastischen Autor zum Ehrensenator des italienischen Staates auf Lebenszeit machte, daß seiner unglaublich humanen und allem Diktatorischen erzfeindlichen Lebenseinstellung auch in düsteren Zeiten nicht das Wort beschnitten wurde und daß Trilussa heute so etwas wie ein moderner Aesop geworden ist, dessen pikante Formulierungen jedermann im Munde führt.

Giovanni Pannini

DIE PIAZZA NAVONA AM 30. 11. 1729

Dublin, National-Galerie

Trilussa war zwei Meter groß, ging stets nach letzter Mode gekleidet, liebte die Frauen fast so sehr wie den Wein und kannte nicht die geringste Furcht – ein Römer alten Schlages, der sich der Stimmen der Tiere bediente, um seinen stumpf gewordenen Zeitgenossen die Wahrheit zu sagen, die sie aus Menschenmunde zu vernehmen nicht willig waren. Hören wir ihm ein wenig zu:
»Der König Löwe ließ ein Edikt anschlagen, worauf geschrieben stand: wer künftig noch vom König der Tiere spricht, dem kommt der Kopf herunter. Es war natürlich, daß nach einem solchen Manifest ein jedes Viech nach Möglichkeit den Mund hielt. Eine Henne aber fragte einen Hund: und du – was denkst denn du? Jaa, sagte der Hund, ich glaube, mehr oder weniger, daß ich darüber genau so denke wie du. Und dann machte er: coccodé, coccodé und benahm sich als Henne. Worauf die Henne, die begriff, anfing: bubbù bubbù zu machen und einem Hund sehr ähnlich wurde. Nur ein junger Hahn, zu blöd um zu bemerken was hier vorging, begann zu krähen, wie gewohnt. Da hättet ihr aber sehen sollen, wie rasch sie ihn ins Kittchen steckten...«
Das ist zweifellos sehr politisch, geht gegen die Faschisten und hatte den Effekt, daß man sich in römischen Trattorien eine Zeitlang mit bubbù und coccodé begrüßte.
»Ein altes Schwein, das auf dem Lande lebte, sagte eines Tages zu den Kühen: ich hab es satt, noch weiter ein Leben zu führen wie ein Schwein, ich werf mich in den Frack und zieh mir neue Schuhe an, die schön knarren, steck mir eine Blume an, häng mir ein Glas vors Auge und geh in die Stadt, wo die besser gewaschenen

Leute sind, mit einem Wort, ich will auch einmal zur guten Gesellschaft gehören. Gesagt getan, und noch am selben Abend war das Schwein zum Tee bei einer Contessa. Es schlich sich unter die vielen Signorine, sagte hin und wieder ein Wort auf französisch, spielte Klavier, sang, tanzte und flirtete mit Artigkeit. Aber nach drei Tagen war das Schwein wieder auf dem Lande und die Kühe sagten: was, du bist schon wieder da? Das heißt also, daß die gute Gesellschaft dir doch nicht so gut gefällt? Nein, sagte das Schwein, das ist lächerlich; ich tät mich ja ganz wohl dort fühlen, nur eines ist bedauerlich: ein wenig zu viel Schweinereien.«

Meine verehrten Leser, es ist ein Jammer, Ihnen das, was Trilussa in kraftvollen Versen geschrieben und gesungen hat, in einer dürftigen Übersetzung vorlegen zu müssen, aber wollte ich wörtlich vorgehen, so könnte man die Derbheit im Deutschen kaum wiedergeben. Indessen: was bei uns schon längst jenseits der guten Sitte wäre, ist im Süden noch toleriert, solange es der Volkssprache wirklich angehört. Und Trilussa ist der größte Balance-Künstler zwischen dem Erlaubten und dem gerade noch Schicklichen, den Italien in diesem Jahrhundert gesehen hat – vielleicht liegt darin ein Teil seiner Wirkung.

»Ein ›gatto bianco‹, ein weißer Kater – wann ginge es in Rom schon ohne die Katzen –, ein weißer Gatto also, der der Präsident des Klubs für Gedankenfreiheit war, hörte eines Tages, daß ein schwarzer Gatto, freiheitlicher Denker wie er, ihn in bezug auf die Politik heftig kritisierte und mit seinen Prinzipien ganz und gar nicht übereinzustimmen schien. Der weiße Gatto ließ den schwarzen kommen und sagte wütend: du kannst mir bald gestohlen bleiben, du wirst schon sehen, wie lange du es noch treibst, eines Tages wirst du deine Demission einreichen müssen und aus den Reihen unseres Klubs herausmarschieren. Denn hier bei uns kannst du denken was du willst, aber unter der Bedingung, daß du dich den Ideen des Präsidenten und den Vorschlägen der Kommission anschließt – wo kämen wir denn sonst hin? Ja ja, sagte der schwarze Gatto, du hast vollkommen recht, ich hab mich geirrt, ich hab mich ganz schlecht benommen. Bitte verzeih mir. Und von diesem Tage an zog der schwarze Gatto es vor, um nur ja im Klub für Gedankenfreiheit zu bleiben, künftig lieber überhaupt nichts mehr zu denken.

Manchmal verließ Trilussa auch das Reich der Fabel. Dann dachte er sich Könige aus, Märchenkönige, die zu ihren Königinnen sagen: geh in die Küche und koch was Gescheites, denn wir haben einen Gast, Könige in großer Uniform, die sich im breitesten Römisch unterhalten, und den Vorzug haben, daß es sie nicht gibt.

»Fahnen und Wimpel, Federbusche und Federn im Winde, ein Glanzlicht über den gezogenen Bajonetten in der Sonne, und mitten in die Fanfaren hinein schießt eine Kanone, daß du glaubst es zerreißt dich. Was ist da los? Was für ein Fest wird da gefeiert? Es ist ein König mitten auf der See, der auf der königlichen Fregatte einen anderen König empfängt. Da schau, wie sie sich umarmen, wie sie sich abbusseln und sich fragen: wie gehts dir denn – oh danke, und dir? Und die Königin? Stillt. Und der Erbprinz? Saugt. Und das Volk? Kratzt sich. Und der Rest? Geht von alleine. Benissimo, benone – la patria sta tranquilla. Andiamo a colazione – das Vaterland ist ruhig, gehen wir was essen.«

Viel Bitterkeit hat Trilussa in diese Geschichten ein-

fließen lassen, aber das Schöne und das Römische an ihnen ist, daß diese Bitterkeit, diese manchmal ätzende und rücksichtslose Kritik niemals zerstört. Trilussa ist kein Defaitist, er weiß, daß die menschliche Natur zu keiner Vollkommenheit fähig ist, und er haßt alle, die den Menschen predigen, sie seien Wesen, denen alles gelingen könne. Hören Sie eine andere Geschichte:
»Ein König machte sich einen Teufel aus Stoff. – So, denkt er sich, wenn das unzufriedene Volk eines Tages die Oberhand gewinnen sollte, weil es mich satt hat an der Spitze, zeig ich ihm diesen Teufel, e l'inferno rinforzera la base del governo – und die Hölle wird die Basis meiner Regierung schon wirkungsvoll unterstützen. Tatsächlich war es bald soweit. Unruhen zeigten sich, und der König, mit dem Stoffteufel neben sich, kam an das Fenster seines Schlosses, angeleuchtet von einem roten Licht – und der Popolo verschwand im Nu und ward nicht mehr gesehen. Eines Tages kam ein alter Mann, der von dem Spielchen wußte, auf den Gedanken, dem Volk ein bißchen Aufklärung zu bringen und sagte: jetzt hört mir aber auf, mir scheint, ein Volk, das vor der Stoffgestalt erzittert, kann nicht gar sehr viel wert sein... Da hättet ihr die Leute sehen sollen, wie sie ihn vermöbelt haben und ins Gefängnis warfen – und wie sie einig waren, er habe die Verfassung des Staates nicht genügend respektiert.«
Und in demselben Ton, in dem Trilussa die bestehenden Institutionen aufs Korn nimmt, erledigt er auch ihre Gegner. Der König hat sich einen Teufel gemacht, aber der Kommunist, der ein geheimer Kapitalist sein will, ist um kein Haar besser.
»Die Krise des Gewissens kann ausbrechen, wenn du merkst, daß ein gewisser Zweifel in dir wurmt, der dich

nicht schlafen läßt. Denn genauso gut wie der Glaube den Ungläubigen zurückholen kann, so kann der Unglaube den packen, der bisher gläubig war. In der Politik ist das genau dasselbe. Wieviel Leute, die anfangs dem Prinzip in gutem Glauben anhingen, kommen ganz langsam drauf, daß ihnen was anderes besser täte, und zum Schluß kennst du sie nicht wieder. Erinnerst du dich an Checco den Kommunisten, der mit aller Macht die ganze bürgerliche Kapitalistenbande allein umbringen wollte? Inzwischen – leider – hat er sich geändert und denkt ganz anders über diesen Fall. Denn nach einer gewissen Krise seines Gewissens hat er sich, ganz langsam und allmählich, dazu entschlossen, auf dem schönen grünen Monte Mario eine kleine herzige Villa – einem Kapitalisten abzukaufen.«

Wenn man in Rom von Trilussa spricht, gehen manchen Leuten die Gesichter auseinander. Es muß einer der großartigsten Genüsse gewesen sein, die sich die Römer leisten konnten, mit diesem Mann zu zechen und ihm zuzuhören, wenn er seine kleinen Versgeschichten deklamierte. Denn niemand war weniger geeignet als er, als Moralist aufzutreten, niemand schloß sich selber mehr in die souveräne Menschheitskritik dieser Fabeln mit ein als Trilussa, und deshalb liebten ihn selbst seine Gegner, und als er starb, hatte er ein Funerale wie ein König. Sein Haus war vollgestopft mit unnützem Zeug, mit orientalischen Waffen, Nippsachen, Pfauenfedern, mit ausgestopften Wildschweinköpfen, Spazierstöcken, Schnupftabaksdosen, Napoleonbüsten, Kitsch und Tand und Kunst und Plunder aus der ganzen Welt und aus den unerschöpflichen Vorräten des römischen Diebsmarktes, dessen verehrtester Klient er war. Von unglaublicher Großzügigkeit und Gastfreundschaft hatte er nie Geld und war immer ein Herr. Eine Figur, die in Rom unsterblich geworden ist, mehr noch vielleicht als seine Fabeln, von denen die letzte, die ich Ihnen hier bringen möchte, den Titel hat: la lucciola, das Glühwürmchen (man muß dabei bedenken, daß das Glühwürmchen sein Licht bekanntlich am rückwärtigen Teil seines Körpers trägt).

»Ein armes Glühwürmchen, eines Nachts, stieß in seinem Flug ganz ungemütlich an die Brust einer alten Kröte, die am Ufer des Tiber saß, und fiel mit angeknacksten Flügeln zu Boden. Die Kröte lachte schallend und sagte: es ist doch nicht zu glauben, da saust du mit einem Licht in der Gegend herum und dabei weißt du nicht, wo du zum Teufel hinwillst. Sagt das Glühwürmchen: entschuldigen Sie vielmals, aber leider kann ich ja das Licht, das ich trage, nicht sehen, denn ich habs ja im Rücken und das ist, glauben Sie mir bitte, ganz bestimmt ein schwerer Fehler bei der Installation gewesen. Wohin ich komme, leuchte ich, aber immer fällt mein Licht auf den Weg, den ich schon hinter mir habe, und ich kann nicht erkennen, was vor mir liegt. Und ich kann Ihnen nicht sagen, wieviel Unbequemlichkeit mir das schon gemacht hat. Jedesmal wenn ich meine Laterne anzünde, hör ich, wie die Fledermäuse sich ins Fäustchen lachen. Ah, sagte die Kröte, ich versteh – du vertrittst in einem gewissen Sinn die moderne Zivilisation, die, um denen zu leuchten die sie im Dunkeln glaubt, manchmal und ganz sachte mit dem Kopf an die Mauer rennt.«

DER MARCHESE DEL GRILLO

Der Palazzo del Grillo in Rom ist ein altes schönes Haus in unmittelbarer Nachbarschaft des Augustus-Forums, also in jener bezaubernden Gegend gelegen, die seit den Tagen der Antike la Subura heißt und schon vor zweitausend Jahren ein seltsames Gemisch aus Herrenhäusern und Volksquartier gewesen ist.

Wie viele römische Häuser steht auch der Palazzo del Grillo auf antiken Ruinen, deren weite und verfallende Hallen man im Mittelalter mit Vorliebe dazu benützte, sich kleine oder größere Burgen hineinzubauen. Tatsächlich ist der zinnenbewehrte mittelalterliche Burgturm der Marchesi del Grillo heute noch zu sehen, er ist eine Art von steinernem Mast geworden für das Schiff, auf dem die streitbaren Grilli durch die Jahrhunderte segelten.

Die Grilli waren eine jener renitenten Familien, denen es genügend große Latifundien und eine etwas brüchige Bildung gestatteten, sich im mittelalterlichen Rom ziemlich schlecht zu benehmen. Sie schlugen sich zumeist auf die Seite der kaiserlichen Partei und halfen den Gaetanis und den Colonnas eifrig darin, die Orsinis und andere große Clans zu bekämpfen – und dies ging verhältnismäßig leicht, weil Rom damals keinen zusammenhängenden Stadtkörper mehr aufwies, sondern im Grunde nur eine Ansammlung von Dörfern war, zwischen denen weite halbverwilderte Grünflächen lagen – ein idealer Zustand für die ernsten Räuberspiele der großen römischen Herren. Die Päpste waren natürlich von diesen Scharmützeln nicht sehr erbaut und brachten es auch im Laufe der Zeit fertig, den händelsüchtigen Adel der Stadt zu beruhigen – und als dann durch die Erfindung wirkungsvollerer Mordinstrumente die Burgen nicht mehr den ursprünglichen Wert hatten, entschieden sich unter anderen auch die Grilli für die Zivilisation, wurden elegant, verschwenderisch, luxuriös und friedfertig. Aus dieser Spätzeit der großen Familie stammt der Palazzo del Grillo, den sich der Mann bauen ließ, von dem jetzt die Rede sein soll, ein Mann, der nicht in die Geschichte Roms einging, aber in den Herzen der Römer noch immer so lebendig ist, als ob seine Streiche gestern erst verübt worden wären – ein später Nachfahre rebellierender Abenteurer, ein römischer ›toller Bomberg‹, der in seinem Blut das Aufbegehren gegen diesen mittlerweile Mode gewordenen Schlendrian der Eleganz mit voller Gewalt verspürte, il Marchese del Grillo.

Er war hochkultiviert, von raffiniertem Geschmack und großem Kunstsinn, bewies dies auch durch die Wahl des Baumeisters, dem er den Neubau seines Hauses anvertraute: Lorenzo Bernini – und unterschied sich von den liebedienerischen Zeitgenossen des päpstlichen Hofes durch eine seltene, beim Volk aber ungewöhnlich hochgeschätzte Eigenschaft: durch Furchtlosigkeit. Da er aber nicht nur charakterfest, sondern auch phantasievoll war, pflegte er für die bitteren Wahrheiten, die er den Leuten zu sagen wünschte, eine höchst originelle Form anzuwenden, und damit wäre ich schon bei seiner ersten Geschichte.

Irgendeiner der Principi Romani, sagen wir der Fürst Colonna, gab zur Feier des Geburtstages seiner Tochter ein großes Diner. Wenn Sie sich vorstellen wollen, mit welchem Pomp ein solches Fest in den Häusern der römischen Großen begangen wurde, genügt es, einmal in die Galerie Colonna zu gehen, in den großen Bilder-

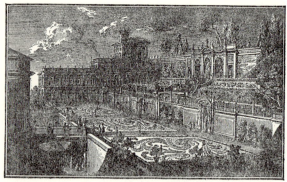
Die Gärten des Palazzo Colonna

saal des Palazzo Colonna auf der Piazza SS. Apostoli. Sie werden ein ›ambiente‹ finden, das Ihnen in seinem unerhörten Glanz heute noch – nachdem die Familie sich längst in exklusive Einsamkeit zurückgezogen hat – die Würde und die pastose Eleganz vor Augen stellt, in der man vor zweihundert Jahren in solchen Häusern zu leben verstand. Es ist nicht schwer, sich in dem langen, vom Farbenglanz des Marmors, der Bilder und der Kerzen flirrenden Saal eine damastgedeckte, silberbeladene Tafel auszudenken, an der wir eine erlauchte, virtuos posierende Gesellschaft vorfinden. Nehmen wir die besten und blaublütigsten Mitglieder der heutigen Aristocrazia Romana, veranlassen wir sie, aus den samtgefütterten Schatullen ihrer Schatztruhen die erlesensten Geschmeide und Diademe hervorzuholen, stecken wir sie in die Kostüme des frühen Settecento und versammeln wir sie an dieser Tafel – dann wird dieses Bild so viel Leben haben, als es für unsere Hauptfigur, den Marchese del Grillo, braucht.

Das Fest hat soeben erst begonnen. Der Marchese del

Grillo, der nur ein paar Schritte von den Colonnas entfernt wohnt, hat in einem wappengeschmückten Wagen neuester Bauart mit vier herrlichen Pferden im Gespann die hohe Einfahrt seines Palastes schon verlassen, und seine neugierigen kleinen Nachbarsleute aus der Subura bekamen etwas zu schauen: Vor dem Wagen her lief ein Platzmacher in rotem Frack, zu beiden Seiten der Kutsche je drei Valletti mit Fackeln in der Hand (wie sie ausgesehen haben, kann man an den Kostümen der Lakaien bei den großen Empfängen auf dem Kapitol heute noch sehen), auf dem Bock saß ein federhutgeschmückter Kutscher, hintenauf standen zwei in Grün und Silber uniformierte Lakaien, und unter dem ständigen Rufen: »Platz für Seine Exzellenz, den hochgeborenen Herrn Marchese del Grillo« bewegte sich das glänzende Gefährt wie ein riesiger goldener Leuchtkäfer durch die nachtdunklen, unerleuchteten Straßen am Abhang des Quirinal. Als der Wagen am Ziel angekommen war, versank der Haushofmeister der Colonna beinahe in den Boden vor Ehrfurcht beim Anblick eines solchen Aufwandes.

Der Marchese stieg mit Grazie aus dem Wagen und schien nicht zu bemerken, daß sich die Gesichter aller Umstehenden plötzlich in Stein verwandelten. Er schien das Wispern und Murmeln nicht zu hören, das hinter seinem Rücken im Anschwellen begriffen war, und er tat höchst erstaunt, als der Maggiordomo mit schlotternden Knien sich ihm näherte, um ihm zu sagen: »Eccellenza, scusate tanto – aber in dieser Kleidung können Sie nicht hinaufgehen.« »Ja warum denn nicht?« sagte der Marchese. Er hatte seine älteste Jagdhose an, dazu riesige, schon lange nicht mehr geputzte Stiefel, ein altes, nicht ganz sauberes Hemd und eine zerschlissene Bauernjacke. »Ja, wegen der Etikette«, sagte der Maggiordomo, »es ist doch ein Galadiner.« »Das wär ja noch schöner«, höhnte der Marchese, »jetzt rufst du mir sofort den Hausherrn, dann werden wir doch sehen, ob ich hier empfangen werde oder nicht.« Der Hausherr kam, lief rot an und sagte nur: »sei matto – bist du verrückt?« Sie bekamen sich beinahe in die Haare – aber zum Schluß wurde der Marchese doch weich und sah ein, daß er nachgeben mußte. Der Hausherr redete ihm gut zu, sagte ihm, er solle schnell nach Hause fahren und sich anständig anziehen, es seien doch so viele belle donne da, und er sei doch als uomo brillantissimo weitgerühmt, er solle also schnell wiederkommen, sie würden mit dem Essen so lange warten. Der Marchese brummte noch ein bißchen, setzte sich in seinen Wagen und fuhr davon. Nach unglaublich kurzer Zeit war er wieder da – ein Bild von einem Kavalier, den Frack nach letzter Pariser Mode geschnitten, eine kleine Wolke kühlen Parfüms um sich verbreitend, mit einem einzigen sehr großen und sehr strahlenden Ordensstern geziert, und er war sofort der Mittelpunkt der Gesellschaft. Man feierte es geradezu – mittlerweile wußten alle von seinem vorherigen Auftritt –, daß er doch in die Arme der geliebten Etikette zurückgekehrt sei, und die Gesellschaft setzte sich zu Tisch. Der erste Gang ging vorüber – der Marchese war blendender Laune, der zweite Gang ging vorüber, der Marchese unterhielt die ganze Tafelrunde, und der dritte Gang kam – Wildschwein auf römische Art mit Trüffeln und Rotwein, einem herrlichen alten Piemonteser, den der Marchese im geschliffenen Glase genießerisch an die Nase hob. Und dann passierte es: langsam und zeremoniös kippte er sich den Rotwein auf die kostbare Seide seines Fracks.

Und zur gleichen Zeit nahm er den Teller mit dem köstlich duftenden Wildschweinbraten und der Trüffelsauce und leerte ihn auf seinen blaßgelb schimmernden Hosenbeinen aus. Alles schrie auf, man hielt ihn für verrückt, es war ein Skandal, sich so zu benehmen – der Marchese nahm seine Serviette, wischte das Wildschwein zu Boden, stand auf und sagte: »Meine Damen und Herren – ich wundere mich sehr, daß Sie von dieser meiner Geste so viel Aufhebens machen. Es lag mir doch nur daran, meine Galakleider an der Ehre Ihrer Einladung teilnehmen zu lassen, nachdem ich mich davon überzeugt hatte, daß im Grunde mein Anzug der wahre Eingeladene gewesen ist.« Sprachs, und schritt erhobenen Hauptes davon.

Sie sehen, meine verehrten Leser, der Marchese del Grillo war ein mutiger Mann, und er trieb die süffisante Art der Sozialkritik, die er sich erlaubte, in einem anderen Fall noch weiter.

Eines Abends, es dunkelte schon über der Stadt, ging er auf der Piazza di Spagna spazieren. Sein geschärftes Ohr vernahm plötzlich von der Treppe her das tiefe und befriedigte Schnarchen eines dicken Mannes, und der Marchese, noch unsicher, was daraus werden würde, beschloß, sich diesen Mann näher anzuschauen. Es stellte sich heraus, daß der unbekümmerte Schläfer ein Köhler war – Gesicht und Hände waren angerußt –, der sich dem Bacchus sehr ergeben hatte. Und der Marchese hatte sogleich eine Idee – die Sie übrigens auch bei Shakespeare finden können, die aber der Marchese del Grillo dort mit Sicherheit nicht entliehen hat. Der Marchese winkte also seinen Dienern, die ihm nach damaliger Sitte von ferne gefolgt waren, und befahl, den trunkenen Köhler in der Kutsche nach Hause zu bringen. Er ließ den Schlafenden säubern, in ein Spitzennachthemd stecken und in einem riesigen, baldachinüberdachten Bett unterbringen, in einem seiner luxuriösesten Zimmer, von duftenden Kerzen diskret erleuchtet. Der Marchese lieh sich inzwischen von seinem eigenen Maggiordomo die Livree aus, legte sich einen falschen Bart zurecht und wartete auf den nächsten Morgen. Kaum war die Sonne aufgegangen, hörte man aus dem Schlafzimmer des Köhlers einen schrekkensvollen Schrei – und dann einen Monolog im breitesten Dialekt, etwa (ins Bayerische übersetzt): »Ja Herrschaftseitn, wo bin i denn und wia schaug i denn aus, is dös a Narrenhaus, die vielen Spiagel, da wirst ja ganz damisch, Hilfe!!!« Der Marchese-Maggiordomo stürzt ins Zimmer, suggeriert seinem Klienten, er sei der Fürst von Collepardo, in seinem Palast umgeben von der beflissensten Dienerschaft, die nur auf seine Order harre, und ob denn seine Exzellenz heute wieder einmal zu scherzen beliebten wie schon so oft mit ihren treuen Untergebenen. Darauf der Köhler: er wisse ganz genau, daß er Giachimone Baciccia heiße und aus Tomacelli sei; man solle ihm jetzt seine Kleider geben, denn er müsse die Kohle austragen in die Häuser, wo er es gestern versprochen habe. Kaum hatte er Kleider gesagt, da kamen schon die Domestiken, setzten ihm eine gepuderte Perücke auf und steckten ihn in die Galatracht des römischen Patriziats, und als sich der Köhler dann aufs neue im Spiegel sah, schien es ihm schon nicht mehr so unglaubwürdig, der Fürst von Collepardo zu sein.

Und dann kam der große Coup, den der Marchese del Grillo sich ausgedacht hatte. Man fuhr aus, im offenen Wagen, auf den Corso, der Marchese wieder in der

Uniform seines eigenen Hofmeisters. Und es begann eine seltsame Grüßerei – die ganzen geschniegelten Damen und Herren der römischen Gesellschaft fühlten sich unsicher gegenüber diesem neuen Principe, der einen so seltsamen Dialekt sprach, aber doch wie ein mächtiger Herr aussah, korpulent und würdig und jovial in seiner Karosse, und der Haushofmeister auf der rückwärtigen Plattform der Kutsche hatte zwar eine fatale Ähnlichkeit mit dem Marchese del Grillo, aber beim Vorüberfahren konnte man es nicht so genau beobachten, und man blickte ja auch nicht so scharf nach einem Bediensteten auf dem Trittbrett. Und so kam es, daß die Ausfahrt des Principe di Collepardo ein voller gesellschaftlicher Erfolg wurde, zumal der Marchese einen Wagen ohne Wappen genommen hatte. Am Abend setzte der Herr del Grillo seinem Gast einen besonders schweren Wein vor, erreichte damit, daß der Köhler sich ein zweites Mal in Bacchus Arme warf, und dann ließ er den Schlafenden wieder zurückbringen auf die Spanische Treppe, wo er seinem weiteren Köhlerdasein friedlich entgegenschlief. Der Marchese aber machte in den folgenden Tagen eine beträchtliche Propaganda für seinen Freund, den Principe Collepardo, der leider nur auf der Durchreise hier gewesen sei, und alle Welt beeilte sich, ihm Komplimente zu machen über diesen reizenden Herrn. Wann der Marchese dann gesagt hat, wer der Principe wirklich war, wissen wir nicht, daß er es aber gesagt hat, ist sicher, sonst hätten wir die Geschichte nicht. Und sicher war es ihm nur ein Zeichen, wie geglückt sein Abenteuer war, wenn er daraufhin wieder einmal für ein paar Wochen von seinen Standesgenossen nicht empfangen worden sein sollte.

Ein extravaganter Narr? Ein in Luxus halb erstickter Müßiggänger, der sich in Dummheiten Luft zu machen suchte? Nein, etwas anderes: ein Satiriker. Hören Sie die nächste Geschichte.

Der Marchese del Grillo war als großer Kunstfreund bekannt. Die Eingangshalle seines Appartements im ersten Stock des Palazzo del Grillo sollte nach einer Zeichnung des großen Bernini mit einem üppigen bukolischen Stuck versehen werden, mit Faunen und Nymphen und arkadischen Szenen, mit überquellenden Früchtegirlanden und in der Luft tanzenden flügelschlagenden Putten. Der Marchese ließ sich den besten Stukkateur von Rom kommen, und der Mann arbeitete ein halbes Jahr – dann war das Werk so hübsch, wie man es sich nur wünschen konnte. Der Marchese bedankte sich und bestellte den Mann auf den nächsten Tag, sich sein Honorar abzuholen. Für den Abend hatte er eine Reihe von Freunden eingeladen (der Gastgeber mit dem Wildschwein war auch dabei), und man bewunderte höchlich den gusto raffinato del Marchese del Grillo – im Garten draußen zu dem Geplätscher der drei Fontänen spielte ein kleines ausgezeichnetes Orchester –, es war einer jener verzauberten römischen Abende, an denen die Weichheit der Luft sich mit der Klarheit des Himmels zu unendlichem Wohlgefühl verbindet, und alle waren bester Stimmung, bis der Marchese ein Gespräch vom Zaune brach, in dem er behauptete, es könne auf der Welt keine Gerechtigkeit geben – die Gerechtigkeit sei eine Erfindung von Fabelerzählern, man müsse der Aufklärung des Volkes Vorschub leisten, der Unsinn, an die Existenz der Gerechtigkeit zu glauben, sei erwiesen, und er für seinen Teil gehe jede Wette ein, seine Behauptung zu beweisen.

Die anderen hielten die Wette, und der Marchese fuhr fort: »Ich werde euch zeigen, daß ich Recht habe. Da ist dieser brave Mann, der mir die neue Stuckdecke gemacht hat, ich habe ihn auf morgen bestellt, damit er sein Honorar kassieren kann – und ich werde ihm keinen Heller bezahlen.« Niemand glaubte daran, – der Abend verlief ungetrübt. Indessen fand der arme Stukkateur am nächsten Tag tatsächlich einen aufgebrachten, ungnädigen Marchese vor, der ihn erst einmal ohne Kommentar vor die Türe setzen ließ. Als der Handwerksmeister zurückkam, um einen zweiten Versuch zu machen, schrie ihn der Marchese zornrot an, er habe doch sein Geld gestern schon bekommen, und wenn er nicht verschwinde, werde er ihn einsperren lassen. Der Stukkateur hatte aber sein Geld sehr nötig und versuchte es noch ein drittes Mal. Und da schickte der Marchese zum Präfekten der päpstlichen Polizei und ließ den armen Kerl verhaften und ins Gefängnis werfen. Zur gleichen Zeit wandte er sich an das Gericht und erzählte dem Richter einen erfundenen Hergang, der den Handwerker für Jahre in den Turm bringen konnte. Der Richter bedankte sich – und als der Marchese nach dem Termin der Verhandlung fragte, bekam er zur Antwort, man werde doch dem Worte eines so angesehenen, der Gnade des Heiligen Vaters unmittelbar teilhaftigen Mannes ohne weiteres glauben können. Hochbefriedigt zog der Marchese ab. Noch am selben Tage gab er ein kleines Vermögen aus, um alle Küster Roms zu überreden, sie sollten am nächsten Vormittag 11 Uhr die Glocken ihrer Kirchen läuten und schwarze Vorhänge an die Portale hängen. Er selber bot sein ganzes Personal auf, in schwarzen Livreen und mit Trauerbändern am Arm durch die Stadt zu

laufen und beim Schall der Glocken zu verkünden:
»la giustizia è morta.« So geschah es, und dann ließ der
Marchese del Grillo den Stukkateur kommen und zahlte
ihm das Doppelte. Er hatte gesiegt: die Gerechtigkeit
war tot. Er hatte sie selbst begraben.

Das achtzehnte Jahrhundert war in Rom eine ruhige
Zeit. Der Kirchenstaat hatte wenig äußere Schwierigkeiten, die Päpste, die zur Herrschaft kamen, waren
tolerante Herren, die keine rigorosen Ansprüche stellten und politischen Abenteuern abhold waren, ebenso
wie ihnen der Gedanke an die fühlbare Vermehrung
ihrer weltlichen Macht ziemlich ferne lag. Der Marchese
del Grillo hatte nichts zu tun. Das Haus war fertig,
er lebte darin in fürstlichem Luxus, und er haßte es,
sich zu langweilen. Zuerst fing er aus reinem Übermut
an, die Römer mit seinen Streichen zu unterhalten. Er
ging mit ein paar Dienern am Abend vor das Teatro
Tordinona und band die dort wartenden Wagen der
Theaterbesucher mit Seilen so sehr aneinander fest, daß
eine fürchterliche Konfusion entstand, als auch nur der
erste Wagen sich in Bewegung setzen wollte; oder er
feierte ein Fest in seinem Garten, ließ geheime Wasserkünste anbringen, die die Damen unvorhergesehen übergossen, zwang sie, die Kleider zu wechseln, hatte sehr
reizende Bauerntrachten bereitlegen lassen, ließ einen
halben Ochsen am Spieß braten und machte einen steif
und förmlich begonnenen Abend zu einem fröhlichen
Campagnafest von reizender Unbeschwertheit. Oder er
lud auf einem seiner Güter in der Campagna die Bauern aus dem nächsten Dorf zum Tanzen und zum Essen
ein und ließ ihnen inzwischen durch zwei Maurer die
Haustüren sämtlicher Häuser vermauern, so daß sie,
von Bacchus leicht berührt, nach Hause kamen und die

Haustür nicht mehr finden konnten. Und als die Bauern dann am nächsten Morgen ihre Türen mit der Spitzhacke wieder aufbrachen, fand jeder von ihnen einen Beutel mit zehn Goldstücken in die Sperrwand eingemauert...

Es scheint, als habe der Marchese eine große Scheu empfunden, Wohltaten auf direkte Weise zu tun. Das ist eine sehr römische Eigenschaft. Es war ihm zuwider, Almosen zu geben. Wenn er einen Bettler traf, gab er ihm zwei Soldi, wenn der Bettler aber Gegenstand eines Scherzes sein konnte, bekam er zwei Dukaten. Dahinter steckt eine Menge Takt. Denn auch in Rom, wo sich so viele ausgestreckte Hände finden, um eine Münze des Überflusses in Empfang zu nehmen, ist geschenktes Geld weniger wert als verdientes Geld. Nur ist Verdienen nicht immer gleichbedeutend mit Arbeit.

Natürlich kam der Marchese del Grillo bei seiner temperamentvollen Lebensweise unausgesetzt mit den päpstlichen Ordnungsbehörden in Konflikt. Die Polizei konnte zwar wenig machen, denn der Rang des Marchese am päpstlichen Hofe war so hoch, daß die Sbirren sich scheuten, dem Marchese zu nahe zu kommen. Aber dafür erreichten in pausenloser Folge die Beschwerden der Kommissare den Schreibtisch des Heiligen Vaters – und hin und wieder wurde der Marchese in den Vatikan gerufen, dort zeremoniös und ehrenvoll empfangen, in das Privatzimmer des Papstes geleitet und dann gehörig abgekanzelt. Wir wissen nicht genau, mit welchem der Päpste der Herr del Grillo es am meisten zu tun hatte – seine Figur verschwimmt im Zwielicht der Legende –, aber nehmen wir einmal an, es sei Benedikt XIV. gewesen. In diesem Falle wäre der Marchese auf einen Partner gestoßen, der ihm ebenbürtig, wenn nicht überlegen war. Denn Benedikt XIV. – il Papa Lambertini – war ein Mann von solchem Charme, daß bis heute im römischen Volk seine pointierten Aussprüche die Runde machen. Sicher ist, daß die päpstlichen Belehrungen beim Marchese del Grillo nicht fruchteten, sicher ist auch, daß der Marchese mit einem Gesicht, voll von Zerknirschung, den Vatikan jedesmal mit dem Gefühl verließ, jetzt wieder für eine Zeitlang Straflosigkeit und Narrenfreiheit zu haben – und schließlich, so wird erzählt, habe der Papst sich mit dem spottlustigen Kammerherrn nicht mehr anders zu helfen gewußt, als ihn mit dessen eigenen Waffen zu schlagen. Die Gelegenheit kam bald. Denn der Marchese del Grillo hatte, wie jedermann in Rom, seine Protektionskinder, und manchmal reichte seine Macht nicht aus, um ihre Wünsche selbständig zu erfüllen. So wandte er sich einmal an den Papst, um für seinen Hauskaplan eine Pfründe und den Kanoniker-Titel an einer kleinen römischen Kirche zu erbitten. Der Papst gab das Gesuch zur Prüfung an das betreffende Kapitel und bekam es, wie vorauszusehen, mit dem Bescheid zurück, das Kapitel fühle sich leider nicht in der Lage, den betreffenden Herren unter seine Mitglieder aufzunehmen. Darüber war der Herr del Grillo sehr betrübt und beschloß, seine Bitten zu erneuern. Schließlich empfing der Papst den Kandidaten. Es war eine denkwürdige Szene.

Der Heilige Vater saß in seinem Sommerschloß auf dem Quirinal hinter einem zierlichen Schreibtisch, die Feder in der Hand. Sein volles, rundes Gesicht glänzte von Zufriedenheit, und aus seinen kleinen, beweglichen Augen blinzelte die gute Laune. Der Kandidat trat ein – fiel dreimal hintereinander auf die Knie und hörte zu seinem Erstaunen aus dem Munde des Heiligen Vaters ohne weitere Einleitung die Worte: »Stehen Sie auf. – Setzen Sie das Birret auf. – Tun Sie's wieder herunter. – Machen Sie eine Kniebeuge mit dem rechten Knie. – Jetzt eine mit dem linken. – Noch eine direkt vor mir. – Setzen Sie sich. – Stehen Sie wieder auf. – Danke, für einen Kanonikus beim Marchese del Grillo reicht das vollständig aus.«

So verlief das Leben des Marchese del Grillo in einer Kette von Provokationen, die er – nicht frei von Gewalttätigkeit und Derbheit, aber im Grunde von überwältigender Bonhommie – seiner Umwelt verursachte, sich selbst zum Genuß, den Zuschauern zum Vergnügen, den Betroffenen zur Lehre, dem Heiligen Stuhl zu schmunzelnder Kümmernis. Jedermann wußte, daß er es über alles liebte, das letzte Wort zu haben. Aber niemand ahnte, daß er noch über seinen Tod hinaus das geheime Duell fortführen würde, das er zeit seines Lebens mit soviel Phantasie gegenüber der klerikalen Herrschaft in Rom durchgefochten hatte. Als er merkte, daß es mit ihm zu Ende ging, ordnete er an, bei seinem Leichenbegängnis hätten soviel Franziskanerbrüder mitzugehen, als in Rom nur irgendwie aufzutreiben waren. Und jeder von ihnen sollte eine Kerze tragen. Das Leichenbegängnis fand statt, es war unerhört prunkvoll, und obwohl der Weg nicht sehr lang war bis zur Pfarrkirche und zum Erbbegräbnis, kamen über vierhundert Geistliche, mit den Kerzen in der Hand, wie er es gewünscht hatte. Die Straßen um den Palazzo del Grillo waren schwarz von Menschen, das päpstliche Militär bildete für den Kammerherren di Cappa e Spada ein pompöses Ehrenspalier, es waren viele arme Leute da, die Augen voller Tränen, weil der Marchese nicht aufgehört hatte, zwischen einem Streich und dem nächsten an die Armen in Rom zu denken, kurz und gut, es war ein schönes Funerale, wie es sich ein Mitglied des Patriziato Romano nur wünschen konnte. Und auf einmal hörte man es krachen und sah, wie einem dicken Franziskanerbruder die Kerze aus der Hand fiel. Die Zunächststehenden wollten ihm zu Hilfe eilen, wurden aber ebenfalls das Opfer zweier Explosionen, die sie veranlaßten, die Kerzen wegzuwerfen. Und nun brach eine Kettenreaktion von Knallereien an, und man sah mit großem Staunen, wie zuerst die Ordensleute Angst bekamen und dann der Weltklerus, und als die rasanten Detonationen immer noch nicht aufhörten, suchten auch die Freunde und schließlich selbst die Verwandten das Weite, so daß zum Schluß nur noch einer übrig blieb, der Maggiordomo, der durch Jahrzehnte der Gefährte seiner Streiche gewesen war. Und so brachte der Marchese durch Knallerbsen in den Trauerkerzen noch nach seinem Tode heraus, wer ihm wirklich und von Herzen zugetan war – und siehe da, es war ein einziger. Aber für diesen guten Mann lohnte sich die Sache – er bekam einen großen Teil der Erbschaft, da der Marchese kinderlos verblieben war.

Der Charakter dieses Mannes ist außerordentlich römisch – und ich möchte Ihnen gerne sagen, warum. Immer wieder – auch heute noch – tauchen in der Stadt Rom Menschen auf, die ihrer sozialen Stellung, ihrer Herkunft und ihren wirtschaftlichen Möglichkeiten nach zur ›Gesellschaft‹ gehören. Aber ein bemerkenswertes Element ihres Wesens hindert sie daran, in der Formelhaftigkeit und dem nichtssagenden Leben dieser Kreise unterzugehen. Wenn wir uns heute die Frage vorlegen, warum der Marchese del Grillo beim römischen Volke so beliebt war, so ist die Antwort einfach: die Leute spürten den sehr großen Herren, den unabhängigen Geist, den furchtlosen Fanatiker der Wahrheit – sie liebten den generösen, um Standesunterschiede gänzlich unbekümmerten Edelmann, dessen Stolz hauptsächlich darin zu bestehen schien, den kleiderständerhaften, privilegierten Langeweile-Snobs einen deftigen Schrecken einzujagen. Der Marchese del Grillo war sozusagen ein Revolutionär, ein Freibeuter, ein moralischer Brigant von oben her. Und nachdem er phantastische Reichtümer besaß, die er gänzlich sorglos und auf seine Weise ausgeben konnte, so ließ er die Römer seinen kritischen und satirischen Verstand spüren. Heute noch, wenn einer einen neuen, ein bißchen suffisanten Witz erfindet oder ihn zum ersten Mal erzählt, kann man in Rom hören – das hätte vom Marchese del Grillo sein können. Niemals, soviel wir wissen, verübte der Marchese del Grillo seine Streiche um ihrer selbst willen. Immer hatte er einen tieferen Sinn seiner absurden Taten im Auge, schon während er sie anordnete. Er war nicht frei von Bosheit, aber er war von schlafwandlerischer Sicherheit in der Wahl seiner Gegner. Nicht daß er sich immer die Stärkeren herausgesucht hätte, aber immer die Lächerlichen. Er hatte den berühmten sechsten Sinn der Römer, die Achillesferse ihrer Mitmenschen auszuspüren, und er schoß mit Zielsicherheit seine ironischen Pfeile dahin ab, wo er Hochmut, Überheblichkeit, Anmaßung ohne Verdienst, Heuchelei und Taktlosigkeit erkennen konnte. Die Verteidigung der Schwachen mit der Waffe des Spottes und der Ironie hat in Rom immer schon eine sehr hohe Schätzung genossen; denn die Römer lieben es, den Witz über die Unvernunft, die Intelligenz über das Privileg, den Spott über die Macht siegen zu sehen – und daß er ihnen ein ganzes Leben lang dieses

Spektakel in bemerkenswerter Abwechslung geboten hat, haben die Römer dem Marchese del Grillo bis heute noch nicht vergessen. Auch das Schicksal hat es gut gemeint mit dem Marchese del Grillo: es hat sein Haus vor dem Verfall bewahrt. Während die Mehrzahl der großen römischen Privatpaläste heute durch allerhand Büros, durch Banken und Versicherungen, durch Parteien und Klubs ihrem eigentlichen Zweck entfremdet sind und nicht immer ihren früheren Glanz bewahren konnten, ist der Palazzo del Grillo geblieben, was er war – ein bezauberndes Wohnhaus, in dessen stillem Garten die Fontänen rauschen und die Vögel singen, unberührt vom wechselvollen Gang der Zeiten.

Der Palazzo del Grillo

EINE RÖMISCHE ABENDGESELLSCHAFT

Meine lieben Leser, ich werde fast von allen Besuchern, die mich bitten, sie in Rom zu führen, gefragt, wie denn eigentlich ein römisches Haus von innen aussieht, und dieser Frage liegt zweifellos das Bedürfnis zugrunde, über die Monumente, die Geschichte und die Kunstdenkmäler hinaus einen intimeren Kontakt zu den Menschen dieser Stadt zu erlangen. Und so möchte ich Ihnen, bevor wir unsere gemeinsamen Erkundungen der Stadt fortsetzen, eine etwas ungewöhnliche Führung vorschlagen, die nicht Denkmäler und Panoramen, sondern Schicksale und Charaktere römischer Menschen zum Gegenstand haben soll. Wir wollen uns als Schauplatz dieser Betrachtung eine kleine Abendgesellschaft wählen, die in einem alten römischen Hause stattfindet – der Hausherr hat mit Freuden meinem Vorschlag zugestimmt, Sie dahin mitzubringen –, und wir werden Gelegenheit haben, eine Anzahl Römer kennenzulernen, die zusammen vielleicht eine Art von Typologie des römischen Menschen bilden können. Unser Unternehmen verlangt viel Takt und Diskretion, und ich bitte Sie, bei allem, was Sie im folgenden erfahren werden, die Tatsache nicht aus dem Auge zu lassen, daß die uns bevorstehende Abendgesellschaft nur in unserer Phantasie und innerhalb der Seiten dieses Buches existiert. Dort aber ist sie eine Wirklichkeit, so römisch, wie Sie es sich nur wünschen können.

Wir haben uns für neun Uhr abends verabredet und treten nun in die riesige Einfahrt eines alten Palazzo ein, die, wie alle römischen Torgewölbe, nur schwach erleuchtet ist und in ihren dunklen Schattenflächen die gewaltigen Dimensionen des Hauses ahnen läßt. Gleich unter dem Tor empfängt uns der Portier; er hat eine blaue, silberknöpfige Livree an, weil es halt ohne ein bißchen Zeremoniell in Rom nicht geht. Er ist ein hochgewachsener, kräftiger Mann mit todernstem Gesicht und einer Zornesfalte zwischen den Augenbrauen, die vielleicht von den Anstrengungen herrührt, womit er die heranwachsenden Sprößlinge der Familien in der

Nachbarschaft davon abzuhalten sucht, die vor dem Hause parkenden Autos als ihr Privateigentum zu betrachten. Er weist uns über die große Haupttreppe hinauf, und wir finden uns auf dem Treppenabsatz von dem schwungvoll gepanzerten Standbild eines antiken Heros begrüßt, an dessen rechter Seite eine graziös gemeißelte Dame uns den Wahlspruch präsentiert: UBI TU CAIUS EGO CAIA – wo du Caius bist, bin ich Caia –, die antike Formel der Eheschließung, ein schöner und freundlicher Sinnspruch für den Frieden des Hauses. Dann geht es noch einen Treppenabsatz hinauf, und schon blasen uns die Stuckengel über der Eingangstür unseres Gastfreundes auf ihren Trompeten mit unermüdlich geblähten Backen die Entrata des Willkommens entgegen.

Die Türe trägt kein Namensschild, das ist in Rom nicht üblich, aber ihre beiden Flügel stehen weit offen und eilfertig nimmt sich unser ein kleiner Mann in weißer Dienerjacke an, der uns mit Worten und Gebärden einzutreten bittet. Wir befinden uns in einem langen und schmalen Raum mit erleuchteter Decke, der mit ein paar schönen alten Möbeln und einem großen roten Teppich zu einem Kompromiß zwischen Gesellschaftsraum und Arbeitszimmer ausgestaltet ist, und hier erwartet uns auch schon der Hausherr mit seinen römischen Freunden. Es beginnt die übliche Vorstellerei, bei der sich niemand die Namen aller Anwesenden merken kann, auch wenn sie noch so deutlich ausgesprochen werden. Da aber inzwischen der weißbefrackte Cameriere mit einem Tablett voll gefüllter Gläser die Runde macht, finden wir genug Zeit, uns die einzelnen Gäste näher anzusehen.

Zunächst fällt Ihr Auge, meine verehrte Leserin, auf einen außerordentlich gut aussehenden Mann, während sich das Ihre, mein verehrter Leser, von der Gestalt einer diademgeschmückten jungen Frau angezogen fühlt. Da den Damen der Vortritt gebührt, beschreibe ich zuerst den Herrn. Er ist etwa fünfzig Jahre alt, sein Haar ist grau, sein Gesicht jugendlich, seine Augen zeigen Spuren von Trauer und Resignation, seine Hände die Gepflegtheit des Müßiggangs, er ist ein Kavalier, was sich aus seinem Handkuß erkennen läßt, und ein Bonvivant, wie sein vor fünfzehn Jahren in London geschneiderter Anzug verrät. Er ist polyglott, eitel, verspielt, romantisch und unverbindlich. Innerhalb von zwei Minuten hat er es geschafft, irgendeine Gemeinsamkeit zwischen Ihnen und sich selbst zu entdecken: kommen Sie aus Norddeutschland, so wird er Ihnen von seinen Studienjahren in Göttingen und Hamburg erzählen und dabei die köstlichen Zeiten studentischer Freiheit lobend im Munde führen, kommen Sie aus dem Süden, so wird er seine durch eine Großmutter dokumentierte Zugehörigkeit zur österreichisch-ungarischen Monarchie einfließen lassen, kommen Sie aus dem Osten, so wird seine Erinnerung das Leben auf den Gütern Schlesiens und Pommerns heraufbeschwören, kommen Sie indessen aus dem Westen, wird er das blendende Französisch der rheinischen Gesellschaft loben, und er wird ein paar Sätze in dieser Sprache einstreuen, ohne Sie je in die Verlegenheit zu bringen, auf Französisch zu antworten, wenn Sie nicht wollen. Behutsam wird er das Gespräch auf Italienisches lenken, er wird drei von Ihnen gestammelten italienischen Wörtern als dem Gipfel Ihres Charmes applaudieren und Ihnen in jedem Fall zu verstehen geben, daß er Ihr Kleid bezaubernd und dessen Trägerin als einen gänzlich unerwarteten Glücksfall in seinem öden römischen Dasein empfindet. Aus einer sehr guten, alten italienischen Familie stammend, hat er mit Geschick und Genuß das ererbte Vermögen nebst Schlössern und Jagden durchgebracht, sich in Dänemark höchst unglücklich verheiratet, von seiner Frau vor Jahrzehnten getrennt – auf Grund des italienischen Gesetzes kann er sich glücklicherweise nicht scheiden lassen – und führt nun das Dasein eines sicheren Junggesellen, dessen Intelligenz sich zum geringeren Teil damit verbraucht, einen gehobenen Posten in einem römischen Ministerium auszufüllen, während der größere Teil dazu verwendet wird, seiner uneingeweihten Mitwelt das Zehnfache seines wirklichen Einkommens vorzugaukeln.

Überlassen Sie sich, meine anmutigen Damen, getrost den gedrechselten Konversationen dieses Kavaliers und gönnen Sie mir einen Augenblick, um unsere männlichen Leser ein wenig über jene Dame zu informieren, die ihr Augenmerk von Anfang an auf sich zog. Sie trägt den schönen Namen Desideria und hat ein kühnes, leidenschaftliches Profil, von einer dunklen Haarmähne prachtvoll eingerahmt. Der kühle Glanz einer dreifachen Perlenkette erhöht noch den leise vibrierenden Ausdruck ihres Gesichtes, in dem sich Stolz, Unbeugsamkeit, Liebesfähigkeit und Unrast seltsam mischen. Tochter reichbegüterter Eltern, heiratete sie als sehr junges Mädchen einen Mann, der es in den vierzehn Jahren dieser Ehe fertigbrachte, in ihr nicht mehr als eine mit leiser Verachtung gemischte Gleichgültigkeit zu erwecken. Sie ist mit Maßen an geistigen Genüssen interessiert, ein hochrassiger Hund vermag jedoch ihre Anteilnahme zweifellos weit eher zu erringen als eine Melodie von Mozart. In ganz Rom kennt man sie wegen der aufbrüllenden Kompressoren ihres Wagens, den sie mit teilnahmsloser Lässigkeit in gänzlich vorschriftswidrigem Tempo unfallsfrei durch den wimmelnden Verkehr zu treiben pflegt. Die Männerwelt hat es nicht leicht mit ihr, denn sie verläßt ihre liebenswürdige und vollständig desinteressierte Reserve nur, wenn ihr Gesprächspartner jene scharfzüngige Schlagfertigkeit hat, die aus Süffisance, Lebensart und Risiko zu gleichen Teilen gemischt ist. Dann aber lacht sie aus vollem Halse, und ihre unregelmäßig gesetzten Augen glühen für einen Moment in grünem Feuer, worüber, wie man sagt, schon einige recht bedeutende Männer den Kopf verloren haben. Sie hat das Verhängnis in ihrer nächsten Nachbarschaft, und der Mann, mit dem sie spricht, hat das längst gemerkt.

Er ist ein wenig kleiner als sie, lenkt seinen verhüllten Blick auf das Sektglas in seinen Händen, hat das Lächeln freundlichster Bonhommie auf geschürzten Lippen und trägt Soutane, Schärpe und Schnallenschuhe eines Mitgliedes der ›päpstlichen Familie‹ –, ein Monsignore aus dem Vatikan. Sein Charme besteht hauptsächlich in der eminenten Klugheit seines Gesichts, das stets auf Bedeutsames schließen läßt, während die wohlklingenden Sätze nichtssagender Konversation in dialektischer Manier und bravouröser Eleganz aus seinem Munde strömen. Er gehört jener dünnen Schicht römischer Kleriker an, denen es erlaubt ist, sich in die Salons der Hauptstadt zu begeben, und sein Auftreten in der Gesellschaft beweist mit jeder Geste und jedem Wort, daß ein Priester seiner sakralen Würde nicht schadet, wenn er es versteht, ein Gentleman zu sein. Er hat längst gelernt, auch seine Feinde mit erlesener Höflichkeit zu behandeln und herausgefunden, daß die

Menschen nichts weniger vertragen als die ganze Wahrheit. Sein Geist ist gewohnt, auf den Bahnen des Unbedeutsamen mit der abgezirkelten Kombinatorik des Mathematikers und mit der instinktsicheren Grazie des Wünschelrutengängers dahinzugleiten und seinen blendenden Witz stets dort anzusetzen, wo die Predigt mit Sicherheit versagen würde. Niemand von den Anwesenden weiß, daß er seine Frühmesse in einem Armenhaus liest, dessen Unterstützung fast seine ganzen Einkünfte verschlingt. Den Genüssen der Tafel ist er mit Hingabe zugetan und seine Trinksprüche schwirren von klassischen Formulierungen. Manche halten ihn für ehrgeizig, was aber hauptsächlich von seiner manchmal nicht zu dämpfenden Begabung herrührt, Menschen und Dinge auf die anmutigste Art zu Tode zu loben. Ein großer Liebhaber der Anekdote, ist er ein verschwiegener, fanatischer Feind aller Indiskretion. Wenn er von der Kurie spricht, so liegt ihm nichts ferner, als den Eindruck zu erwecken, es handle sich dabei um eine Versammlung von Heiligen. Von Heiligen aber spricht er nur ganz selten. Das einzige Gebiet, worin er Unsicherheit zeigt, ist die Kunst, weil ihm die moralischen Kategorien mehr am Herzen liegen als die ästhetischen – hingegen vermag er über einen geschichtlichen Gegenstand in echte Begeisterung zu geraten, sofern sich aus der Argumentation keine direkten Vergleiche zu gegenwärtigen Zuständen in der römischen Kirche ableiten lassen. Sein ganzes Wesen ist auf Wohlwollen, Verständnis und Höflichkeit gerichtet und seine Umgangsformen sind so makellos, daß in seiner Gesellschaft selbst bei sehr kirchenfeindlichen Gemütern die Schrecken vor dem Papismus zu schwinden beginnen.
Neben ihm erregt unsere Aufmerksamkeit ein Paar,

das im hohen Grade Sympathie verdient. Er ist ein gedrungener, bäuerlich aussehender Mann, dessen lichtblaue Augen die Spuren jahrelang versäumten Schlafes zeigen, sie eine rundliche, dunkelhaarige Frau von unbestimmbarem Alter, die mit ihrem flinken Mundwerk glänzend über die Tatsache hinwegkommt, daß das Kleid, das sie am Leibe trägt, schon zweimal umgeschneidert worden ist. Beide sind seit langer Zeit glücklich miteinander verheiratet und seit dem Kriege dem schlimmsten Gespenst ausgesetzt, das Italien kennt: der ›miseria‹. Jeder, der die beiden näher kennt, weiß, daß ihnen manchmal das Geld für die billigsten Zigaretten fehlt, aber noch niemals hat jemand nur den leisesten Ton der Klage gehört – von der Bitte um Hilfe, die im Falle alter Freundschaft doch nur verständlich wäre, ganz zu schweigen. Anstatt dessen streiten sich die beiden ununterbrochen, mit lauter Stimme und unter möglichster Einbeziehung aller Anwesenden. In früheren Jahren hat sie auf der Bühne römische Dialektrollen gespielt, später manchmal synchronisiert, während er als Prokurist einer kleinen Möbelfirma arbeitete. Dann, vor ein paar Jahren, kam der große Augenblick, wo das italienische Fernsehen seine Quiz-Reihe »Lascia o radoppia« – läßt du's oder verdoppelst du? begann, und die Signora Franca entdeckte, sie sei eine unschlagbare Expertin für die Geschichte des Films. Mit den letzten zusammengekratzten Reserven fuhren sie beide nach Mailand, Franca kam durch die Vorentscheidung, fand sich eines Tages vor der Kamera und fieberte in der Vorstellung, fünf Millionen Lire zu gewinnen. Die Aufregung war so groß, daß sie bei der ersten Frage durchfiel. Und beide fuhren, um die große Illusion von plötzlichem Reichtum geprellt, in ihre Armut zurück. Seit dieser Zeit schreibt Franca an einem Buch über den Film, das nie fertig wird, und es gibt im Gespräch mit ihr kein Entrinnen: alles, was immer als Thema zur Unterhaltung dienen kann, sei es der Nordpol oder die Steuer oder der neue Hut einer gemeinsamen Freundin, endet beim Film. Und der Ehemann hält das zwar aus, aber wenn er in Gesellschaft ist, macht er sich Luft. Dann erheben sich die Stimmen zu meridionalem Gedröhne, und nachdem niemand auf die Dauer zuhören will, enden die beiden schließlich in einer Ecke, wo sie ihre Diskussion weiterführen.

Leider werden sie jetzt gerade unterbrochen, denn der Diener des Hauses öffnet mit dem Gesicht eines päpstlichen Zeremonienmeisters die Türe zum Garten und sagt: »Signori, è servito« – meine Damen und Herren, es ist serviert. Und dann kommt die erste der Überraschungen, die Rom Ihnen heute abend zu bieten hat. Unter dem Türrahmen werden Sie stehenbleiben und einen von Orangenbäumen, Lorbeer und Kletterrosen umsäumten und überrankten Gartenweg vor sich sehen, in dessen vielfach eingebuchtete Seitenbrüstungen kleine Steinbänke eingelassen sind. Sein ganzer Hintergrund wird von einer strahlend erleuchteten Fontäne eingenommen, die zwischen zwei herkulischen Faunen von heiterer und robuster Pracht in dreifachem Gefälle von Schale zu Schale bis in das ebenerdige Becken herniederfließt. Überall brennen Kerzen, in der Mitte steht ein weiß gedeckter Tisch mit den köstlichen Gaben der römischen Küche. Um das Glück voll zu machen, schenkt uns auch noch der Mond sein silbernes Licht, und vom Turm einer nahen Kirche läutet eine einsame Glocke ihren zärtlichen Schlag in die voll erblühte Nacht.

Während der kühle Wein uns sanft die Kehle befeuchtet und wir unseren Teller mit dünnen Scheiben rohen Abruzzen-Schinkens und geeisten frischen Feigen beladen, fällt unser Blick auf eine Gruppe von Menschen, die sich um eine kleine, viel redende und kapriziöse Dame geschart haben, offensichtlich dankbar, daß sie die genußreiche Beschäftigung mit Essen und Trinken nicht durch Reden zu unterbrechen brauchen. Da ist zunächst ein alter Herr, der sehr vergnügt an seinem Glase nippt, er hat einen kleinen weißen Schnurrbart und ist ein Engländer, der seit der Zeit vor dem ersten Weltkrieg in Rom lebt. Früher stand er wohl einmal im diplomatischen Dienst, hat ihn aber in dem Augenblick quittiert, als er von Rom versetzt werden sollte, mietete sich eine Liliput-Wohnung in einem schönen alten Haus, begann zu schriftstellern und entwickelte sich zu einer herrlichen Klatschtante. Sehr viel Geld hat er bestimmt nicht, dafür aber ein unverwüstliches gesellschaftliches Talent, eine rührend altmodische Art, den Anwesenden Komplimente einzuträufeln, die er, unter Veränderung weniger Worte, später oder bei anderer Gelegenheit auch in feingeschliffene Bosheiten umzuwandeln versteht. Er ist ein klassischer Junggeselle, ohne Familiensorgen, den Frauen zugeneigt, ein Feinschmecker hohen Grades und ein blitzgescheiter Kunstkenner. Es gibt niemand – nein, es darf niemand geben, den er nicht kennt, wenngleich er eine gewisse, angenehme Distanz zu seiner Umwelt außerordentlich schätzt. Alles an ihm ist Urbanität, sein Lieblingsautor Horaz, seine Bildung vielseitig, sein Auftreten von jener leicht durchtriebenen Bescheidenheit, die sich dort als Tarnung zeigt, wo andere darauf hereinfallen, und dort einen Schutz bildet, wo Vertraulichkeit im Anzug ist. Dabei ist er echter Freundschaft durchaus fähig, heuchelt niemals Bewunderung, wo er sie nicht empfindet, und kennt in der Stadt jeden Stein und seine Geschichte. Ich habe mich oft gefragt, ob man ihn als einen Snob bezeichnen könnte. Er wäre es vielleicht, stünde nicht seine echte Fähigkeit zur Begeisterung und seine bezaubernde Offenheit dem entgegen. Er vertritt in unserer Abendgesellschaft jene seltsame Spielart in Rom hängengebliebener Ausländer – insonderheit aus den angelsächsischen Ländern –, deren Liebe zur Ewigen Stadt einen Anflug von Spleen hat. Aus seinen Augen leuchtet große Güte und in seinen Reden lebt die Abgeklärtheit eines Menschen, der weiß, daß er sein Leben zur eigenen Zufriedenheit verbracht hat.

Neben ihm beschäftigt sich eine etwas aufgetakelte Dame derselben Generation, deren rauhe Generalsstimme nur ertönt, um mit gepfefferten Sentenzen das jeweilige Thema einer Diskussion endgültig abzuschließen, mit einer Artischocke à la Romana, findet nebenbei noch Zeit, die Kleider sämtlicher anwesenden Damen auf die Frage hin zu prüfen, was sich in Wahrheit dahinter verbirgt, und fällt todsichere Urteile über die Echtheit der getragenen Schmuckstücke. Sie gehört zu jenen interessierten Persönlichkeiten des öffentlichen Lebens in Rom, die in der Lage sind, von sechs Uhr nachmittags bis neun Uhr abends zwei wissenschaftliche Vorträge und drei Cocktail-Parties zu besuchen, dabei unverblümt die Wahrheit zu sagen und sich dadurch einige Leute zu Freunden zu machen, während der Rest der Gesellschaft vor ihnen zittert. An Witz und Geist ist sie den jungen Damen des heutigen Rom so weit überlegen wie Talleyrand den Kindern der Revolution, denen er bekanntlich zu verstehen gab, daß, wer nicht vor dem Jahre 1789 gelebt habe, nicht sagen könne, überhaupt gelebt zu haben.

Neben dieser großen Dame erfreuen unseren Blick auch noch zwei kleine Damen, zwei jener geschmeidig gebauten jungen Mädchen, die in ihrem von schwarzen Wimpern träumerisch umflorten Blick die Unschuld ihrer Jahre mit der natürlichen Koketterie ihres Geschlechts und der rätselhaften Ignoranz ihrer Generation köstlich zu vereinigen wissen.

Und nun endlich, um die Runde voll zu machen, sehen wir uns noch die redende Dame an. Sie sieht aus wie eine Porzellanfigur und die Worte kommen aus ihrem Munde in einem Schwall, der Berninis Wasserkünste weit übertönt. Ihre Lebensgeschichte schließt viele Situationen ein, über die die Gesellschaft zu allen Zeiten nur hinwegzusehen pflegte, wenn sehr viel Geld im Spiele war. Von allen Anwesenden ist sie das größte Kind, verwöhnt, voller Unsinn, magisch angezogen von allem, was glänzt und funkelt, generös und gänzlich ungeniert. Von tiefer, etwas zerrütteter Religiosität, befindet sie sich ständig auf der Suche nach dem, was Schicksal und eigener Charakter ihr fortgesetzt verwehren: nach einem vernünftigen, überlegenen Mann, dem sie eine lebenslustige und treue Frau sein könnte. Aus ihrer ersten Ehe hat sie einen Sohn, der heute schon erwachsen ist und sie mit beleidigender Nachsicht behandelt, sobald er Geld von ihr braucht, und sie quält, wenn er keines bekommt. Aus ihrem Wortschwall steigen mitunter heimlich die Verzweiflung und die Furcht vor dem einsamen Alter herauf, und dann braucht sie Menschen um jeden Preis, zieht ein bißchen wahllos Freunde an sich heran, von denen sie Wohlwollen und Ritterlichkeit voraussetzt, um sie enttäuscht und bitter wieder fallen zu lassen, wenn sie egoistische Absichten aufzuspüren meint. In den römischen Salons freut man sich, sie zu sehen, und wenn sie wieder fortgegangen ist, bedauert man sie: sie hat jedermann davon zu überzeugen vermocht, daß man ihr nicht zumuten kann, aus den gemachten Erfahrungen zu lernen. So taumelt sie von Saison zu Saison, ohne im Grunde mondän zu sein, und schon jetzt, viel zu früh für ihr Alter, kommen die ungewohnten und schmerzlichen Erinnerungen an Dahingegangenes oftmals in ihre heitere und unbekümmerte Anmut. Sie sieht heute abend bezaubernd aus, und wenn wir uns die Mühe nehmen, es ihr auf eine gefällige Weise zu sagen, so wird sie es uns dankbar glauben, wenigstens solange sie die Fontäne rauschen hört.

Eine recht gemischte Gesellschaft, werden Sie sagen. Warten Sie noch ein wenig, meine Damen und Herren, denn sie ist noch nicht zu Ende. Der Garten, in dem wir uns befinden, besitzt auf der linken Seite, wo die zwei altersgrauen Karyatiden ihr stummes Pansgelächter lachen, eine dichte Hecke, hinter der von Zeit zu Zeit ein Schatten hin und her huscht, von halblauten Stimmen begleitet. Der Hausherr klärt uns darüber auf, daß in diesem Versteck jetzt die Familie des Obersekretärs Rossi vollzählig versammelt ist und uns zusieht. Ihre Wohnung, die auf demselben Stockwerk des Nebenhauses liegt, hat einen Ausgang zu dem winzigen Stück Garten, das durch die Hecke abgegrenzt ist und von ihr benützt wird. Unser Gastgeber versichert aber, die Leute seien seine intimen Freunde. Jedesmal, wenn er ein Gartenfest arrangiert, bringt der Diener am Nachmittag eine große kalte Platte und ein paar Fiaschi Frascati-Wein hinüber, zugleich mit der Ankündigung, es werde heute abend Krach gemacht, und darauf versammelt sich die Familie vollzählig hinter der Hecke und ißt und trinkt auf unser Wohl. Der Hausherr schildert uns den Vater Rossi als einen brummigen, fülligen Römer alten Schlages, die Mutter, sagt er, sei von überlegenem Verstand und beispiellos feinem Gehör, die Tochter – wie schade, daß wir sie nicht sehen – eine blühende römische Schönheit, dunkeläugig, schwarzhaarig und von verführerisch geschwellten Konturen. Wir hören ihre Stimmen leise herüberdringen und können sicher sein, daß sie uns eifrig und kritisch taxieren. Aber niemals würden sie sich bei uns bemerkbar machen, geschähe jetzt nicht etwas, was auch sie nicht erwartet haben.

Aus einer unbeleuchteten Ecke des weitläufigen Gartens ertönt plötzlich Musik, und der Hausherr erzählt uns, es seien dies drei alte Freunde von ihm, ein Mandolinenspieler, ein Geiger und ein Gitarrist. Sie pflegen jeden Abend in einem römischen Restaurant den Fremden jene Schlager vorzuspielen, die sich entweder tränenselig oder hopsend-neckisch gebärden und jenseits der Berge und Meere für, ach so typisch, italienisch gelten. Alle drei sind Meister ihres Instruments und der Mandolinist hat überdies eine hübsche, etwas versoffene Stimme. Jetzt haben sie ihr abendliches Pensum in der Trattoria beendet und sind, als neue Überraschung, zu uns herüber gebeten worden, nicht um die ›old italian songs‹ auch für uns zu wiederholen, sondern um ›stornelli romani‹ zu singen, alte Liebeslieder und Balladen des römischen Volkes, wie man sie schon vor hundert Jahren gesungen hat und wie sie heute noch überall erklingen, wo in den Quartieren der Subura oder in Trastevere die Römer auf strohgeflochtenen Stühlen an wackeligen Holztischen beim Wein sitzen. Kaum hat die Musik eingesetzt, so öffnen sich überall die Fenster, und über unseren Zaubergarten hinweg steigt aus der rauhen und harten Kehle des Sängers eine endlos verschlungene Melodie in den römischen Himmel. Hören wir zu, meine Damen und Herren, hören wir zu, was er singt:

> Halt dich still mein Herz, o halt dich still
> und klopf mir nicht zu laut hier unter'm Fenster,
> denn dort in ihrer kleinen Kammer schläft sie,
> die Röte aller Rosen auf den Lippen,
> und um sie ist es still wie in der Kirche.
> Könnt ich dir doch vom Himmel alle Wunder
> und unausdenkbar seltnen Sachen holen
> und einen Kranz draus machen für dein Bett!
> Vielleicht hilft von den himmlischen Bambini
> mir einer an die Fensterscheibe klopfen,
> damit sie ihre Augen ganz leicht aufmacht,
> nur grad so halb im Schlaf, und träumend merkt,
> daß ich hier unten für sie singe,
> und Mond und Sonne reichen mir nicht aus
> um ihr zu sagen, was ihr Lächeln zaubert.

Es ist ganz still im Garten. Und plötzlich erhebt der ehrenwerte Obersekretär hinter der Hecke seine Stimme und singt aus voller Kehle unter der anschwellenden Begeisterung aller Zuhörer die Gegenstrophe:

> Ach meine Nina, würd' es dich nicht locken,
> ganz heimlich jetzt mit mir in meiner Barke
> im vollen Mond aufs Meer hinauszusteuern
> und dir den Himmel anzuschaun – so voller Sterne,
> daß wir, im leichten Windesfächeln liegend,
> dem Paradies uns schon ganz nahe fühlen.

Das glatte Ruder schmeichelt meiner Hand,
komm, laß mich nicht so lang' alleine seufzen:
oh, strega bella, si me stassi acconto...
Du Hexenschönheit, hätt' ich dich bei mir...

In einem Augenblick haben wir das ganze große Rom in unserem Garten. Dreitausend Jahre menschlicher Leidenschaft sind gegenwärtig. Schauen Sie sich nur die Gesichter an, all die verschiedenen Schicksale, diese seltsamen, abwegigen und komplizierten Charaktere, diese Mischung aus Würde und Kummer, Glanz und Schwäche, wie sie sich im Anhören dieser halborientalisch klingenden Gesänge verwandeln, zurückbesinnen auf längst entschwundene Leidenschaften, auf das schon halb aufgegebene und niemals ganz verlorene Glück des Lebens in Rom. Alles, was unvergänglich ist an dieser Stadt, lebt in dem zitternden Auf und Ab der Stornelli: die Herrlichkeit des Himmels, Armut und Furcht, die Sehnsucht, sich satt zu essen, der aufbrausende Stolz gegen den Beleidiger, die Eifersucht, die stets die Hand am Messer hat, die hinreißende Begabung, ein geliebtes Wesen mit den Ornamenten der gesamten Natur, der Schöpfung, des Weltalls zu schmücken, und dazu die unerschöpfliche Spottlust, die Respektlosigkeit vor den Irrtümern der Begünstigten, das Mitleid mit der Miseria, das voraussetzungslose Einverständnis mit dem Abenteuer, die hintergründige Solidarität mit dem Bankrotteur, die haarscharfe Kenntnis menschlicher Fehler, ätzende Kritik und lächelnde Nachsicht. Wo gäbe es eine Formel, um Ihnen zu sagen, was alles aus diesen Volksgesängen herauf kommt, immer beladen mit dem überströmenden Gefühl für echtes, unverfälscht gelebtes Leben! Der blasierte Kavalier ist träumerisch geworden, die schöne Desideria hat den schmalen Kopf zurückgelehnt und ihre Reserviertheit vergessen, der Monsignore schlürft mit dem versonnenen Lächeln des kindlich-frommen Verzichtenden an seinem Glas, die beiden verarmten und streitlustigen glücklichen Eheleute vermeiden es vor Bewegtheit, einander anzuschauen, der alte Engländer denkt an die Morgensonne über seinem Rasen in Sussex, die große Dame mit der tiefen Stimme weilt in einer Vergangenheit, die plötzlich schmerzlich nah gerückt ist, die beiden kleinen Damen mit den gesenkten, süßen Gesichtern denken an Luciano und Dado, und die porzellan-zerbrechliche, vielredende Dame hat jene dunklen, feuchtglänzenden Augen bekommen, die auch rauhen Männern das Herz umdrehen. Für einen Augenblick spüren sie alle, daß dieses Rom eine große Stärke hat, sie alle hält und nährt und trägt, und sie die Niederlagen des Lebens vergessen macht. Vor vierzehnhundert Jahren hat der römische Redner Claudius Claudianus die wunderbaren Worte gesagt: »Rom allein hat die Besiegten an sein Herz genommen und die Menschen um ihres Namens willen gehegt.«

ROMA COLLERICA

ES GIBT IN ROM AUGENBLICKE, in denen wir uns von der Herrlichkeit der Welt beflügelt fühlen. Wir spüren, wie sich in uns das Scheitelgefühl des Lebens ausbreitet, während die Gewalten des Erdkreises in tobender Bewegung sind. Wenn der Papst in seinem pharaonischen Glanz triumphal in St. Peter einzieht, fühlen wir in uns die Kraft erwachen, Chaos, Skepsis und Schwäche einer besseren Ordnung zu unterwerfen. Wir finden uns aufgenommen in eine geheime und sehr hochgemute Ritterschaft, die aus der verschwiegenen Verteidigung übernatürlicher Güter nicht das Verdienst sondern die Lebensfreude zu ziehen weiß. Die Giganten des Brunnens auf der Piazza Navona, die an ihren Fesseln zerren, des Moses zornerfülltes Haupt, das von den Blitzen der Gerechtigkeit widerleuchtet, der Pantokrator auf dem Goldhimmel über dem Grab des Apostels Paulus, der die weltbewegende Rechte erhebt, lassen uns eine große, heilige, zornbrennende Macht erkennen, die uns in die Lage versetzt, das Getöse des Antichrist furchtlos zu bändigen.

Das Blut nicht zu scheuen, das Leben einzusetzen, der Wahrheit die Ehre zu geben – welch eine Kette von starkmütigen Entschlüssen bietet uns Rom in seinen Jahrtausenden dar: die Heere des Himmels sind bevölkert von Römern, denen das wahre Zeugnis wichtiger war als ein friedlicher Tod. Und das Kreuz auf dem Petersplatz steht fest, während der Erdkreis sich seufzend dreht.

> Betrachte doch den Fürsten dieser Welt
> dort in der Ebene von Babylon.
> Der Rauch steigt von den Feuern seiner Heere,
> gesättigt ist von Gold, was er berührt.
> Geschärft die Waffen, in bepelzter Glut
> lenkt er den Wagen sichelnd in die Feinde,
> streut er Gelächter in den Staub der Wüste.
> Und sieh dort jenen, dunklen Auges betend
> der Kelch des Vaters mög' vorübergehn,
> wie er mit einer Regung seines Haupts
> der Engel Legion am Himmel festbannt
> und Salomons Geschmeide lächelnd schmäht
> vor Gottes Lilien auf dem Hirtenfeld.
> Und dann entscheide über deinen Weg
> und warte auf den Tod. Er wird es zeigen.

EIN BILDERZYKLUS DES CARAVAGGIO

Ein Wintertag in Rom. Obwohl die Sonne scheint, starren die Mauern der Paläste von Feuchtigkeit und Kälte. Nichts ist trostloser als der Anblick einer römischen Amtsstube in dieser Jahreszeit. Nackt sind die Wände, von fleckiger Tünche überzogen. Ein Fenster mit blinden Scheiben gibt so wenig Helligkeit, daß man die Tür mittendurch gesägt hat, um den oberen Teil ihrer Flügel öffnen zu können, wenn das scharfe winterliche Sonnenlicht am späteren Vormittag in die Gasse fällt. In dem hohen Raum steht ein einfacher Tisch, woran fünf Männer sitzen, in dicke Kleider gehüllt und mit dem beschäftigt, was in Rom schon immer ein vollgültiger Ersatz für Wärme und Gemütlichkeit gewesen ist: mit Geld.

Diese Szene kann heute und gestern und vor dreihundert Jahren spielen, man wird es bestenfalls an der Art der Kleidung feststellen können. Auch daß sich die Tür öffnet und zwei Männer die Unterhaltung ungeniert unterbrechen, ist alltäglich; denn niemand gibt sich im römischen Volk die Mühe, zu warten, bis er an der Reihe ist. Jedoch kommt es ganz selten vor, daß der Eintretende mit einem Wort das Gespräch zum Stillstand bringt. Wer das kann, hat entweder eine amtliche Funktion oder die Ausstrahlung moralischer Autorität, also eine Macht, der gegenüber die Römer von untrüglicher Sensibilität sind. Und was beim Auftreten einer solchen Macht in einer kahlen, winterlichen Amtsstube vor sich geht, sehen wir in der Cappella Contarini in der Kirche San Luigi dei Francesi auf einem berühmten Bild des Malers Michelangelo Caravaggio. Das Bild ist im Jahre 1593 gemalt, der Künstler war damals kaum zwanzig Jahre alt. Noch hatte seine heftige und gewalttätige Natur nicht einmal die unterste Stufe des Ruhmes erreicht, noch war sein verletzbares und aggressives Gemüt frei von den Belastungen eines verhängnisvollen Totschlags, der seine späteren Jahre überschatten und ihn in die unstete Einsamkeit des Vagabundierens treiben sollte. Doch ist in diesem Bild schon das zu finden, was wir als sein Genie erkennen: der Angriff auf die Position des Menschen zwischen Licht und Schatten. Die Bewegung eines Körpers im entscheidenden Moment zu bannen, das Detail aus seiner Belanglosigkeit herauszureissen und zur unbestechlichen Aussage zu zwingen, die dargestellten Personen mit inquisitorischem Realismus schonungslos auf ihre dürftige und zweifelhafte Substanz zurückzuführen, den Charakteren nicht die geringste Chance zur Spiegelfechterei zu lassen, endlich durch eine disziplinierte, scharfäugige Malweise den Gegenstand anklägerisch zu verdeutlichen – dies alles stellen wir bei der Betrachtung des Bildes voll Schrecken und Ergriffenheit als die innere Absicht des Malers fest.

Es handelt sich um die Berufung des Matthäus zum Evangelisten. Der Schauplatz ist eine Zollstube, denn Matthäus war ein Steuereinnehmer, also einer jener – in Italien heute noch vorkommenden – unbeliebten und hartherzigen Menschen, die dem Staat eine bestimmte Steuersumme zu garantieren pflegen und dafür das Recht haben, aus der Bevölkerung noch ein zusätzliches Privatvermögen herauszuziehen. In der Mitte der Gruppe an dem Tisch sitzt dieser bärtige, kräftig gebaute Zöllner mit seinen harten Augen unter den hochgezogenen Brauen, und er war zweifellos bis zu diesem Augenblick damit beschäftigt, das Geld zu überwachen, das sein kurzsichtiger, wuschelköpfiger Gehilfe am Ende des Tisches hingebungsvoll mit geknicktem Finger zu zählen im Begriffe ist. Der Mann, der dieses Geld erlegt hat, steht zwischen Matthäus und seinem Gehilfen in vorgebeugter, besorgter Haltung. Er ist ein Greis mit wirrem, schütterem Haar und zerfurchter Stirn, der sich, um besser zu sehen, einen Zwicker vor die Augen hält.

Es gibt in der Stadt Rom keine zweite Darstellung, die in ähnlicher Dichte die triebhafte und dämonische Verhaftung der Römer zum Geld zu schildern vermöchte. Es wäre ganz unzureichend, wollte man sich bei dieser uralten Affinität mit Begriffen begnügen wie Geiz, Habsucht und Besitzgier. Die Einstellung zum Geld ist bei den Römern keineswegs identisch mit den Träumen, deren Verwirklichung von seinem Besitz abhängig ist. Die Römer lieben das Geld nicht nur, weil sie sich etwas dafür kaufen können, oder weil mit der Anhäufung von Reichtum größere Sicherheit und die Verminderung von Streit und Sorgen zusammenhängt. Für die Römer ist Geld das besondere, unverwechselbare Sinnbild der Macht – in einem viel tieferen, magischen Sinne, als es Waffen je sein könnten. Ein Mensch, der Goldstücke auf seinem Tisch liegen hat, ist in diesem Augenblick ein König mit genau soviel Möglichkeiten, als dieses Geld Wert besitzt – gleichviel ob es ihm gehört oder nicht. Die potentielle Wirklichkeit ist in Rom stets ebenso hoch geschätzt worden wie die tatsächliche. Denn Macht, die man üben könnte, wären nur die Gesetze zufällig nicht dagegen, ist genauso faszinierend, wie die innerhalb der Legalität erreichbare Freiheit.

Kehren wir zu unserem Bilde – oder besser zu der linken Hälfte unseres Bildes zurück. Trotz der hingebungsvollen Haltung des Gehilfen, trotz des sorgsam und ängstlich kontrollierenden Greises zeigt das Bild keine Spur von Aufbegehren, kein Gran von sozialem Ressentiment, keine Andeutung inneren Widerspruchs angesichts des schmerzlichen Vorgangs, daß die guten Goldstücke hier den Besitzer wechseln. Und die alltägliche römische Erfahrung der Gegenwart bestätigt nur die Wirklichkeitstreue des Malers: man nimmt den Verlust von Geld, in welcher Form er auch vor sich gehe, als eine Art Naturgesetz, dem nur mit Geduld, nicht mit Protest zu begegnen ist. Nur dort, wo Geld aus reinem Geiz gehortet wird, ruft es bei den Besitzlosen Ärgernis hervor. Solange aber ein Bankier eine Heerschar von Künstlern beschäftigt, wie Agostino Chigi es getan hat, solange ein Kardinal wie Ottoboni auf der Piazza vor seinem Palast ganze Ochsen am Spieß braten läßt, während er mit den Großen dieser Welt in seinen Prunkgemächern Feste feiert, solange ein Papst wie Julius II. die Peterskirche einreißt, um sie neuer, großartiger, gewaltiger wieder aufzubauen, fällt ihm das Recht zu, Geld zu haben, selbst wenn es durch erbarmungslose Steuereinnehmer von den armen Leuten genommen wird.

Da es kaum denkbar ist, daß eine Szene wie diese ohne Zuschauer vor sich geht, kann uns die Anwesenheit zweier reichgekleideter Gestalten, die offenbar nicht viel mit des Matthäus Geldgeschäften zu tun haben, nicht überraschen. Der eine von ihnen ist ein junger, kräftiger Mann mit umgebundenem Degen, einer jener derben, gutmütigen, breitgebauten Römer, denen komplizierte Seelenvorgänge ein Greuel sind. Der andere ist ein noch knabenhafter, federhutgeschmückter Jüngling, frühreif, selbstsicher, mit einem Zug kindlich-grausamer Skepsis im runden Gesicht. Sie haben sich vom Tisch weggewendet und blicken zur Tür auf zwei Männer, die im Schlagschatten des Sonnenlichtes stehen und deren einer – es ist der Rückwärtige – jenes ungewöhnliche Kunststück fertiggebracht hat, von dem ich eingangs sprach: die im Gange befindliche Unterhaltung mit einer einfachen Geste zu unterbrechen.

Die Gestalt dieses Mannes ist kaum zu sehen. Sie wird verdeckt von der Figur seines Begleiters, der uns den Rücken zukehrt und in leicht gebückter Haltung diagonal in das Bild hineinschreitet, die Toga gerafft, in der einen Hand den Wanderstab, die andere zu einer diskreten Geste ausgestreckt, die auf den Matthäus deutet – es ist der Heilige Petrus, der seinem Herrn in demütiger Haltung den neuen Jünger vorstellt. Aber Christus ist schneller gewesen. Hinter dem Leib des Petrus springt seine ausgestreckte Hand in das Bild, sie stößt in den leeren Raum zwischen den beiden Gruppen, locker hängt sie im Gelenk, die Finger sind gerundet. Nur der Zeigefinger scheint, leicht gekrümmt, an dem magnetischen Faden zu ziehen, der den Matthäus sogleich von seinem Tische aufstehen lassen wird, um ihn zu führen, wohin er nicht will. Im Schatten steht die Gestalt des Herrn, nur über die Wange und den Hals gleitet das Licht und zeigt uns gerade noch, wie Sanftmut, Wille, Erbarmen und Stärke in diesem Antlitz zusammen wirken, um den Menschen Matthäus aus seiner Bahn zu werfen. Und diese Hand ist unbegreiflich. Eine Zimmermannshand mit kräftigen Knochen und magerem Fleisch, gänzlich entspannt und so sicher ihrer Wirkung, daß die gesamte Kraft der Schöpfung nicht ausreicht, um sie zu stärkerem Handeln zu bewegen. Es ist dieselbe Hand, die wir von einem anderen Bilde in Rom her kennen, von einem Bild, das uns allen seit der Kindheit vertraut ist: es ist die Hand Gottvaters bei der Erschaffung des Adam auf Michelangelos Sixtinischem Deckenfresko. Dort wie hier springt aus diesem Zeigefinger ein göttlicher Funke in einen Menschen über, nur ist es in der Sixtina der Funke des Lebens, in San Luigi dei Francesi der Funke der Berufung. In der Tat, die Erschaffung des Menschen und seine Berufung zu einem ewigen Ziel haben beide nur die leichte Bewegung des Fingers Gottes nötig, um mit Glorie ins Werk gesetzt zu werden. In der Sixtina ruft die Hand des Herrn den Menschen in das Leben hinein, auf dem Bilde des Caravaggio zieht sie ihn mit derselben Geste wieder aus dem Leben hinaus.

Und Matthäus erschrickt. So sehr, daß er mit dem ausgestreckten Zeigefinger seiner Linken in höchster Spannung auf sich selber deutet, aber nicht auf sein Herz, sondern auf die rechte Seite seiner Brust – schon fast so weit entfernt von seinem Lebenszentrum, daß man meinen könnte, er hoffe noch ein wenig, der Anruf des Herrn gelte dem alten Steuerzahler neben ihm. Nur schwach ist seine Ahnung von dem, was mit ihm in diesem Augenblick geschieht. Aus seinen Augen blickt ein Staunen, das er selber noch nicht kennt. Er hat noch nicht Zeit gehabt, die Spuren des Mißtrauens aus seinem Angesicht zu entfernen, die eine allzulange Gewöhnung an das einträgliche und anrüchige Gewerbe in seine Züge eingegraben hat. Aber schon beginnt in seinen Schläfen ein neues Blut zu pochen, schon wölben sich seine Brauen über den schweren Augenlidern so hoch, daß die Augen das neue Licht zu fassen vermögen, das durch den scharfen Sonnenstrahl über dem Haupte des Herrn auf ihn herunterströmt. Das Geld, das vor ihm auf dem Tische blinkt, hat er schon vergessen.

Es war weder für die Kunst jener Tage noch für frühere und spätere Zeiten eine Besonderheit, Ereignisse des Heilsgeschehens in eine künstlerische Gegenwart zu projizieren. Der religiöse Historismus tritt immer erst im Gefolge von Glaubensschwäche auf, und jene Zeit war glaubensstark. Es ist möglich, daß auch wir, die dieser geschichtsgebundene religiöse Darstellungsstil weit über ein Jahrhundert begleitet hat, soeben im Begriffe sind, ihn im Zeitalter der Astrophysik und der vermeintlich gegenstandslosen Malerei wieder zu überwinden. Jedoch kann im Anblick dieses Caravaggio-Bildes dem ernsten Betrachter nicht verborgen bleiben, daß der Maler weit über das Konventionelle hinaus gewünscht hat, der Herr möchte wirklich und leibhaftig in die Stube der Zöllner des siebzehnten Jahrhunderts eintreten. Im Grunde handelt es sich bei dieser Malerei um eine Anklage des menschlichen Ungenügens, wie wir sie bei Barlach nicht intensiver finden. Links erzeugt das Geld auf dem Tisch servile Habgier und ängstliche Kontrolle, in der Mitte erkennt ein Mensch halbwegs, was geschieht und möchte nichts lieber als die Flucht ergreifen; rechts am Tisch springt der eine halb vom Hocker, weil ihm nicht einleuchtet, daß hier der stärkste und sanfteste Zwang der Welt am Werke ist und nicht ein Räuber oder ein Dieb die Absicht hat, Geld zu stehlen – und der andere, stutzerhaft verwöhnt, schürzt in gelassenem Hochmut unmerklich die Lippen, während die Schöpfungshand auf ihn zukommt. In einem gewissen Sinne ist es gleichgültig, ob Christus vor diesen Menschen erscheint oder vor Dostojewskis Großinquisitor. Er wird immer auf Bequemlichkeit, Hochmut, Feigheit, Machthunger und Unverstand treffen, die sich stets unter Vorsorge, Tand, Kraftprotzerei und verlogener Unschuld verstecken. Um dies in einem Bilde darzustellen, bedarf es eines anklägerischen, streitbaren und zornigen Gemütes. Und noch nach dreihundertfünfzig Jahren ist es uns deutlich, daß dieser Zorn, wenn er aus einem Genie entspringt, ein heiliger Zorn ist. Der Raufbold, Totschläger und Irrfahrer Caravaggio hat mit dieser Malerei etwas zu verteidigen. Er steht auf der Seite der göttlichen Hand und gegen die Menschen, – obwohl er weiß, daß diese göttliche Hand ihn selber schon oft vergebens gerufen hat.

Sehen wir uns an, was aus diesem Zöllner Matthäus wird – wir finden ihn wieder, als Evangelisten, in eine faltenreiche Apostel-Toga gekleidet, ein plumper Greis mit der ungewohnten Feder in der Hand, auf dem Altarbild in der Mitte der Kapelle. Aus dem Himmel herab stürzt ein Engel auf ihn zu und expliziert dem alten Mann noch im Fluge, was er aufzuschreiben habe. Das Gesicht dieses Engels ist so weich und feminin, daß wir ihm die gelehrte Stellung seiner Hände – er zählt gerade etwas an den Fingern ab – schwerlich glauben können. Umso mehr ergreift uns der Anblick des Apostels. Noch immer hat er den Zöllner-Blick nicht ganz verloren, noch immer lebt im Gefälle dieser Stirn das Mißtrauen, aber es ist zurückgedrängt durch das Staunen vor dem Unbegreiflichen und durch die Angst vor dem Ungenügen. Die Botschaft, die von diesem seltsamen Engel mit dem lasziven Fleisch einer trägen und schönen Frau auf den Matthäus niederfällt, ist so überwältigend, daß der Evangelist sich nicht einmal die Zeit genommen hat, auf seinem Schreibhocker niederzusitzen. Er ist auf das Pult zugestürzt, hat sein linkes Knie auf den Hocker gestützt und setzt, halb im Stehen, schon zu schreiben an, während sein Auge noch über die Schulter zurück gebannt nach oben blickt.

Das Bild steckt voller Absurditäten. Der unbeholfene, derbe alte Mann in seinem faltenreichen Heiligen-Gewand ist keineswegs ein Matthäus, der den Steuer-Einnehmer abgelegt hat. Man brauchte ihm nur seine Weltkleidung wieder anzuziehen, dann wäre er im Vergleich zu dem Berufungsbilde vielleicht um zwanzig Jahre gealtert, aber nicht verändert. Wäre nicht der Heiligenschein um seinen kahlen Schädel, und blickte er nicht auf einen Engel, sondern auf einen hinter ihm stehenden Menschen, so könnte das Buch vor ihm sein Konto-Buch sein und nicht das Evangelium. Und der Engel vollends, der in der Geste eines scholastischen Gelehrten auftritt, scheint eher eine dialektische These als eine evangelische Wahrheit zu verkünden. Was einem gelehrten Dominikaner-Prediger als traditionelle Geste antithetischer Beredsamkeit anstehen würde, erscheint an diesem beflügelten Hermaphroditen altklug und voller Anmaßung.

Und dennoch ist dieses Bild wahr. Es ist wahr, daß das Evangelium in den seltsamsten Gefäßen über die Erde getragen wird. Es ist wahr, daß die menschliche Vorstellungskraft, wenn sie nicht zum Symbol greifen will, in das Laszive abgleitet, sobald die geschlechtliche Bestimmbarkeit eines Wesens fragwürdig wird. Es ist wahr, daß der Empfänger der Heilsbotschaft, gemessen an ihrer Tiefe und ihrem Wert, ein ebenso belangloses und begriffs-unfähiges Geschöpf ist wie der Überbringer. Der Realismus dieses Bildes, der im Äußeren mit Akribie aufrecht erhalten ist, hat vom Gegenstand her Löcher. Der Heilige Augustinus hat einmal gesagt, daß auch die Sünden zum Heile dienen. Der Maler Caravaggio stellt uns auf diesem Bilde dar, daß selbst die Indolenz und die Anmaßung die Wahrheit nicht daran hindern können, sich zu offenbaren.

An der rechten Seitenwand der Kapelle begegnet uns der Heilige Matthäus zum dritten Mal. Es ist der entscheidende Moment seines Lebens, der hier dargestellt wird: der Augenblick des Martyriums. Die Szene spielt in einer Kirche, vor dem einfachen, rechteckigen Steinblock des Hochaltars, an dessen Stufen der greise Evangelist von einem nackten, grellbeleuchteten Henker zu Boden geschleudert worden ist. Während Matthäus in priesterlichen Gewändern sein Haupt noch eben von der Erde erheben kann, biegt ihm der Henker den rechten Arm vom Körper weg nach auswärts und setzt zugleich mit seinem Schwert zum tödlichen Streiche an. Dabei faßt er den Heiligen so am Handgelenk, daß dessen Hand sich nach oben öffnet. Diesen Augenblick benützt ein knabenhafter Engel, um von einer Wolke, die den Altar halb einhüllt, dem sterbenden Evangelisten die Palme des Martyriums herunterzureichen – in einer Stellung, wie sie ein Bergsteiger einnehmen würde, der am Rande einer gefährlichen Felsschlucht liegt und das rettende Seil in den Abgrund hinunter reicht. Die Dramatik ist atemberaubend. Der Henker, nackt wie Adam, den Mund im Schrei geöffnet, stößt mit der Rechten zu, während er mit der Linken die Hand des Heiligen ahnungslos der Trophäe des ewigen Lebens zuführt. Der gestürzte Evangelist blickt – noch immer mit gefurchter Stirn – dem Todesstreich entgegen und bemerkt zugleich, wie die Hand des Engels von der Wolke aus sich in seinen Blickwinkel schiebt. Die Wolke endlich über dem Altar kann ebenso der Rauch des wohlgefälligen Opfers sein, das hier soeben blutig vollzogen wird, wie der Anfang jener himmlischen Wohnungen, in die der Heilige mit Hilfe des Palmzweiges hinaufgezogen werden soll. Jedenfalls ist diese Wolke etwas Festes, und der Engel auf ihr unterliegt dem Gesetz der Schwerkraft. Denn die Reiche des Himmels beginnen auf dieser Welt.

Um den Vorgang des Martyriums bewegen sich auf diesem Bilde mancherlei Menschen. Da sitzen, dicht neben dem Leib des Heiligen, halbnackte Zuschauer in Stellungen, wie man sie in den Thermen der Antike gesehen hat, ruhevoll hingelagert, ein wenig aufgestützt, der Szene mit jenem sachlichen Interesse zusehend, das zu den unbegreiflichen Seiten der menschlichen Grausamkeit zählt. Da stürzt ein Knabe, das Rundgesicht zum Schrei verzerrt und den kleinen Arm voll Schrecken erhoben, aus dem Bilde hinaus, den zurückgewandten Blick noch festgebannt an das furchtbare Geschehen. Da zeigen zwei Edelleute im linken Mittelgrund alle Zeichen des erstarrten Entsetzens, und selbst die gespreizten Finger des vorderen scheinen gelähmt vor der in einen einzigen Augenblick zusammengepreßten Gewalttat. Weiter rückwärts auf der linken Bildseite sind noch zwei Männerpaare zu sehen, die den Schauplatz soeben verlassen. Nur zwei Gesichter sind deutlich zu erkennen. Das eine ist das Antlitz eines jungen Mannes, der auf seinem gelockten Haar ein Federbarett trägt. Die Züge sind fast unbewegt, in seinen leicht verengten Augen läßt sich eine beinahe schnippische Lässigkeit vermuten, die zu der den Degen anhebenden Hand in Gegensatz steht. Zwielichtig muß ein solcher Charakter erscheinen, unschuldig-grausam und gleichgültig, wie römische Kinder es in ihrer kreatürlichen Anmut sind. Das zweite Gesicht, schon sehr im Hintergrund, umrahmt von dunklem Bart und Haar, spricht jene leidensvolle Distanz aus, die der ausweglosen Qual des Mitleids ohne Güte entspringt. Fachleute versichern uns, es handle sich um Caravaggios Selbstbildnis.

Selten ist auf einem Bilde die Doppeldeutigkeit allen Geschehens so rücksichtslos dargestellt worden. Wer eine Tat begeht, sei sie gut oder böse, handelt für sich selbst, oder für die Macht, die er vertritt. Und zugleich führt er den Willen Gottes aus, dessen Absicht er nicht ahnt. Die Inkongruenz zwischen dem konkreten Sinn der Tat und ihrer verborgenen Funktion im Weltgeschehen ist die Triebfeder des Glaubens an ein Jüngstes Gericht.

Aber nicht nur der Täter und der Betroffene unterliegen diesem doppeldeutigen Geschehen. Auch die Zeugen geht es an. Wer einer Tat als Augenzeuge beiwohnt, kann sich weder durch Flucht noch durch Abwehr davor retten, in seinem Gewissen zu dem Vorgefallenen Stellung zu nehmen. Das Furchtbare an Caravaggios Martyrium des Matthäus ist, daß die Zeugen, die an den Rändern des Bildes dem Vorgang beiwohnen, zum großen Teil ein Verhalten zeigen, das den Stachel des Gewissens nicht kennt. Selbst der fliehende Knabe schreit nur mit seinem Mund, während seine Augen in rätselhafter Neugier auf den tödlichen Schwertstreich niederblicken.

So eindeutig die Konturen sind, die Caravaggios Gestalten zeigen, so schwankend erscheinen ihre Charaktere. Nicht eine menschliche Gestalt existiert auf diesen Bildern, die nicht durch eine Geste, durch einen Lidschlag, durch ein Zögern das verschwimmende Verhalten der menschlichen Natur in den Entscheidungen der Zeitlichkeit verkörpern würde. Um dies bloßzulegen, hat der Maler in seinen Bildern die Zeit in einen einzigen, messerscharfen Augenblick zusammengedrängt.

Denn im ganzen menschlichen Dasein ist der Augenblick das gefährlichste Phänomen. Entscheidungen, die die Existenz des Menschen in ihrer Totalität verändern, werden stets blitzartig gefällt. Eingriffe einer übernatürlichen Gewalt in die menschliche Seele geschehen stets in einer Plötzlichkeit, die zwar noch durch ein Vorher und ein Nachher definierbar ist, in ihrem Wesen aber einer Ausschaltung der Zeit gleichkommt. In beiden Fällen wird der Mensch für einen Moment von nicht mehr meßbarer Flüchtigkeit zur endgültigen Festlegung seines Standpunktes gezwungen, und es ist nur logisch, daß die Position, die er mit solchen fundamentalen Entscheidungen bezieht, für sein Dasein unwiderruflich ist und für sein Schicksal Ewigkeitswert hat.

In einen solchen Augenblick sind die Menschen auf den Bildern Caravaggios in San Luigi dei Francesi versetzt, und man hat den Eindruck, daß sie sich von der dramatischen Gewaltsamkeit des Geschehens und des Malers hinterrücks überfallen fühlen. Deshalb spielen ihre Reaktionen zwischen Gleichgültigkeit und Flucht, während in ihren Gemütern Unwillen schwelt, Empörung um sich greift und Zorn zur Entladung drängt. Weil aber in der Seele des Malers und in der Situation seiner Gestalten der Anspruch des Göttlichen auf die menschliche Natur mit explosiver Kraft am Werke ist, handelt es sich bei dem gepriesenen Hell-Dunkel dieser Malerei nicht um das Wechselspiel von Licht und Schatten, sondern um den Widerstreit zwischen der Klarheit des Himmels und der Finsternis der Hölle.

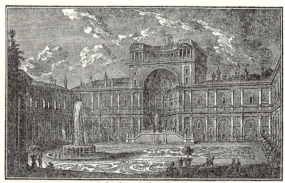
Belvedere-Hof im Vatikan

EGO CAESAR, EGO IMPERATOR

Giuliano della Rovere war das Kind armer Eltern. Als Franziskaner-Mönch häufte er Wissen und Kenntnisse an, als Kardinal schlug er die Gelübde von Armut und Keuschheit in den Wind, auf den päpstlichen Thron gelangte er durch Simonie. Mildtätigkeit war ihm nicht fremd, Versöhnlichkeit fiel ihm schwer, Gemütsruhe hat er in seinem Leben niemals gekannt. Sein Geist war stets bewegt von großen Dingen, und er lebte in beständiger Angst, für die Verwirklichung seiner vielen Pläne nicht mehr genügend Zeit zu haben. Als Sechzigjähriger kam er zur Herrschaft und hetzte sich selbst, seine Umwelt und ganz Italien durch die zehn Jahre seines Pontifikats mit einer Ungeduld, die nur noch von dem Zorn übertroffen wurde, in den er hemmungslos ausbrach, wenn er seine Projekte durch Beschränktheit, Widersetzlichkeit und Kleinmut gefährdet sah.

Da er schon sehr früh erkannt hatte, daß sich in dieser Welt auch für einen Papst nichts ohne Geld bewerkstelligen läßt, beschaffte er es ohne Umschweife, denn für eine wohlgerüstete siegreiche Truppenmacht schien ihm ein Kardinalshut nötigenfalls kein unbilliges Tauschmittel. Die Frage nach der Moralität seiner Handlungsweise verschob er ohne Bedenken auf seine Sterbestunde. Er zog persönlich gegen seine Feinde zu Felde, denn es lag ihm ferne, die Menschen zu überreden oder zu überzeugen, solange er die Möglichkeit sah, ihnen zu befehlen oder sie zu zwingen. Daß er dabei gelegentlich den Papstornat mit der Rüstung vertauschen mußte, hielt er für einen belanglosen Begleitumstand seines Schicksals. Als er gegen die Franzosen aufbrach, die das päpstliche Ravenna besetzt hatten, sagte er zu den Kardinälen: »Wenn die Schlüssel des Heiligen Petrus nicht ausreichen, so möge mir sein Schwert helfen!« Mirandola war ihm nicht zu klein, um es mitten im Winter in eigener Person zu berennen, und sein Sieg über Bologna schien ihm als Vorzeichen gewaltiger Eroberungen groß genug, um zu seinem Gedächtnis von Michelangelo eine Kolossalstatue seiner selbst als Papa triumphans zu verlangen. Julius II. war ein zornmütiger Papst und ließ seine Mitwelt niemals vergessen, daß er seinen Namen nicht von einem Heiligen sondern von Julius Cäsar genommen hatte.

Manche Menschen sahen in ihm einen gewaltigen Kriegsherren, dessen einziges Mißgeschick in seinem geistlichen Kleide bestand, viele bewunderten ihn als weitschauenden Staatsmann von glühendem Patriotismus, wenige hielten ihn für demütig und fromm, aber niemand leugnete, daß alles an diesem Charakter ins Große strebte und daß seine Ziele von Eigensucht weit entfernt lagen.

Da er davon überzeugt war, die Kirche könne ohne ein politisch gesichertes Dasein ihre moralische Autorität in der Welt des sechzehnten Jahrhunderts nicht zur Geltung bringen, und da Italien seinem Ruf nach Einigkeit nicht folgte, rief er fremde Heere zur Verwirklichung seiner Pläne ins Land. Jedoch hat ihn nichts tiefer geschmerzt, nichts seine Idee von der gottgewollten Einheit Italiens unter der päpstlichen Herrschaft kräftiger gefördert, als die Anwesenheit landfremder Soldaten auf dem Boden seines zerrissenen Vaterlandes. Und kaum hatten die fremden Söldner ihre Schuldigkeit getan, da wandte sich Julius II. mit der ganzen Leidenschaft seines patriotischen Gemütes gegen sie. »Fuori i barbari« – hinaus mit den Barbaren! –, dies sollte für Jahre seine Devise werden. Wenn sich Italiener mit diesen Ausländern gegen ihn verbündeten, fühlte er nicht nur die Kränkung, seine Landsleute gegen sich in Aufruhr zu sehen, sondern mehr noch den Schmerz, sie blind zu finden für den Hochverrat, den sie in seinen Augen an ihrem eigenen Land begingen. Als ihn auf der obersten Treppenstufe von Aracoeli am Beginn einer religiösen Funktion die Nachricht ereilte, Bologna habe sich auf die Seite der Franzosen geschlagen, mit denen er sich im Kriege befand, entfuhr seinem Munde ein lauter Fluch – und heute noch wird in Rom erzählt, daß der unbekannte Augustiner-Mönch Martinus Luther, der inmitten einer Schar deutscher Pilger diesen Fluch hörte, von jenem Tage an über die Natur des Papsttums in furchtbare Zweifel geriet.

Dieser Mann war von einer Furchtlosigkeit, die für seine Feinde entsetzlich war. Über die Vorstellungen, die sich die Welt trotz aller Wirren vorangegangener Jahrhunderte immer noch von der Heiligkeit und Segensfülle des Papsttums machte, setzte er sich bedenkenlos hinweg. Den Tod hat er weder im Felde noch im Vatikan gescheut, und dies war, unmittelbar nach den Giftpraktiken der Borgia, eine großartige Leistung der Tapferkeit. Mehrmals, mitten im schwankenden Kriegsglück, schien es mit ihm zu Ende zu gehen, immer wieder aber erhob er sich von seinem Krankenlager, geistig ungebrochen, schob die Ärzte beiseite, trank ein gehöriges Quantum Rotwein und fuhr fort, zu kämpfen, zu drohen, Bannflüche zu schleudern, Heere anzuführen und Städte zu belagern. Seine Zeitgenossen verglichen ihn mit dem Riesen Antäus, der stets »desto größere Kraft zeigte, so oft er, von der Stärke des Herkules überwältigt, die Erde berührte. Die gleiche Wirkung brachte bei dem Papst das Mißgeschick hervor, so daß er, so oft er am meisten niedergebeugt und gedemütigt schien, sich nur mit desto mehr Standhaftigkeit und Beharrlichkeit wiederaufrichtete, indem er sich mehr als jemals von der Zukunft versprach.« (Guicciardini)

Dabei war Julius II. ein absoluter Gegenwartsmensch. Der Gedanke, die Vollendung seiner Pläne seinem Nachfolger zu überlassen, war ihm schrecklich: er glaubte nicht an die Fähigkeiten künftiger Päpste, weil er die Schwächen der vergangenen zu genau studiert hatte. Er war sich seines mächtigen Dämons zu sehr bewußt, um darauf zu vertrauen, daß andere auf dem Wege, den er eingeschlagen hatte, von Furcht und Zaghaftigkeit frei bleiben würden. Also war ihm die forteilende Zeit der ärgste Feind. Hätte er gewußt, daß seine Herrschaft zehn Jahre und nicht länger dauern würde, so hätte er sich vielleicht beschränkt. So aber war er bis in seine letzten Tage hinein davon überzeugt, daß für die Riesenhaftigkeit seiner Gedanken immer noch eine Verwirklichung möglich sein würde, wenn die Menschen nur schnell genug begriffen, was er eigentlich wollte. Da sie sich aber eigensüchtig und phantasielos zeigten, griff er zur Gewalt. Die Einigung Italiens, die ihm für den Fortbestand der Autorität des Heiligen Stuhles unerläßlich erschien, wollte er in ein paar Jahre zusammenpressen, und er erkannte nicht, daß ein psychologischer Prozeß dieses Ausmaßes Generationen, wenn nicht Jahrhunderte in Anspruch nehmen mußte. Erst auf dem Sterbebett sah er ein, daß sein Irrtum die Dinge verschlimmert hatte. In seinem letzten Brief, der an seinen Bruder gerichtet ist, stehen die Worte: »Oh, ich möchte ganz Italien, unserer gemeinschaftlichen Mutter, nur einen einzigen Herren geben, und dieser Herr soll der Papst sein. Aber ich quäle mich umsonst: eine innere Stimme sagt mir, daß das Alter mich hindern wird, diesen Plan zur Ausführung zu bringen. Nein! Es wird mir nicht gegönnt sein, für den Ruhm Italiens alles zu tun, was mein Herz mir eingibt! Oh, möchte ich doch zwanzig Jahre weniger zählen, könnte ich doch die gewöhnliche Grenze überleben, nur um mein Vorhaben zu verwirklichen...«

Julius II., der gewaltigste Papst der Renaissance, war ein barocker Visionär. Er sah vor sich ein blühendes Italien, ohne Grenzen und Kriege, geeinigt unter seiner Herrschaft, eine weltgeschichtliche Komposition aus den Gnadenmitteln der Kirche, der Kraft des römischen Rechts und der cäsarischen Macht des neubelebten antiken Erbes. Die Stadt Rom war vor seinem geistigen Auge ein Phönix, den seine Hand aus der Asche des Mittelalters hatte auffliegen lassen, er sah die Marmorstadt des Augustus in erneutem, gesteigertem Glanze

DER BAUHERR ROMS 269

vor sich, von Palaststraßen durchzogen und von der größten Basilika der Christenheit überragt. Und dort, im Tempel des Heiligen Petrus, der von der Barbarei finsterer Jahrhunderte befreit, nicht Mystik und Verwirrung, sondern Klarheit und Majestät ausstrahlen sollte, träumte der Geist dieses Papstes von dem erhabensten Grabmal der Weltgeschichte.

Das Programm, das sich in den zweiundvierzig Statuen des Julius-Grabes manifestieren sollte, diente wohl in erster Linie der Verherrlichung und dem Ruhme des Papstes.

Denn Julius war tief durchdrungen von dem Gedanken, daß der Verzicht auf das Glück, der mit dem Gewinn von Macht Hand in Hand geht, für die Mitwelt und die Nachwelt Gegenstand der Verehrung und des Lobpreises sein sollte. Darüber hinaus wollte der Papst, daß dieses Grabmal ein Kunstwerk ohnegleichen sei, worin die Gewalten, die die Heilsgeschichte durch den Lauf der Zeiten bis zu ihm herauf fortbewegt hatten, von der Größe erzählen sollten, die der menschlichen

Die Cancelleria

Natur erreichbar ist. Endlich aber scheint ein drittes Element die Triebkraft zu dem Felsgebirge aus Statuen gewesen zu sein, auf dessen Höhe sich der Papst bestattet wünschte: Julius fühlte in sich die Kräfte aller seiner Vorgänger in einer erdhaft geheimnisvollen Wirkung lebendig (der Eichbaum seines Wappens an der Cancelleria scheint uns wie ein ungewolltes Symbol dafür), er sah sich in den Zenith des Papsttums gerückt und mit einem unerschöpflichen Willen zur Neuordnung des Erdkreises nach dem Prinzip cäsarisch-päpstlicher Weltherrschaft ausgerüstet. Da seine Zeit so kurz war, wollte er durch sein Grabmal der Nachwelt einen Maßstab hinterlassen, an dem jede Kleinmütigkeit sich offenbaren mußte. Ein steinernes, immerwährendes Gericht sollte dieses Grabmal sein, eine provozierende, aufstachelnde Anklage für alle zaudernden Charaktere, die vielleicht in der Zukunft einmal durch ihr Amt gezwungen sein würden, vor diesem Grabmal zu beten. Ein ständiges Gewaltmittel wollte der Papst schaffen, das in den Seelen späterer Geschlechter den Mut zur Größe, zum persönlichen Risiko, zur leidenschaftlichen Ergreifung des gerechten Zieles entfachen sollte. Und Michelangelo, dem der Papst in einer Sternstunde der Menschheit den Auftrag zu diesem Grabmal gab, hat die Absicht Julius II. so tief begriffen, daß dieses niemals ausgeführte Monument der tragische Angelpunkt seines ganzen künstlerischen Lebens geworden ist.

Was war das für ein Mensch, dieser aufbrausende, unduldsame, cholerische Papst? Was ging in der Seele dieses Greises vor, der auf das Gerüst der Sixtina-Decke hinaufstieg, um Michelangelo mit dem Krückstock zu bedrohen, weil er nicht schnell genug fertig wurde? Was waren die inneren Gründe für seinen großen Mangel an Demut, für die Rücksichtslosigkeit im Gebrauch der Mittel, für die Inanspruchnahme jeder Art von Gewalt zur Verwirklichung seiner Ziele? War dieser Mensch hartherzig, mißgünstig und selbstherrlich? War er blind für die maßvolle Gerechtigkeit, mit der die Hand Gottes gelassen und zeitlos in die Weltgeschichte einzugreifen pflegt? Wo war in diesem Papste das Gottvertrauen?

Wir haben darauf keine echten Antworten, aber viele Indizien. Mehr als je einer seiner Vorgänger war er von der Überzeugung durchdrungen, daß sich ein neues Zeitalter in der Welt ankündige. Er hatte einen durch die Borgia-Herrschaft vielfach belasteten Kirchenstaat vorgefunden, bedrängt von gierigen Nachbarn, mit zerrütteten Finanzen, einer verweltlichten Priesterschaft und einer teils korrupten, teils resignierten Bevölkerung. Die Mächte Europas hatten sich längst angemaßt, mit dem Papst bei aller formalistischen Wahrung des Respekts in Wirklichkeit wie mit einem kleinen Territorialfürsten umzugehen. Der steigende Nationalismus in den Völkern, die von Emanzipations-Gelüsten vielfach durchsetzte Forderung nach einer Reformation der Kirche an Haupt und Gliedern, die Entdeckung unbekannter Kontinente und die damit zusammenhängenden Machtträume, der Aufbruch eines diesseitstrunkenen Heidentums in der Gelehrtenwelt – dies alles war ihm als Situation vorgegeben, und es widerstrebte seiner Natur, diesen gordischen Knoten mit Geduld aufzulösen ... Er fühlte, daß die Zeit reif war für Taten.

Vierzig Jahre kurialen Lebens hatten Giuliano della Rovere zu der Überzeugung verholfen, das Spiel der Diplomatie habe angesichts des unverhüllten Erscheinens von Raubgier und Habsucht auf dem Felde der Politik seine Grenzen erreicht. So gewöhnte er sich daran, Höflichkeit für überflüssig zu halten und durch plötzliche Aktion zu ersetzen.

Um dieser Flucht in die Tat einen tieferen Sinn zu geben, war ein Ziel notwendig, und um die Pflugschar seines Willens tief genug in die Verhältnisse einzusenken, mußte dieses Ziel von ferner, divinatorischer Größe sein. Er hat es einmal ausgesprochen, wenn auch in halb verhüllter Form, weil selbst ihm die Kühnheit des Gedankens zu gefährlich für das Bewußtsein Europas erschien. Sein inneres Ziel war die Vereinigung des Kaisertums und des Papsttums in einer Hand (seltsamerweise hatte Kaiser Maximilian, sein Zeitgenosse, einen ähnlichen Wunschtraum). Es scheint, als habe – über zweihundert Jahre hinweg – das Wort seines furchtbaren Vorgängers Bonifaz VIII. in seinem Geiste fortgelebt: »Ego Caesar, ego Imperator«, – ich bin Cäsar, ich bin Kaiser.

Dieser Papst ist in seinem Charakter heroisch. Keiner seiner Vorgänger, der tragische Bonifaz vielleicht ausgenommen, war bereit gewesen, eine so grenzenlose Einsamkeit auf sich zu nehmen. Was muß das für ein Leben gewesen sein – zehn Jahre im Zorn, von denen unverstanden, die ihm die Treue hielten, von denen durchschaut, die seine Feinde waren. Und in grimmiger Entschlossenheit das ewige Gericht vor Augen, das von ihm eine Rechtfertigung seiner Taten fordern würde, die er selber nicht zu geben vermochte? Julius II. wußte, daß das Papsttum im Augenblick seines Pontifikats die weltliche Macht nicht entbehren konnte – aber es ist nicht gesagt, daß sein Gewissen für das Unrechtmäßige dieses Zustandes verschlossen war. Vielleicht hat er

Georg von Dillis

ANSICHT VON ROM MIT DEM KAPITOL
vom Garten der Villa Malta aus

München, Schackgalerie

genau gespürt, wie weit er sich von dem göttlichen Stiftungsauftrag seines Amtes entfernte. Wer weiß, ob nicht seine leidenschaftliche Liebe zur Kunst der verzweifelte Versuch war, wenigstens durch die sinnenhafte Darstellung der ewig fortschreitenden Schöpfung einer profanierten Menschheit den Sinn des Evangeliums zu verdeutlichen? Wer weiß, ob er sich nicht an die seiner Natur tief verwandte Leidenschaft des Michelangelo geklammert hat wie an einen Anker der Rettung, weil er ahnte, daß die religiöse Kraft dieses Mannes das Heidentum der Zeit in seinen eigenen Formen zu überwinden vermochte? Das Problem der Macht in ihrer zweigeteilten Erscheinungsform hat diesen Papst tief beunruhigt – sein Sinn mußte sich unter dem Zwang der Verhältnisse auf die Mehrung von Gütern und Waffen richten, aber sein Gewissen suchte unablässig nach einem Weg, die Seelen der Christenheit von ihrer Unruhe abzubringen. Seine Zeitgenossen haben davon wenig gespürt, denn zu sehr füllte die Gewaltnatur des Papstes ihr Blickfeld aus. Das Volk aber hat es geahnt. Beim Tode dieses imperialen Pontifex, der zeit seines Lebens niemand geschont hatte, strömten nie gesehene Scharen nach Sankt Peter, um dem Entseelten in tränenvoller Verehrung die Füße zu küssen. Für das Volk von Rom war ein Vater gestorben, ein gewaltig großer Mensch nach dem Ebenbilde jenes Schöpfergottes, der auf den Wolken des Himmels am Anfang der Zeiten daherbrauste, um mit der Kraft seiner Rechten das Licht von der Finsternis zu scheiden.

Es gibt in der Geschichte der Päpste über Jahrhunderte hinweg seltsame und bedeutungsvolle Verwandtschaften. Wie sich der gegenwärtige Papst in seinem Charakter dem wohlmeinenden und heiteren Benedikt XIV. annähert, so finden wir in Nicolaus V. vieles von Pius XII. vorgeformt, während Urban VIII., umgeben von seinen einander feindseligen Künstlern Bernini und Borromini eine barocke Variation des Themas bilden könnte, das Julius II. zwischen Michelangelo und Raffael angeschlagen hat. Doch sind solche Parallelen von der Verwandtschaft des Naturells diktiert und von der Konstellation der Umstände vielfach abhängig. Es gibt indessen, in einer tieferen Schicht menschlicher Zusammenhänge über die Jahrhunderte hinweg, in einem so über die Menschheit hinausgehobenen Amt wie dem Papsttum Gestalten, die einander auf eine janushafte Weise zugeordnet sind. Von verwandter innerer Struktur, blickt der eine von ihnen in eine unerreichbare Zukunft hinaus, die in seinem Geiste schon Wirklichkeit geworden ist und ihn mit seiner Zeit in tiefe Spannungen treibt, während der andere den tragischen Fall der überreif gewordenen Vergangenheit verkörpert, deren Erneuerung er nicht zu vollziehen vermochte. In diesem Sinne hat Julius II. einen geschichtlichen Gegenspieler von zeitloser Faszination: Papst Bonifaz VIII. Wir haben das Grabmal dieses zornigen Pontifex in St. Peter gesehen und wollen ihn nun in jener rückwärts gewandten Position betrachten, die er gegenüber seiner Zeit und der Geschichte einnimmt.

Sein Schicksal war, das mittelalterliche Konzept des Papsttums zum Untergang zu führen und damit einen weltgeschichtlichen Prozeß zu beendigen, dessen tragische Resultate Erniedrigung, Exil und Schisma waren. Von Julius II. trennen ihn zweihundert Jahre – er starb 1303, während Julius 1503 zur Herrschaft kam. In Wirklichkeit ist indessen der Abstand zwischen den beiden Päpsten viel größer – denn Julius II. regierte seiner Zeit um hundert Jahre voraus, Bonifaz VIII. hingegen strebte in seinem ganzen Pontifikat darnach, die Geschichte um hundert Jahre zurückzudrehen. Dennoch thronen die beiden Päpste in der Einsamkeit des Heiligen Stuhles Rücken an Rücken, der eine am Aufgang der Neuzeit, der andere am Ende des Mittelalters, beide mit der Last eines Jahrtausends beladen, das der eine von der Antike herauf seinen Schultern aufgetürmt spürte, während es der andere ahnungsvoll über seinen Tod hinaus in die Zukunft aufsteigen sah.

Als Bonifaz VIII. zur Herrschaft kam, schrie die Zeit nach Erneuerung. In der Kurie hatten Kleinmut und Parteienhaß soweit geführt, daß man einen ungebildeten, sehr heiligmäßigen Einsiedler aus seiner Felsenklause in den Abruzzen nach Rom geholt hatte, nur um endlich einen wirklich frommen, einfachen, gottnahen Menschen mit der Tiara gekrönt zu sehen. Cölestin V. – so nannte sich Bonifaz' Vorgänger als Papst – gab keinem Menschen Veranlassung, ihm zu zürnen und ganz Europa Gelegenheit, das Papsttum zu einer tragischen Art der Selbstverhöhnung erniedrigt zu sehen. Bei seiner Erwählung haben zwei Könige sein Maultier am Zügel geführt: Karl II. von Neapel und sein Sohn Karl Martell. Und niemand ahnte, daß sie kaum fünfzehn Monate später das gleiche schon wieder mit einem neuen Papste tun würden, während der alte noch am Leben war. Der Eremit war von Anfang an ein Mensch der Güte, der Arglosigkeit, der Unüberlegtheit gewesen, zu harmlos, um zu begreifen, welch ein phantastisches Intrigenspiel um seine Person im Gange war, zu einfältig, um seinen geschliffenen Prälaten auch nur ein primitives bäuerliches Mißtrauen entgegenzubringen, ein Popanz der Gutherzigkeit, der auf demütigste Weise die Heiligkeit des Apostolischen Stuhles untergrub, ohne aus dem Traume seines guten Willens zu erwachen. Als die Tiara zu schwanken begann, griff der überragendste Kardinal der Kurie mit renaissancehafter Rücksichtslosigkeit ein.

Benedikt Gaetani war ein Mann von erlesener Bildung, der glänzende Herkunft mit ausgezeichneter diplomatischer Schulung verband, erfahren in allen Tonarten, die an europäischen Höfen zur Verschleierung der Wahrheit und zur Versüßung der Lüge angeschlagen wurden. Er hatte ein volles, gepflegtes, klares Gesicht, weit auseinanderstehende große Augen von mandelförmigem Schnitt, einen fast antikisch schönen Mund und jenen Hochmut in den Zügen, der aus der bedenklichen Mischung von profunder Bildung mit altem berechtigten Familienstolz entspringt. Die kirchliche Welt war voll von seinem Ruhm. Seine überragende Intelligenz machte ihn gefährlich, seine Beredsamkeit bestach. Gab es eine delikate Mission, galt es, edle, aber störrische Könige zu versöhnen, schien irgendwo ein Friedensschluß aussichtslos oder ein Vertrag gescheitert, dann war man seit langem gewohnt, den Kardinal Gaetani mit der Lösung der Schwierigkeiten zu betrauen, und das Resultat war stets glänzend gewesen. In dem beträchtlichen Durcheinander, das sich unter der französenhörigen Scheinherrschaft Cölestins überall in der Kurie ausbreitete, behielt er als einziger die Nerven, aber schließlich wurde ihm, der so lange Geduld und Mäßigung gezeigt hatte, der anachoretische Unschuldswahn um die Person des Papstes zuviel. Mit der todbringenden Souveränität eines erfahrenen Florettfechters brachte er den schwankenden Eremiten zu Fall. Er veranlaßte, daß – zum ersten und einzigen Mal in der Geschichte des Heiligen Stuhles – der Papst auf Herrschaft und Würde verzichtete. Und vielleicht war er der einzige, der in dem denkwürdigen Konsistorium nicht weinte, als Cölestin nach der Abdankung die pontifikalen Gewänder ablegte und in der alten Eremitenkutte unschuldsvoll und demütig vor der Versammlung ins Knie sank. Ein Heiliger mußte vom Throne, um Bonifaz VIII. aus dem Hause Gaetani hinaufzulassen.

Selten hat ein Papst die Macht gefühlt wie er. Seine Phantasie entzündete sich an dem in Rom niemals ganz erloschenen Weihrauch cäsarischer Omnipotenz. Kraft seines Blutes hielt er sich geboren für die Herrschaft, Kraft seines Amtes glaubte er sich berechtigt, sie über den Erdkreis auszudehnen. Er wollte eindringen in die letzte Seele der Menschheit, es sollte keine Hütte und kein Königsschloß geben, worin sein Wort nicht über alle anderen Worte hinaus Geltung hatte. Er wußte, daß Demut und Opfer, je reiner sie geübt und dargebracht werden, um so sicherer Reichtum und Gewalt zur Folge haben. Christus war demütig und opfervoll gewesen, also mußte sein Statthalter der König über alle Könige sein. Was er nicht sah, war die Tatsache, daß diese seltsame weltgeschichtliche Konsequenz, derzufolge die Erniedrigung stets die Glorie nach sich zieht, nur unter Einschluß des Himmels Geltung hat: auf Erden ruft die gute Tat stets zuerst den Teufel auf den Plan.

Sein Wesen strahlte eine zwingende Majestät aus. Seine Kenntnis beider Rechte gab ihm die Aura des überragenden Gelehrten, sein persönlicher Reichtum schien ihn von der Gunst der römischen Adelsparteien unabhängig zu machen, seine Energie und Arbeitskraft führten die Kurie zu Gehorsam und Disziplin. Anagni, seine Heimatstadt in den Volskerbergen, hatte der Welt schon drei Päpste geschenkt, worunter der große Innozenz III. gewesen war, und nun fühlte sich dieser vierte Anagnese durch Tradition, Hausmacht und persönliche Überlegenheit sicher auf dem Gipfel der Welt, wie lange kein Papst zuvor. Dennoch war dieser Papst kein Mensch der Rührung und des Erbarmens.

Es gab für Bonifaz keinen Zweifel, daß ein abgedankter Vorgänger, und sollte er auch in den verborgensten Wäldern irren, für seine Herrschaft bedrohlich blieb. Also fahndete er nach ihm, bekam ihn endlich in seine Gewalt, hielt ihn in Haft und hatte auf den Tod des Gequälten nicht lange zu warten. Die Welt horchte auf, der erste Schatten legte sich auf die Gestalt des neuen Papstes.

Aber um so glänzender war sein Gegenzug. Er erklärte das Jahr dreizehnhundert zum Jubeljahr. Daß es heute noch ein Heiliges Jahr gibt, während dessen sich die Christenheit vor dem Grabe des Heiligen Petrus zu versammeln pflegt, hat die Welt Bonifaz VIII. zu verdanken. Und Rom, das mittelalterliche, mystisch heilige Rom hatte eine große Stunde. Schon in der Antike war es in der Ewigen Stadt Brauch gewesen, ein neues Jahrhundert durch ausgedehnte, vielgestaltige Feste zu feiern. Um das Weihnachtsfest des Jahres 1299 schien diese Tradition, verwandelt in christlichem Geist, wieder aufzuleben. Prozessionen begannen unaufhörlich nach Sankt Peter zu ziehen, die Priesterschaft führte die Bevölkerung von halb Italien zu Bußübungen in die Stadt, am Grabe des Apostels häuften sich die Gaben, und die Gerüchte eines besonderen Gnadenerlasses wollten nicht verstummen. Als Bonifaz VIII. am 22. Februar 1300 das Jubeljahr verkündigte, hatte er dem Drängen der christlichen Pilgermassen nur nachzugeben, den allgemeinen Heilswillen der Christenheit nur in eine Form zu bringen — und er tat es in einer triumphierenden, erhabenen Weise.

Wir haben viele Chroniken über dieses Ereignis, und sie stimmen darin überein, daß die Organisation des Festjahres vorbildlich und wunderbar war. Zwanzig- bis dreißigtausend Pilger kamen täglich an, zweihunderttausend Fremde waren stets in der Stadt, dabei blieben die Preise für die Lebensmittel billig, die Versorgung aus der Campagna funktionierte reibungslos, der Zutritt zu den Andachtsstätten war mit freundlicher Bestimmtheit geregelt, und alle Welt war des Lobes voll über die Gastfreundschaft, Ehrenhaftigkeit und Hilfsbereitschaft der Römer.

Welch eines überragenden Geistes, welch einer tiefgreifenden Überredungskunst hat es wohl bedurft, um in diesem gänzlich zerrütteten, von Parteienhader, Baronalkämpfen und Korruption erschütterten Rom das Wunder einer solchen Ordnung hervorzubringen. Der Glanz, den Bonifaz VIII. mit diesem Jahr auf das Papsttum und die Stadt häufte, ist bis heute noch nicht erloschen, und man hat mit Recht die Ereignisse des Jahres 1300 auf dem Boden Roms als den Höhepunkt des mittelalterlichen Papsttums bezeichnet. Dabei waren die Römer noch bis zur Verkündigung des Heiligen Jahres dem neuen Papst zum Teil durchaus feindlich gesonnen. Denn kaum war er auf den Thron gelangt, hatte er durch die Absetzung zweier aufbegehrender Kardinäle aus dem Hause Colonna einen Krieg entfesselt, der mit der Zerstörung des Stammsitzes der

Colonna, der Stadt Palestrina, ein furchtbares Ende genommen hatte. Der unbarmherzige Papst hielt seine Söldner nicht zurück, als sie in der Stadt der Fortuna keinen Stein auf dem anderen ließen, und als man ihm die Vernichtung Palestrinas meldete, ließ er zum Zeichen tödlicher Endgültigkeit Salz auf die Ruinen streuen. Das Haupt des Hauses Colonna, der heftige und leidenschaftliche Sciarra, schlug sich durch Wälder und Sümpfe bis an die Küste Frankreichs durch, wurde dort von Piraten ergriffen und an die Ruderbank geschmiedet. Erst spät hat ihn der König von Frankreich losgekauft.

Nach der Herrlichkeit des Jubeljahres zogen die Schatten des Mißgeschickes über Bonifaz dahin. Er geriet in Konflikt mit den Kurfürsten des Heiligen Römischen Reiches, weil er Albrecht von Österreich, den Sohn Rudolfs von Habsburg, nicht als Kaiser anerkennen wollte. Als die Boten Deutschlands im Thronsaal des Papstpalastes vor ihn geführt wurden, sahen sie den Papst mit einer Krone statt der Tiara auf dem Haupt, in der Hand anstatt des Kreuzes ein Schwert. Und er rief ihnen das verhängnisvolle Wort zu, das wir schon kennen: »Ich – ich bin Cäsar, ich bin Kaiser.«

Immer mehr ergriff in seinem Gemüte der Gedanke Platz, daß nur die Priester in der Lage seien, den Gottesfrieden auf Erden zu verwirklichen. In der Tat ist in keiner Institution der Welt mit Willenskraft und Disziplin ein so ausgezeichneter Lebenszustand herzustellen, wie in der Kirche. Er sah andererseits, wie die Herrscher der weltlichen Königreiche ihre Machtgelüste kaum mehr zügelten, und er fürchtete sich vor der Entscheidung das Papsttum entweder zu einem Spielball weltlicher Mächte werden zu lassen, oder – entgegen den Ideen seiner Vorgänger – die Kirche vollständig zu spiritualisieren. Also suchte er die theologische Begründung des Lebensprivilegs geistlicher Weihe in der verhängnisvollen Bulle ›Clericis laicos‹, die mit der These beginnt, die Laien seien Feinde des Klerus. Eine solche Klassifikation der Menschheit rief in den weltlichen Herren Europas, besonders in Philipp v. von Frankreich, die berechtigte Besorgnis hervor, entweder Gehorsam und Treue ihrer geistlichen Vasallen einzubüßen oder sie in einen untragbaren Gewissenskonflikt zwischen Papst und König zu bringen. Die Verhältnisse spitzten sich kriegerisch zu, und endlich kam es zu der berühmten Szene im Palast von Anagni, die die eigentliche Peripetie der mittelalterlichen Papstmacht bedeutet. Der französische Gesandte hieß Nogaret, sein Begleiter war der mißhandelte Sciarra Colonna. In der Nacht des 6. September 1303 setzten sie zum Sturm auf Anagni an, Verrat öffnete ihnen das Tor, Edelleute und Kleriker, die den Papst schützen wollten, wurden ermordet, die Kardinäle flohen, und schließlich erbrach man die Tür zum Thronsaal des Papstes. Da saß, in grenzloser Einsamkeit, der greise Bonifaz VIII. in den Gewändern seiner pontifikalen Würde, das Haupt über ein goldenes Kruzifix gebeugt. Der Augenblick betretenen Schweigens, der folgte, war der letzte Ausläufer einer tausendjährigen, ungebrochenen Kette von Verehrung, die den Nachfolgern des Heiligen Petrus auch in den zweifelhaftesten Situationen nicht versagt worden war.

Doch wenn die Gewalttat einmal in den Herzen der Menschen lebt, hält keine Würde sie mehr zurück. Sciarra Colonna, der wilde Rächer seines Hauses, zerrte den Papst vom Thron, und bis heute weiß man nicht, ob in der Legende, die von einem Faustschlag ins Gesicht des Papstes erzählt, nicht ein Wahrheitskern enthalten ist. Von da an dauerte es nur noch fünfunddreißig Tage, bis Bonifaz, von den Qualen der Vergangenheit noch mehr als von seiner Gefangenschaft gepeinigt, die Welt ohne Segen verließ.

»Ich bin Cäsar«, hatte dieser Papst gesagt, und er hatte damit keine Blasphemie im Sinn. Auf der Höhe seiner Autorität hatte dieser Mann ein ungeheures Wort ausgesprochen, auf das er Anspruch zu haben glaubte. Die Päpste als die Erben der Cäsaren – das ist den Christen stets ein Ärgernis gewesen und den Heiden eine Torheit. Aber die Weltgeschichte verläuft nach einem Plan, dessen Sinn erst der jüngste aller Tage erkennbar machen wird. Und soweit wir sehen, reichen die Wurzeln des Christentums durch providentielle Fügung tief in die Struktur des römischen Reiches hinein. Die Heiligkeit des römischen Thrones war für die Völker der Antike schon eine Tatsache, als die Bischöfe der Ewigen Stadt noch in tiefer Verborgenheit und Lebensbedrohung regierten. Und das Recht, das Rom geschaffen hatte, die Verehrung des Vaters, die Pietas gegenüber den Verstorbenen, der Glaube an die sinnenfällige Gegenwart des Übernatürlichen, schließlich die Idee, die Völker des Erdkreises unter einem Frieden von Dauer und Lebensfreude zu vereinigen – dies alles war in cäsarischen Zeiten vorgeformt und durch christlichen Geist zu abendländischer Blüte und Ordnung gebracht worden. Die Schwierigkeit der kaiserlichen Position des Mittelalters bestand wahrscheinlich darin, daß auf dem wahren Thron des römischen Kaisers sich der Papst niedergelassen hatte – in einer Zeit, da es keine Kaiser gab und keine Hoffnung so kühn sein konnte, ihre Wiederkehr zu erträumen.

Bonifaz, dessen Geschichtskenntnis durch die römischen Archive zweifellos weiter gefördert war, als seine Zeitgenossen ahnten, konnte den Investiturstreit und die folgenden Auseinandersetzungen zwischen Kaiser und Papst nur als jüngste, noch nicht zum Abschluß gelangte Vergangenheit betrachten. Indem er rückwärts auf das Urbild allen Pontifikats, auf den antiken Pontifex Maximus blickte, indem er Konstantins Schöpfung und des großen Gregor leidensvolle Taten betrachtete, indem er das Scheitern der Zwei-Schwerter-Theorie mit dem Mißlingen des konsularischen Dualismus im alten Rom zu vergleichen versucht war – mußte er zu dem Ergebnis kommen, daß der Papst einzufordern hatte, was des Kaisers ist, um die Menschheit dahin zu bringen, daß sie Gott gab, was Gottes ist. Und wie wenn das Urphänomen des Cäsarenthrones, der Wahnsinn der Hybris, nach tausend Jahren Stille wieder hochgestiegen wäre, bemächtigten sich der Hochmut und das Gift geträumter Macht seines aristokratisch-sensiblen Geistes. Er war davon überzeugt, daß es in der Natur des Papsttums läge, die höchste Autorität der gesitteten Welt zu sein und bemerkte nicht, daß der barbarische Wahn vom König der Könige die cäsarische Weisheit in ihm verdrängte. Man beugt keine Kronen unter den Schemel seiner Füße, auch wenn man einen Thron innehat, der von den Heiligen des Himmels gehalten wird, anstatt auf der Erde zu ruhen.

Bonifaz VIII. und Julius II. Welch ein außerordentliches Paar! Der eine zurückgewendet auf ein Jahrtausend sakrosankter römischer Herrschaft, ein letzter, niederstürzender Erbe, der andere ein Prophet neuer Ordnungen, von denen heute noch kein Mensch weiß, durch welch unmeßbaren Zeitraum ihre Geltung währen wird. Und beide vereint in der unverwirklichten Idee, Cäsar und Christus zugleich als Vikar zu dienen.

Piazza Sant' Eustachio

MITTELALTER

Auf der Piazza S. Eustachio, die heute noch genauso aussieht wie vor zweihundert Jahren, steht frühmorgens eine ältere Signora und schilt aus vollem Halse. Auf den ersten Blick ist nicht zu erkennen, gegen wen sich eigentlich ihr Zorn richtet. Verläßliche Zeugen wissen zu erzählen, daß ihr Geschimpfe bis in die Mittagsstunde anzuhalten pflegt. Da besagte Dame dieses Geschäft mit niemals erlahmender Vehemenz seit mehr als dreißig Jahren vollbringt, kann das Objekt ihrer Erregung kaum jener dürftig gekleidete Zeitungshändler sein, der wie ein respondierender Ministrant manchmal mit kleinen Bemerkungen dazwischentritt: »Si signora«, sagt er, »naturalmente, signora, ha ragione, signora«, – und er träufelt diese Zustimmungen wie ein Beruhigungsmittel in das wallende Gemüt der Dame.

Der Gegenstand solchen überschäumenden Zornes kann sehr verschiedener Natur sein: gestern, zum Beispiel, hat der Enkel Virgilio Aufnahmeprüfung ins Gymnasium gehabt und ist durchgefallen, weil ihm der Avvocato von nebenan ein Dante-Zitat falsch eingetrichtert hat. (An diese Tatsache fügt sich trefflich und zielsicher eine Untersuchung der Fadenscheinigkeit akademischer Bildung an.) Oder: Salvatore, der unrasierte Ehemann, hat zu seinen neunundneunzig eingebildeten Leiden ein echtes bekommen, seit ihm der Karren des Sargtischlers in der Nebenstraße über den großen Zeh gefahren ist. (Daraus läßt sich mit Virtuosität eine Betrachtung über die Wehleidigkeit des männlichen Geschlechts und über die Ungeheuerlichkeit der Bestattungspreise machen.) Oder: sie hat beim Öffnen der Fenster im ersten Frühlicht bemerkt, daß die Nachbarin vom oberen Stockwerk das Waschwasser auf ihre über der Straße bleichende Familienwäsche heruntergeschüttet hat (wir sind ja offenbar immer noch im Mittelalter, und man sieht wieder einmal, wie der Kommunismus um sich greift, selbst bei den kleinen Leuten!). – Der Gegenstand kann also wechseln, wesentlich ist jedoch, daß die Rede bestehen bleibt. Die schauspielerische Leistung, die Gefühlsskala und die Lautstärke sind furchterregend. Vom dumpfen Gemurmel: »diese Blödiane, diese Blödiane...«, geht es über genießerische Ironie: »so ein weicher Serenadenpfründner, der Ex-Galan von der Silvia Pampanone...«, bis zu gepfeffertem Angriff: »hast du schon einmal einen Polizisten gesehen, der kein Trottel war...«, dann wieder zurück zu zitterndem Gejammer: »Madonna santissima, werden denn die Steuern gar nicht mehr weniger...«, und wieder hinein ins volle Crescendo: »die Männer, was sind denn die schon heutzutage: Schlapp-

schwänze, Halsabschneider, Tagediebe, dünnbärtige Kaffeelaberer, Spaghettifriedhöfe, Spundlochlutscher, knieweiche, rückverblödete Bleistiftfiguren...«, und dann geht es erst an!
Dabei wäre zu untersuchen, ob die gelegentlichen Zwischenkommentare des Zeitungsverkäufers dem Wortschwall der Dame zur Hemmung oder zur Förderung dienen. Ich glaube, auch die täglichen Zeugen dieser Eruptionen wüßten dies nicht zu entscheiden. Der verschlafene Ober, der die Metallstühle der Bar auf das Pflaster stellt, würde wahrscheinlich der Meinung sein, es sei das Richtigste, die ›Rabbia‹ herauszulassen, denn wie lächerlich der Anlaß auch ist, Entladung verhindert den Schaden an der Leber. Die beiden Carabinieri dagegen neigen zweifellos mehr zu der Ansicht, man solle mit Leuten von protestierendem Charakter entweder kurzen Prozeß machen oder sie überhaupt nicht beachten. Der Portier vom nahen Albergo zweiter Kategorie nimmt die Sache mit philosophischer Ruhe und denkt: Gottseidank hab ich die nicht geheiratet! Und Salvatore, dessen Zipperlein, Kurzatmigkeit, Kopfwackeln und Zehenschmerz seinen Hang zur Frömmigkeit fühlbar vergrößert haben, flüchtet in die Kirche von S. Eustachio, betet zum Heiligen Blasius, damit er nicht auch noch Halsweh kriegt, und zum Heiligen Judas Thaddäus, damit ihm sein Gliederreißen vergeht, und ahnt nicht, daß er sich in der Kirche befindet, deren Titel-Kardinal einmal ein Mann war, den die Geschichte als den Gegenpapst Johannes XXIII. kennt und vergessen hat.
Krach ist in Rom seit den ältesten Zeiten ein belebendes Element. Dabei ist sicher, daß sich die kleinen Leute, um Krach zu machen und Krach zu haben, heute

noch derselben Methoden bedienen wie schon in der Antike, während man das von Kaisern, Päpsten, Kardinälen und Fürsten nicht ohne weiteres sagen kann. Je höher der soziale Rang, um so differenzierter die Art zu randalieren. Bonifaz VIII. zum Beispiel, der die kaisertreuen Ghibellinen nicht sehen konnte, streute einmal dem Erzbischof von Genua am Aschermittwoch in traditioneller Zeremonie die Asche aufs Haupt mit den Worten: »Bedenke, Mensch, du bist ein Ghibelline und wirst zu Staub werden gleich den anderen Ghibellinen.« Daraus erfolgte kein Krach, aber schlimmeres: Haß. Rom scheint eine Art Katalysator der Leidenschaften zu sein, ein Ort, dessen Atmosphäre die menschliche Seele in die explosive Befreiung von lange angestauten Spannungen treibt, eine vorweggenommene Freistatt ewiger Tugenden und ewiger Laster. Was an Düsternis im menschlichen Charakter durch jahrelange Disziplin oder zivilisatorische Erziehung zugedeckt worden ist, reißt auf dem Boden Roms mit der Furchtbarkeit unbekannter Erdschlünde auf, was an Tatendrang, verletztem Ehrgeiz, schlecht überwundener Zurücksetzung in einem Menschen schläft, wird durch Roms magische Kraft zu schaudervollem Spiele erweckt. Was endlich an pathetischem Leidensprunk, an tödlicher Selbstaufopferung, an transzendentem Rausch in die menschliche Existenz eingepreßt ist, alles, was das Blut singen macht und den Geist in die blaue Kälte des Wahnsinns treibt, wird durch Roms gleißnerische und erhabene Aura ahnungsvoll aufgestört.

Das Furchtbare an Rom sind die Zeugen, die man hat. Nur die Römer selber nehmen sie nicht wahr. Die wild gestikulierende Signora auf der Piazza di S. Eustachio ahnt nichts von dem gewalttätigen Gegenpapst an der

Wende des vierzehnten zum fünfzehnten Jahrhundert, der im Dunkel der Vorhalle seiner Titelkirche lauert, und der höhnische Selbstmörder Borromini, der in den Schneckenwindungen des Sapienza-Turmes hockt und auf die Piazza niederblickt, ist ihr gänzlich gleichgültig. Wir aber, die wir an der Geschichte dieser Stadt nicht vorübergehen können, ohne ihre hinabgesunkenen Gestalten zu ewigem Leben erkoren oder verdammt zu sehen, wir stehen mit Schrecken vor dem Schauspiel der Leidenschaften, das sich unter der zarten Haut der Gegenwart immer weiter in die Zukunft hinein vollzieht. Umringt von Zeugen, bespäht von Heiligen und Missetätern, werden wir selber Zeugen eines überdimensionalen Balletts lebensgieriger Geister, die aus den Monumenten zu jeder Stunde des Tages und der Nacht hervortanzen, um uns den Sinn dieser Stadt immer mehr zu verrätseln, je näher sie uns an den Sinn ihrer Taten heranführen.

Weichen wir also dieser leidensbeladenen und blutbefleckten Prozession nicht aus, die sich unablässig durch Roms Gassen wälzt, verhüllen wir nicht unser Haupt in Trauer vor der Verstrickung des Guten mit dem Bösen, die da durch die Geschichte auf uns zukommt, erkennen wir, daß uns die Vergangenheit nichts erspart, selbst wenn die Gegenwart achtlos geworden ist für die Stimmen und Gestalten aus der Tiefe. Es ist sinnlos, im Zorn zurückzublicken, ebenso wie es sündhaft ist, die Hoffnung des Glaubens zu berauben. Festgefügt stehen die Paläste, die seit der Renaissance in Rom gebaut worden sind, glorreich schwingen sich die Voluten und Giebel der barocken Kirchen in den Himmel, freudenreich leben die Menschen des heutigen Rom zwischen Elend und Luxus dahin. Aber die wohlgefügten Steine, die festgegründeten Grundmauern, die gitterbewehrten Fenster und die mächtigen Fassaden trügen – denn sie verheimlichen ein Jahrtausend. Sie brüsten sich in der Legitimität der Nachfolge antiker Ruinen, sie prunken in erborgtem, zweitausendjährigem Marmor, sie rühmen sich der Brüderschaft mit den Säulen und Tempeln und Palastgewölben der Antike. Und sie verschweigen das Mittelalter, sie geben keine Kunde davon, daß sie auf den zusammengestürzten Burgen grauenvoller Familienfeindschaften errichtet sind, sie bieten uns Kerzenschimmer und Feste an über den zerfallenen Spuren jener Mächte, die der monumentalen Demonstrationen nicht bedurften, weil sie mit der Macht der Cherubim ausgerüstet waren und sich gegen Luzifer zu verteidigen hatten.

Santa Croce in Gerusalemme

Hundert Jahre nach dem Tode Bonifaz VIII. hatte die Christenheit drei Päpste: Gregor XII., Benedikt XIII. und Johannes XXIII. Der Kaiser Sigismund, des Verhandelns müde und von der Absicht geleitet, Reich

DAS GROSSE SCHISMA

und Christenheit den alten Ordnungen zuzuführen, rief das Konzil von Konstanz ins Leben, von dem erfahrenen und eigensüchtigen Johannes XXIII. lebhaft unterstützt. Von diesem Manne flüsterte man im römischen Stadtvolk, er sei einmal ein Pirat gewesen, und viele Zeitgenossen bestätigen, daß er in den Belangen dieser Welt ebensoviel Größe und Weitblick zeigte, wie Unfähigkeit und Gewissenlosigkeit in allen Fragen des geistlichen Lebens. Gregor XII., sein einflußreicher Gegner, der eigentlich rechtmäßige Papst, hatte sich bereit erklärt, abzudanken, wenn auch die beiden Gegenpäpste dasselbe tun würden, und die Geschichte des Konzils von Konstanz gibt uns genug Gelegenheit, das Schwanken der Parteien, die Mehrung und Minderung des Einflusses der verschiedenen Päpste zu beobachten. Die gemeinsame Abdankung mißlang. Johannes floh, und Benedikt hielt, eingeschlossen auf einer spanischen Bergfeste, bis zu seinem Tode an seiner Würde fest: die Christenheit erlebte das Schauspiel, daß auf einem einsamen Kastell über dem spanischen Mittelmeer ein unbeirrbarer Greis bis zu seinem Tode unter der Tiara saß, störrisch und unversöhnlich, während die beiden anderen Päpste sich nach ihrer Abdankung mit dem Purpur begnügten.

Rom war in dieser Zeit der Spielball eroberungswütiger Kapitäne, die Engelsburg befand sich in der Hand des Königs von Neapel, Hinrichtungen fanden fast täglich statt, die Bevölkerung war zutiefst verschreckt, Verschwörungen lösten einander ab – Rom, das von allen Mächten dieser Welt belagert worden war, wurde in dieser Zeit während eines Jahrzehnts dreimal erobert – von den Anführern kleiner, wilder Banden, die auf das Glück des Krieges bauten. Die römische

Universität war verfallen, die Basiliken konnten kaum mehr in Stand gehalten werden, weite Strecken des Stadtgebietes verödeten, die Bevölkerung schwand dahin. Was die Armut und Hoffnungslosigkeit des großen Schismas nicht bewirkten, brachten Malaria und Unsicherheit zuwege – die Stadt Rom, die Krone des Erdkreises, die Arche der Christenheit, bestand nur noch aus Trümmern und aus Hoffnungen, und ihr Glanz hatte sich in die von Schwermutsschauern durchwehten Poesien der Dichter verloren. Johannes XXIII. hat in seiner ganzen Herrschaftszeit lediglich den Gang erneuert, der vom Vatikanischen Palast auf engen, glatten Stützbogen zur Engelsburg läuft.

Ein Jahrhundert vor diesen Ereignissen, unmittelbar nach dem Hinscheiden von Bonifaz VIII., erschien in Rom ein Mann, der von seinem ganzen Zeitalter als Held und Befreier begrüßt worden war: Kaiser Heinrich VII., der Luxemburger, von fröhlichem Gemüt und majestätischem Aussehen, der am meisten herbeigesehnte deutsche Kaiser, der jemals den Boden Italiens betrat. Als er – viele Kämpfe und Wirren unausgefochten und unbefriedigt hinter sich lassend – endlich in Rom eintraf, war die Kaiserkrönung beinahe unmöglich: die Truppen des Königs von Neapel, seines tödlichen Feindes, lagerten in dem Guelfischen Teil der Stadt, und so mußte sich Heinrich nach einem vergeblichen Durchbruchsversuch nach dem Vatikan im Lateran krönen lassen – von zwei Kardinallegaten, die unter Protest amtierten, weil ihre Vollmacht nur auf Sankt Peter lautete. Bevor es noch zu dieser Krönung kam, versuchte Heinrich einen denkwürdigen kriegerischen Zug durch die Stadt, um sich in den Besitz des Vatikan zu setzen. Was wir heute noch in Rom an mittelalterlichen Monumenten haben, zeugt von dieser heroischen Unternehmung. Die Torre delle Milizie, zuerst Sitz der Kardinallegaten, dann Sitz des Kaisers selbst, die Torre dei Conti, die beiden Geschlechtertürme bei S. Maria Maggiore, die kleine Befestigung in der Via dell'Anima, die inzwischen verschwundenen Kastelle der Frangipani, der Gaetani, der Colonna, die Festung der Orsini auf dem – heute bezaubernd verträumten – Monte Giordano in der Nähe des Tiber in Höhe der Engelsburg, ein Haus in der Nähe des Palazzo S. Croce, ein anderes neben dem Marcellus-Theater, ein paar vergessene Wohnhäuser in Trastevere – neben der Kirche von S. Cecilia –, dies ist alles, was wir an Spuren aus dieser Epoche bei flüchtigem Rom-Aufenthalt bemerken.

Aber was haben diese Mauern gesehen! Sie sahen den verzweifelten Kampf eines mittellosen, königlichen Menschen, der von der Gewalt und der Schönheit des Südens in tragischer Weise angezogen wurde, sie sahen die Blüte deutscher Ritterschaft um diesen Mann geschart, heute noch voller Hoffnung, morgen schon verbittert und der Heimkehr zugeneigt, sie sahen die phantastische Anstrengung dieses Kaisers, mit seinen Getreuen nach Sankt Peter durchzubrechen, durch einen Kordon von kaiserfeindlichen Reisigen, Haus für Haus umkämpfend, um einer Idee willen, die Dantes Dichterzunge glühend beschworen hatte. Diese gebräunten Ziegel haben den furchtbaren Abend der Rückkehr gesehen nach dem Mißlingen des Straßenkampfes, sie waren Zeugen der Niedergeschlagenheit eines edelmütigen Herrschers, der nach Italien gekommen war wie ein neuer Messias, waffenlos und friedenswillig, gerufen von den besten Geistern des Landes und sich in einer

Wüstenei von Parteihader und Familienfehden immer tiefer versinken fühlte. Und die Mauern des Lateran hörten den Protest der Kardinallegaten, die von einem Papst aus dem fernen Avignon dazu delegiert waren, Heinrich zu krönen und es im Lateran nicht tun wollten, und sie hallten wider von den enttäuschten, wirkungslosen Protesten der kleinen kaisertreuen Schar, die dem Luxemburger auch dann noch verblieb, als sein Fall sich schon am Horizont abzeichnete. Niemals hatte das Kaisertum eine solche wunderbare Fügung zu verzeichnen: der Thron der Cäsaren stand leer – denn die Päpste waren unter die Botmäßigkeit des französischen Königs geraten und hatten ihren Sitz ins Rhônetal verlegt – niemals war ein Kaiser so sehr mit der Billigung aller Gutgesinnten nach Italien gerufen worden, und in den Ohren des gescheiterten Kaisers müssen die Verse Dantes einen seltsamen Klang besessen haben, als er sang:

> Komm, sieh dein Rom, in Trauer für und für,
> Die Witwe, einsam, Tag und Nacht durchklagend:
> Warum, mein Cäsar, bis du nicht bei mir?

›Mein Cäsar‹ – da ist es wieder, das folgenschwere Wort. Mein Cäsar, so spricht Rom, und es meint den Bräutigam seines Weltschicksals, den Mann, der dieser Stadt das Siegel seiner Macht und seines Ruhmes aufzudrücken bereit war, den zeitlosen Kaiser, ohne den Rom nicht Rom ist. In Rom ist Cäsar nicht tot, seine geheimnisvollen Impulse gehen durch die Jahrhunderte fort, stets ist er der verborgene Anfang allen Geschehens, in jeder tragischen Verflechtung reicht eine Wurzel hinunter bis zu seinem Namen. Der Kaiser Roms war zu allen Zeiten nicht nur ein Enkel der Antike, er war nicht nur Christi Schwert, er war Erneuerer und Ordner, er war Geist vom Geiste Cäsars, ohne dessen tiefe und seltsame Wirkung der römische Thron nicht hätte aufrecht stehen können.

San Lorenzo

Meine verehrten Leser, ich kann Ihnen hier nicht eine Geschichte des römischen Mittelalters vorlegen, es wäre unbescheiden und fehl. Aber wer immer von Ihnen des Ferdinand Gregorovius wunderbares Werk über die Geschichte der Stadt Rom im Mittelalter zur Hand nimmt, wird sich gleich mir von Jahrhundert zu Jahrhundert wieder die Frage vorlegen müssen: wie kommt es, daß Cäsars gewaltiger Geist in Rom nicht schweigt? Vielleicht hat dieser Mann am Vorabend der christlichen Erlösungstat auf Golgatha in seinem Haus in Rom, wenn er beim Schein der korinthischen Ampel über die Frage der religiösen Kraft in der menschlichen Natur meditierte, gar nichts von seinen Wirkungen gewußt. Und wir müssen bei ihm ebenso auf eine Beschreibung seines Lebens verzichten, wie wir die mittelalterliche Papstwelt nur flüchtig beschwören konnten. Da aber alles in seine Gestalt mündet, da sein gültiges

Bild dem Schicksal Roms aufgeprägt ist bis auf den heutigen Tag, wollen wir seinen Tod betrachten, der bei ihm, wie bei allen seinen Nachfolgern und, nach christlicher Überzeugung, auch bei uns selbst nicht das Ende, sondern den Höhepunkt des Lebens bildet.

DIE IDEN DES MÄRZ

Am 15. März des Jahres 44 vor Christus, kurz nach zehn Uhr vormittags, war der Diktator des römischen Reiches, Gaius Julius Cäsar, im Begriffe, seine Amtswohnung an der Heiligen Straße in der Nähe des Forum Romanum zu verlassen, um sich, begleitet von seinen Freunden, zur Sitzung des Senats in die Kurie am Pompejus-Theater zu begeben.

Der für den heutigen Tag anberaumten Sitzung kam eine ungewöhnliche Bedeutung zu: der Diktator wollte sich in ihr von den versammelten Vätern des römischen Staates verabschieden. In zwei Tagen sollte der Feldzug gegen das Reich der Perser, die sich damals Parther nannten, mit der Einschiffung Cäsars beginnen. Für die Niederwerfung dieses Reiches, das die letzte große Gefahr für die römische Weltherrschaft darstellte, waren drei Jahre vorgesehen, in denen der Diktator die Hauptstadt nicht mehr betreten sollte. Im römischen Generalstab bestand der Plan, nach einem siegreichen Abschluß des Feldzuges den Kaukasus zu überschreiten, Südrußland zu durchqueren und über die Gebiete des heutigen Ungarn und Polen den Völkerschaften der Germanen in den Rücken zu fallen, wobei eine zweite Heeresmacht von der Rhein- und Donaugrenze in germanisches Gebiet einfallen sollte, um so in einem Zweifrontenkrieg den Norden Europas für Rom zu gewinnen und endgültig zu befrieden. Mit den gewonnenen Schätzen des Partherkönigs sollten die letzten Schwierigkeiten der römischen Finanzpolitik beseitigt werden und zugleich sollte dem zur Finanzierung des Krieges herangezogenen römischen Großkapital ein neuer, unerschöpflicher Wirtschaftsmarkt gewonnen werden. Die an dem Feldzug beteiligten Legionen waren in ihre Ausgangspositionen eingerückt, die für den obersten Kriegsherrn bestimmten Galeeren lagen an der Reede von Ostia vor Anker – man bemerkte unter ihnen einige Schiffe griechischer Bauart aus der Staatsflottille der Königin von Ägypten, Kleopatra. Der Staatsapparat war bereits vollständig auf den Krieg umgestellt worden. Die Regierungsgewalt war auf den unwidersprochenen Antrag des Diktators hin durch Senatsbeschluß für alle höheren Beamten entgegen sonstigen Gepflogenheiten auf drei Jahre ausgedehnt worden. An der Spitze der Exekutive befanden sich die beiden Konsuln Hirtius und Pansa, vielfach bewährte Gefolgsmänner des Diktators. Ihre Entscheidungen sollten kontrolliert werden durch zwei Privatpersonen von außergewöhnlichem Einfluß: dem phönizischen Bankier Balbus und dem General Oppius, die beide dem Privatkabinett des Diktators angehörten, ohne eine amtliche Funktion einzunehmen. Aus allen Teilen Italiens waren in den letzten Tagen die Veteranen Cäsars, also die Soldaten, die unter ihm in den acht Jahren des gallischen Krieges und in dem dreijährigen Bürgerkrieg gedient hatten, nach Rom gekommen, um ihrem Feldherrn, der sie alle bei Namen kannte, das Ehrengeleit zu geben. Sie hatten in den Tag und Nacht geöffneten Tempeln der Stadt Quartier genommen, hauptsächlich in jenen Heiligtümern, die dem Kult des Diktators, der Verehrung seiner Ahnen oder seines Genius dienten.

Kurz nach zehn Uhr vormittags, ehe der Diktator die bereitgestellte Sänfte mit den Purpurvorhängen besteigen konnte, um sich in die Kurie des Pompejus zu begeben, geschah es, daß im Atrium, der Vorhalle des Hauses, eine Ahnenmaske von der Wand fiel.

Man hat später erfahren, daß ein Diener, der der Gattin des Diktators, Calpurnia, besonders ergeben war, dieses böse Vorzeichen absichtlich herbeigeführt hat, um seine Herrin in den beschwörenden Vorhaltungen zu unterstützen, mit denen sie schon während der Nacht und im Laufe des Morgens versucht hatte, den Diktator am Ausgehen zu hindern. Zwar war es Calpurnia mehr als jeder anderen vertrauten Person in der unmittelbaren Nähe Cäsars bekannt, daß der Diktator den guten oder bösen Vorzeichen keinerlei Bedeutung beizumessen pflegte. Da jedoch sie selbst wie alle frommen Römer an die Offenbarung eines übernatürlichen Willens durch unerklärliche Vorfälle fest glaubte, ließ sie auch dieses Mittel nicht unversucht, um Cäsar vor einer großen Gefahr, in der sie ihn schweben sah, zu beschützen. Sie hatte im Laufe der Nacht im Traum gesehen, wie der Giebel ihres Hauses einstürzte und ihr Gemahl von Blut überströmt in ihren Armen starb. Der Diktator hatte zugegeben, daß auch er in der Nacht sich im Traume mehrmals über den Wolken schwebend sah und daß ihm Jupiter erschienen sei, der ihm seine Rechte gereicht habe. Nun löste das Herabfallen der Totenmaske in dem Diktator doch ein leichtes Zögern aus. Er fühlte sich nicht wohl. Immer häufiger hatten sich in den letzten Wochen die Anfälle jener rätselhaften Krankheit eingestellt, die wir heute als Epilepsie kennen, die aber von den Zeitgenossen Cäsars mit den Göttern in Zusammenhang gebracht und als die heilige

Krankheit bezeichnet wurde; Cäsar hatte sein 56. Lebensjahr erreicht und in den letzten fünfzehn Jahren mit Ausnahme eines einzigen Winters in Ägypten keinen Tag der Ruhe gehabt. Über den ganzen orbis terrarum bis an die Grenzen der Welt war über Jahrzehnte hinweg dem Namen Cäsars der Ruhm vorausgeeilt, Müdigkeit nicht zu kennen. Man wußte, daß er auf den Märschen seiner Legionen in Feindesland zu Fuß vorauszugehen pflegte, ohne auf Hitze oder Regen Rücksicht zu nehmen. Wenn er im Wagen fuhr – es war gewöhnlich ein gemieteter ganz einfacher Reisewagen –, betrug die normalerweise zurückgelegte Entfernung 100 000 Schritt am Tag, das sind 150 Kilometer. Flüsse, die ihn aufhielten, pflegte er zu durchschwimmen und die Eilboten, die er auf seiner Route vorausschickte, lebten stets in der Angst, später anzukommen als er selbst. Noch in dem Feldzug in Spanien vor drei Jahren griff er wie ein gewöhnlicher Soldat mit dem Schwert in der Hand in die Schlacht ein, ein Jahr vorher war er in bedrängtester Lage im Hafen von Alexandria ins Meer gesprungen, 300 Meter weit zum nächsten Schiff geschwommen, in der linken Hand Staatspapiere hochhaltend, um sie vor Nässe zu schützen, seinen Feldherrenmantel mit den Zähnen nachschleppend, damit er nicht als Siegeszeichen in die Hände der Feinde fiele. Nun, am Vorabend des parthischen Feldzuges, sah er sich aufs neue all diesen Entbehrungen, Strapazen, Zwischenfällen ausgesetzt, ohne daß er hoffen konnte, die wundervolle Ruhe der großen Nilfahrt mit der Königin Kleopatra noch einmal zu erleben.

Hinzu kam, daß die merkwürdigen Vorzeichen, von denen seine Gattin Calpurnia gesprochen hatte, nicht die einzigen waren, durch die er sich in der letzten Zeit gewarnt fühlte. Schon einige Wochen vor dem heutigen Tage hatte ihm der Wahrsager Spurinna bei der Darbringung des vorgeschriebenen Tieropfers für die Staatsgötter die rätselhaften Worte gesagt, er solle sich vor einer Gefahr hüten, die nicht länger als bis zu den Iden des März, also bis zum heutigen Tage, auf sich warten lassen würde. Einer seiner Diener hatte kürzlich eine Vogelschar aus einem nahen Haine aufsteigen sehen, sie verfolgte einen Zaunkönig, der mit einem Lorbeerblatt im Schnabel in Richtung auf die pompejanische Kurie davongeflogen war, um dort von den Verfolgern zerrissen zu werden. Es war Cäsar gemeldet worden, daß die Rosse, welche er zu Beginn des Bürgerkrieges beim Übergang über den Rubikon den Göttern geweiht und ohne Hüter frei hatte laufen lassen, durchaus nicht mehr fressen wollten.

Rubikon – dies war der entscheidende Moment in Cäsars Leben gewesen. Bis zu dem Augenblick, als er diesen kleinen Flußlauf in Richtung Rom überschritt, war er ein Feldherr des römischen Staates, der zwar mit seiner obersten Behörde im Widerspruch lag, aber noch keine Revolution verursacht hatte; denn das Land jenseits des Rubikon gehörte noch zu der Provinz, deren Verwaltung dem Cäsar vom Senat rechtmäßig übertragen worden war. Diesseits des Rubikon aber begann das geheiligte Gebiet der altrömischen Republik. Hier einzufallen, bedeutete den Umsturz der bestehenden Ordnung. Cäsar sprach damals am Rubikon zu seinen Generälen die Worte: »Noch können wir zurück. Sind wir einmal über dieses Brückchen, dann entscheiden nur die Waffen.« Sein Leben lang verließ den Diktator die Erinnerung an diesen Augenblick nicht mehr, vor allem, weil sie verbunden war mit dem Erscheinen eines ausgezeichnet schönen, großgewachsenen, unbekannten Mannes, der auf einer Halmpfeife blies und die Aufmerksamkeit der Soldaten und Wachtposten fesselte. Plötzlich hatte dieser Mann, mitten unter den zuhörenden Kriegern stehend, einem Trompeter die Tuba abgenommen, war damit zum Fluß gelaufen und heftig blasend an das andere Ufer gelangt. In diesem Augenblick hatte Cäsar die Worte ausgerufen, die mittlerweile in aller Munde sind: »Vorwärts, wohin uns der Götter Anzeichen und der Feinde Ungerechtigkeit treibt! Der Würfel ist gefallen!«

Kurz nach zehn Uhr vormittags stand der Diktator in der Vorhalle seines Hauses an der ›Heiligen Straße‹, zögernd bereit, sich zur Sitzung des Senats in die Kurie des Pompejus zu begeben.

Pompejus! Nicht ganz vier Jahre vor dem heutigen Tage hatte der Diktator einen der schrecklichsten Augenblicke seines Lebens. Durch eine Prozession von Eunuchen war ihm in Alexandria der Kopf des Pompejus gebracht worden, jenes Mannes, dem der Senat einmal gestattet hatte, seinem Namen schon bei Lebzeiten das Wort ›Magnus‹ – der Große, hinzuzufügen, einst Cäsars Verbündeter und Freund, später sein schwierigster Gegner. Beide, Pompejus und Cäsar, haben gewußt, daß der Kampf, den sie miteinander führten, ungleich war. Pompejus hatte das verbriefte Recht auf seiner Seite, das Recht einer aristokratischen Staatstradition, Cäsar revoltierte gegen die erstarrten Formen des unzulänglich gewordenen republikanischen Staatsapparates. Dabei war Cäsar, den Blick auf die Zukunft gerichtet, der versöhnlichste Gegner, den es in der Kriegsgeschichte gibt. Obwohl ihn die Niederwerfung der pompejanischen Partei viele Jahre gekostet hatte und obwohl immer neue Schlachten in Griechenland, in Ägypten, in Spanien und in Afrika notwendig waren, hat Cäsar niemals gezögert, Offiziere und Soldaten des Pompejus unmittelbar nach ihrer Niederlage freizulassen und ihnen ohne Einschränkung zu erlauben, entweder nach Hause zurückzukehren oder fortan für ihn Dienst zu tun.

Alle Zeitgenossen, die uns Berichte über das Leben Julius Cäsars hinterlassen haben, stimmen darin überein, daß er stets von dem Bestreben geleitet war, Äußerungen, Pläne und Anschläge, die sich gegen seine Person richteten, lieber zu verhindern als zu bestrafen. Erst in den letzten Tagen war ihm mehrmals durch seine geheime Polizei und durch Freunde die Mitteilung zugegangen, es bestünden Verschwörungen und Komplotte, die seinen Sturz und seinen Tod zum Ziele hätten. Das einzige, was er dagegen unternahm, war ein Erlaß, in dem er die Öffentlichkeit darauf aufmerksam machte, daß ihm diese Verschwörungen und Komplotte bekannt seien. Zur gleichen Zeit wies er einen Antrag des Senats, sich mit einer persönlichen Leibwache zu umgeben, als gegenstandslos zurück.

Zu dieser Zeit bekleidete Gaius Julius Cäsar das mit absoluter Gewalt ausgestattete höchste Amt des römischen Staates. Er war Diktator auf Lebenszeit, nicht absetzbar, mit unbedingter Exekutivvollmacht. Im vergangenen Jahr hatte der Senat beschlossen, ihm das Wort Imperator nicht als Titel, sondern als Namen zu verleihen. Man nannte ihn Vater des Vaterlandes und gewährte ihm das Privileg eines eigenen Thronsessels auf dem Bühnenhalbrund des Theaters, so daß der Diktator im Spiel der antiken Tragödie als Gott unter Göttern erschien.

Er ließ es zu, daß sein Standbild in einer Reihe mit den Standbildern der offiziellen Götter des römischen Staates aufgestellt wurde. Er nahm die Ehre an, schon bei Lebzeiten einen Sitz an der geheiligten Tafel zu haben, die den Göttern beim Staatsopfer gedeckt wurde. Er erhob keinen Einspruch, als man den beiden Priesterschaften des Pan, des Gottes der Natur, eine dritte Priesterschaft hinzufügte, die seinen Namen trug. Er hatte volle Freiheit in Finanzdingen und verwaltete sie so gut, daß eine bis dahin nicht bekannte Stabilität der Währung eintrat; am 15. März des Jahres 44 enthielt die Staatskasse siebenhundert Millionen Sesterzen. Er hatte das Recht, Gesetze zu beantragen und durchzuführen; als Tribun war seine Person unverletzlich; als Zensor durfte er Personen in den Senat ernennen oder ausstoßen; als Pontifex Maximus endlich, als oberster Priester, beherrschte er den gesamten Klerus einschließlich der Wahrsagerkollegien.

Kurz vor zehn Uhr vormittags wartete der Senat des römischen Reiches in der Kurie des Pompejus auf die Ankunft des Diktators Gaius Julius Cäsar. Als sich das Eintreffen des Imperators merklich verzögerte, beschlossen die Senatoren, den Vertrauten Cäsars, Decimus Brutus, in das Amtshaus des Pontifex Maximus an der ›Heiligen Straße‹ zu entsenden. Dieses Amtshaus wurde damals die Regia genannt. Cäsar bewohnte es seit dem Tag, da er Oberster Priester geworden war; auch als Diktator ist er nicht in einen Palast umgezogen. ›Regia‹ – der Name hängt mit einem Wort zusammen, das seit dem Jahre 498 vor Christus im römischen Volk mit ungeheuerlichen Verfluchungen verbunden war: Rex, der König. Seit der letzte der sieben römischen Könige, Tarquinius Superbus, durch den Nationalheros des Staates, den älteren Brutus, vertrieben wurde, war in der Stadt kein Begriff, der mit Herrschaft zu tun hatte, so abgründig verhaßt wie der des Königs. Die einzige Stelle im republikanischen Staatsapparat, an der noch eine königliche Tradition sichtbar blieb, war das Amt des Pontifex Maximus und sein Haus, die Regia. Wenn es wahr ist, das Cäsar auf der Höhe seiner Macht die Absicht hatte, die Königswürde anzunehmen, so konnte er keine bessere Ausgangsposition dafür haben als das Amt des Pontifex Maximus, in dem sich die sakralen Funktionen des Königtums erhalten hatten. Erst kürzlich hatten einzelne seiner leidenschaftlichsten Anhänger ihm zu wiederholten Malen das Aufsetzen des Diadems öffentlich nahegelegt, doch hat Cäsar diese Anträge unter dem Beifall des Volkes stets zurückgewiesen. Was sollte einen so nüchternen, realistischen, der tatsächlichen Macht verfallenen Mann veranlassen, des bloßen Namens wegen die Zahl seiner Gegner ins Ungemessene zu vermehren? Und doch gibt es einige Anzeichen dafür, daß ihn die Würde des Königtums magisch angezogen hat. Auch für Cäsar war es offenbar nicht gleich, ob er das Reich *wie* ein König oder *als* König regierte. In diesen Tagen verbreitete sich in der Stadt das Gerücht von einer uralten Prophezeiung über das Partherreich; es sei, so hieß es, nur einem Könige möglich, den König der Parther sich zu unterwerfen. Man habe also die Absicht, den Diktator wenigstens für die Provinzen des Reiches zum König auszurufen. Und Cäsar schien dieser Absicht auf eine unbegreifliche Weise vorzuarbeiten: er erschien öffentlich anstatt in dem mit Purpurstreifen verbrämten Mantel des Konsuls in einem gänzlich purpurfarbenen Gewand, das im Altertum überall als das Königskleid galt. Vor dem

DIE ERBIN DER PHARAONEN 305

feierlichen Zuge des Senats, der zu ihm kam, um ihm eine Anzahl höchst schmeichelhafter Beschlüsse zu überbringen, blieb er in der Vorhalle des von ihm errichteten Tempels seiner Stamm-Mutter Venus wie ein Despot auf dem Goldthrone sitzen. Im Volk verbreitete sich der Glaube, daß seine körperliche Nähe heilbringend sei, und die Mietpreise in dem Stadtviertel, das er bewohnte, waren stetig im Steigen. Auch in der Ausübung der Regierung griff der Diktator immer mehr auf die Überlieferung der Königszeit zurück. Er betrachtete die Bürgerschaftsversammlung als den höchsten und letzten Ausdruck des souveränen Volkswillens, dem er allein die Richtung zu geben hatte, und führte den Senat wieder auf seine Urbestimmung zurück: dem Herren Rat zu erteilen, aber nur, wenn er es verlangte.

Seit etwa einem Jahr lebte in den Gärten des Diktators jenseits des Tiber, im heutigen Trastevere, in unbeschreiblichem Luxus die verführerischste Frau des Altertums, Kleopatra, die Erbin des ältesten Königtums der Welt, des Pharaonenthrones von Ägypten. Alle Welt wußte, daß Cäsar von ihr einen Sohn hatte und daß ein Teil seines Wesens der gottköniglichen Anziehungskraft dieser Frau verfallen war. Angesichts dieser Tatsachen schienen die alten Ideale der bürgerlichen Freiheit, der republikanischen Unabhängigkeit, der Gewaltenteilung zwischen Senat und Volk endgültig zum Untergang bestimmt, und es war nicht schwer, die Parolen zu finden, die diese Befürchtungen zur Volksmeinung werden ließen.

Das Regiment Cäsars steckte voll von Plänen. Ihre Durchführung war eingeleitet, nicht vollendet. Wer wehrdienstpflichtig war, durfte Italien nicht verlassen, es sei denn im Staatsdienst. Senatorensöhne brauchten dazu die persönliche Erlaubnis des Diktators. Achtzigtausend Bürger der Stadt Rom schickte Cäsar als Kolonisten zum Aufbau und zur Neubevölkerung in Städte, die am Rande der bekannten Welt lagen. Die ungeheuerlichen Versprechungen an Geld und Land, die Cäsar seinen altgedienten Legionären im Laufe von zwanzig Jahren in steigendem Maße hatte machen müssen, waren bestenfalls mit dem Golde Persiens, aber nicht mehr aus staatseigenen römischen Mitteln abzugelten. Die Gesetze, die der Diktator als oberster Sittenrichter gegen den Aufwand und gegen den persönlichen Luxus erließ, erschienen lächerlich im Anblick der Tatsache, daß er selbst kostbare Mosaikfußböden auf seine Feldzüge mitnahm, oder für schlanke feingliedrige Sklavinnen Preise bezahlte, deren Eintragung in seine Rechnungsbücher er aus Scham verbot. Man erinnerte sich, daß einer der geheimen Gründe für den Feldzug nach England die Hoffnung Cäsars gewesen sei, dort Perlen zu finden; man erinnerte sich, daß er der Servilia, die seine Geliebte gewesen war, einen Perlenschmuck von einer Million zweihunderttausend Mark Wert zum Geschenk gemacht hatte, und die Stadt war noch voll von dem Skandal, den Kleopatra hervorgerufen hatte, als sie eine Perle von unschätzbarem Wert in Essig auflösen und in ihren Schlaftrunk mischen ließ. Am Vorabend des parthischen Feldzuges fragten sich die Mitglieder von achtzig Familien, die durch die vergangenen vierhundert Jahre die Geschicke Roms im Bewußtsein ihrer aristokratischen Erwähltheit regiert hatten, was mit ihnen, ihrem Einfluß und ihrem Reichtum geschehen würde, wenn Cäsar aus Persien siegreich zurückkehren würde. Als vollends auf Cäsars Geheiß ein Erlaß erging, der von den dreihundertzwanzigtausend Empfängern staatlicher Getreidespenden Mann für Mann den Nachweis der Bedürftigkeit verlangte, schien es für die alte republikanische Aristrokratenpartei kein Problem mehr, dem römischen Volke klarzumachen, daß Gaius Julius Cäsar nicht ein Diktator sei, sondern ein Tyrann.

In Rom lebte damals ein Mann mit Namen Marcus Junius Brutus. Er gehörte einer der ältesten patrizischen Familien der Stadt an und leitete seine Abstammung von jenem berühmten Brutus her, der im Jahre 498 vor Christus den letzten König der Römer aus der Stadt vertrieben und die Freiheit der Republik ausgerufen hatte. Seit dieser Zeit war das Ansehen des Namens Brutus in Rom mit den ehrwürdigsten Traditionen altrömischer Größe verbunden. Persönlich hatte Marcus Brutus nicht mehr sehr viel von der heroischen Aura an sich, die seinen Ahnherrn umgab. Er war ein stiller und ernster Mann von jener verschlossenen Noblesse, mit der Mitglieder sehr alter Häuser sich von dem brausenden Getriebe gegenwärtigen Lebens entfernt zu halten pflegen. Ein Zug von asketischer Gelehrsamkeit, ein Hang, sich auf makellose und diskrete Weise mit den Dingen des Geistes zu beschäftigen, eine untadelige moralische Haltung zeichneten ihn aus. Er wußte sich mit einer Atmosphäre verfeinerter Kultur und erlesenen Geschmacks zu umgeben, liebte kostbare Bücher, und sein Griechisch wird von seinen Zeitgenossen übereinstimmend gerühmt. Sein Geist beschäftigte sich auf ästhetische Weise mit den Gedankengängen Platos, ohne sich mit ihnen tiefer auseinanderzusetzen. Er fand ein wohltuendes Genügen in dem zurückhaltenden Genuß, mit Kennerschaft zu philosophieren, ohne einer bestimmten Lehre verpflichtende Bedeutung beizumessen. Diese seine Art auswählender und distanzierter Geistigkeit ging Hand in Hand mit einem intensiven Bewußtsein vom Gewicht seines Namens und von der geschichtlichen Fracht, die er durch seine alte Familie auf den Schultern fühlte. In den Jahren des Bürgerkrieges und besonders seit der endgültigen Machtergreifung des Diktators hatte er es sich angewöhnt, die Miene sehr großen Ernstes zu zeigen – vielleicht in der unterbewußten Absicht, schon allein durch ein solches gedankenvolles, beinahe grüblerisches Benehmen die Öffentlichkeit davon zu überzeugen, daß ein Brutus auf jeden Fall die Staatsverantwortung zu tragen habe, selbst wenn er sich jeder Tätigkeit enthalte. So war es gekommen, daß man diesen keineswegs durch Leistungen auffallenden Mann in Rom geradezu für ein schweigendes Regulativ des Staatscharakters zu halten begann. Keine seiner Tugenden trat jemals in bedeutender Tätigkeit zutage, aber für die öffentliche Meinung schien es zu genügen, daß er die äußeren Kennzeichen aller römischen Bürgertugenden in vollkommenem Maße besaß. Inmitten der dynamischen Neuschöpfung, die dem römischen Reiche durch Gaius Julius Cäsar widerfuhr, wandelte Marcus Brutus als das Idol republikanischer Loyalität durch die Straßen Roms, und er zeigte sich tief getroffen, als er eines Tages am Sockel eines Standbildes, das den berühmten älteren Brutus, den Tyrannenbeseitiger, darstellte, einen Zettel fand mit den Worten: »Brutus, schläfst du?«

Die Beziehungen des Marcus Brutus zum Diktator waren von eigener Art. Obwohl beide, durch Charakter und Weltgefühl getrennt, sich auf sehr verschiedenen Lebensbahnen bewegten, schien es, als habe die

WAR BRUTUS CÄSARS SOHN?

gleichmäßig tugendhafte Erscheinung des Brutus für Cäsar eine unerklärliche Anziehungskraft. Die römische Öffentlichkeit erklärte sich diese einseitige Hinneigung Cäsars zu Brutus einfach mit dem niemals verstummenden Gerücht, daß der Diktator in dem schweigsamen Republikaner mehr, weit mehr als nur einen jungen geistigen Gegenspieler von untadeliger Gesinnung zu erblicken habe. Brutus' Mutter Servilia, eine Stiefschwester des sittenstrengen und unbeugsamen jüngeren Cato, war von allen Frauen Roms wahrscheinlich diejenige, die der Diktator am meisten geliebt hatte. Da die Geburt des Marcus Brutus in eine Zeit fiel, in der die leidenschaftliche Verbindung zwischen Cäsar und Servilia noch keineswegs zu Ende war, tuschelte alle Welt, dieser Marcus Brutus sei ein Sohn des Diktators. Natürlich kannte auch Brutus selbst dieses Gerücht, und seiner empfindlichen moralischen Natur war der Gedanke, möglicherweise ein Bastard zu sein, ein unerträglicher Stachel. Er fühlte sich als Brutus, als Erbe eines erhabenen Namens, von aller Welt angezweifelt, und je höher der Diktator in seiner Macht stieg, um so dunkler warf sich ein Schatten über das Legitimitätsbewußtsein, das das Grundgefühl im Leben des Brutus war. Im letzten Jahr hatten sich die Dinge auch noch dadurch verschlimmert, daß die Königin Kleopatra ihren kleinen Sohn Kaisarion mit nach Rom gebracht und der Öffentlichkeit präsentiert hatte, so daß dem Brutus nicht einmal das Gefühl blieb, wenn er schon möglicherweise ein außerrechtlicher Sohn des Diktators sei, dann wenigstens der einzige. Und so entwickelte sich im Bewußtsein des Marcus Brutus sehr langsam, aber stetig steigend, eine Einstellung gegenüber der Person des Diktators, die aus einer persönlichen Haßliebe und der romantischen Verantwortung gegenüber der verlorenen republikanischen Freiheit gleicherweise gemischt war. Cäsar, dessen Instinkt für menschliche Grundeinstellungen ans Wunderbare grenzte, hat von Brutus des öfteren ahnungsvoll gesagt: »Es ist sehr wichtig, was dieser für Absichten hat; denn was er will, das will er stark.« Merkwürdig – bisher hatte Brutus eigentlich noch niemals Gelegenheit gegeben, diesen seinen starken Willen an einer entscheidenden Tat zu konstatieren. Und Cäsar konnte, als er diesen Ausspruch über Brutus tat, noch nicht wissen, daß Brutus vor nicht allzu langer Zeit voll Haß an einen Freund geschrieben hatte: »Unsere Vorfahren waren der Ansicht, wir dürften keinen Tyrannen ertragen, selbst wenn er der eigene Vater wäre.«

Die Seele der Verschwörung war Cassius. Nach langem Zögern gab Brutus sein Einverständnis, das Haupt zu sein. Der 15. März gab durch die in der Pompejuskurie anberaumte Sitzung die letzte denkbare Möglichkeit; achtzig Senatoren aus den vornehmsten republikanischen Patrizierfamilien waren in den Plan eingeweiht. Viele von ihnen hatten jahrelang mit Cäsar zusammengearbeitet, vielen von ihnen hatte Cäsar trotz ihrer unzulänglichen und dilettantischen Opposition immer wieder in unbegreiflicher Nachgiebigkeit verziehen. Alle hatten sie mit Begier die Worte eingesogen, die der Redner Marcus Tullius Cicero, eifersüchtiger Feind und Bewunderer Cäsars, in Augenblicken relativer Gefahrlosigkeit über die wiederherzustellende Freiheit der römischen Republik durch Reden, Briefe und Gespräche verbreitet hatte – Worte, die um so tiefer eindrangen, je mehr die Zuhörer in der Lage waren, sich ihrem hinreißenden und vollkommenen Latein hinzugeben. Nicht durch Zufall kam es dahin, daß das Losungswort der Verschworenen für den 15. März der Name ›Cicero‹ war. Der Plan war bis in die Einzelheiten festgelegt. Die Verschworenen, die sich wie alle übrigen Senatoren gegen zehn Uhr vormittags an der Pompejuskurie versammeln würden, sollten unter der Toga mit Dolchen versehen sein. Marcus Brutus, der als Prätor die Aufgabe hatte, Zivilprozesse zu entscheiden, sollte sich auf den Richterstuhl setzen und die Klagen der streitenden Parteien so lange anhören, bis der Diktator erscheinen würde. Der vorzügliche, von Cäsar hochgeehrte General Trebonius hatte die Aufgabe übernommen, den treuesten Gefolgsmann Cäsars, den athletischen und wirrköpfigen Marcus Antonius, am Eingang der Kurie in ein Gespräch zu ziehen, um ihn von der Teilnahme am Beginn der Sitzung abzuhalten. Decimus Brutus, der ältere Bruder des Marcus, durch lange Jahre vom Diktator persönlich ins Vertrauen gezogen, hatte sich verpflichtet, in den Garderoben und Vorräumen des nahen Pompejus-Theaters Gladiatoren unterzubringen, damit die Verschworenen im Falle der Gefahr einen bewaffneten Schutz zur Verfügung hätten. Es war ausgemacht worden, daß jeder der Verschworenen ohne Ausnahme dem Diktator einen Dolchstoß zu versetzen habe, denn nicht um ein Attentat ging es hier, sondern um den Sturz des Tyrannen, der von den Repräsentanten des ganzen Staates gemeinsam vollzogen werden sollte. Nach dem Tode Cäsars sollte Marcus Brutus vor dem Senat eine Rede halten, worin der Tod des Diktators vom Staate her gerechtfertigt und – nach dem Vorbild des älteren Brutus – die Freiheit der Republik ausgerufen werden sollte.

Noch wußten die Verschworenen nicht, zu welcher Größe

der Diktator in dem Augenblick aufsteigen würde, in dem die Dolche seiner Mörder sichtbar wurden. Noch war es ihnen unmöglich, sich den Anblick Cäsars vorzustellen, der, jeden Widerstand aufgebend, sich die Toga wie beim Totenopfer über den Kopf zog, sorgfältig darauf achtend, daß sein Leib im Niederfallen keine Blöße zeige, bevor er vor der Bildsäule des Pompejus, aus dreiundzwanzig Wunden blutend, zusammenbrach. Keinesfalls aber rechneten die Verschworenen damit, daß der Senat, der nunmehr doch dazu ausersehen war, die wiederhergestellte Freiheit feierlich zu bestätigen, in schrankenloser Panik auseinanderstürzen würde. Noch vertrauten sie darauf, das Volk werde den Sturz des Diktators mit dem Erwachen eines taumelnden Freiheitsgefühls beantworten, und sie konnten sich nicht vorstellen, welch einen tiefen und familienhaften Schmerz der Anblick einer Sänfte hervorrufen würde, in der der tote Leib Cäsars, getragen von drei Sklaven, in sein Haus zurückkehrte, den linken Arm auf dem Boden nachschleifend. Vor allem aber war es den Verschworenen verborgen, daß mit dem Tode des Diktators weder sein Werk noch sein Geist zu leben aufhören würden. Niemand von ihnen ahnte, daß ein unbeachteter achtzehnjähriger Mann, der schon unter ihnen war, das Werk des Gestürzten für die Dauer von Jahrhunderten befestigen würde: Oktavianus, der Erbe Cäsars, den die Welt unter dem Namen Augustus kennt. Auch hatten die Verschworenen nicht bedacht, daß auf dem Gipfel der Welt die Gewalttat einen fürchterlichen Sog hat, in dem jeder von ihnen mit zugrunde gehen würde.

Kurz nach zehn Uhr vormittags erwarteten in der Kurie des Pompejus mit dem versammelten Senat achtzig Männer mit versteckten Dolchen in ungeheurer Spannung die Ankunft des Diktators. Im benachbarten Theater pflegte um diese Stunde die Vorstellung zu beginnen, und der Chorführer der Tragödie, in Kothurn und Maske, erhob seine Stimme:

> Denn schrill, daß steil das Haar sich streckt,
> schrie im dunklen Wahn der Nacht
> des Traumes prophetische Stimme
> zutiefst im Hause den Schrei der Angst;
> und die dem Gotte sich verbürgt,
> die Deutschen der Träume sprachen so:
> die drunten sind, klagen.
> Mächtig wider die Mörder
> erhebt sich ihr Groll.

Es war halb elf Uhr geworden. Cäsar war in Dingen der Öffentlichkeit und des Staates von sprichwörtlicher Akkuratesse und Pünktlichkeit. Warum kam er nicht? Hatte man die Verschwörung vielleicht schon verraten und zögerte er in seinem undurchdringlichen Gleichmut nur, das Komplott sofort mit der Anwendung der Staatsgewalt zu beantworten? Man war es ja von ihm gewöhnt, daß er immer dann, wenn niemand es erwartete, entscheidende Aktionen ins Werk setzte. Alle Verschworenen kannten Cäsar gut genug, um zu wissen, daß man die Person des Diktators nicht in einen Plan einbeziehen konnte, ohne damit zu rechnen, daß zum Schluß er es war, der den Ausgang bestimmte. Die Verschworenen hielten sich immer noch in den Wandelgängen der Pompejuskurie auf und waren mittlerweile so unruhig, daß zwei harmlose Zwischenfälle beinahe alles zum Scheitern gebracht hätten. Einmal kam ein Senator an dem Verschwörer Casca vorüber, blieb

stehen und sagte lachend zu ihm: »Du versteckst etwas, aber Brutus hat mir alles gesagt.« Casca erbleichte, und nur, weil aus den Worten des anderen hervorging, daß er nicht auf die Verschwörung, sondern auf Cascas Anwartschaft auf ein Staatsamt anspielte, wahrte der Verschwörer das Geheimnis. Das andere Mal näherte sich der Senator Popilius Laenas dem Brutus und dem Cassius und flüsterte ihnen zu: »Es kann euch gelingen, aber macht schnell.« Popilius Laenas war kein Mitverschworener.
Immer noch blieb der Diktator aus. Schließlich entschlossen sich die Verschworenen, den Decimus Brutus, den Cäsar so hoch schätzte, daß er ihn zu seinem zweiten Erben zu machen gedachte, in das Haus des Diktators zu schicken. Er solle erkunden, wie es stehe, und Cäsar mit allen Mitteln bewegen, doch noch zu kommen.

Von der Pompejuskurie bis zum Haus des Pontifex Maximus braucht man zu Fuß etwa zwanzig Minuten – mit dem Wagen zu fahren war in der römischen Innenstadt verboten –, und so erreichte der Verschwörer einige Minuten vor elf Uhr das Haus Cäsars. In seinem hastigen Schritt hatte er in der Volksmenge den Mann nicht gesehen, der mit Unruhe darauf wartete, dem vorüberkommenden Diktator ein Schreibtäfelchen zu überreichen, auf dem die Verschwörung detailliert mitgeteilt war. Auch den Wahrsager Spurinna hatte er nicht bemerkt, der, wie wir wissen, Cäsar vor den Iden des März gewarnt hatte und nun bereitstand, es noch einmal zu tun. Der Diktator wird später auf dem Wege zur Kurie in einem leicht ironischen Ton zu Spurinna sagen: »Die Iden des März sind ja nun doch ohne Schaden für mich gekommen«, – und darauf die Antwort erhalten: »Ja, gekommen sind sie, aber sie sind noch nicht vorüber.«

Nun erreicht Decimus Brutus die ›Heilige Straße‹. Er sieht vor dem Eingang von Cäsars Haus die übliche Volksmenge stehen, die ihn stets beim Ausgehen begrüßt. Er eilt an den Sänftenträgern vorbei, findet Cäsar mit Calpurnia und Marcus Antonius, einigen Klienten und Dienern im Atrium stehen, bemerkt die Scherben der Ahnenmaske am Boden und hört, wie Cäsar dem Mark Anton sagt, er möge zum Senat gehen und ihn entschuldigen, er fühle sich nicht wohl und zöge es vor, zu Hause zu bleiben. In diesem Augenblick liegt der Fortgang der Weltgeschichte auf den Schultern des Decimus Brutus. Wenn es ihm jetzt nicht gelingt, die richtigen Worte zu finden, ist alles verloren. Da steht Cäsar, die Toga in der ihm eigenen Weise lässig gegürtet, den Lorbeerkranz auf dem kahlen Schädel, mit müdem, von großen Anstrengungen gezeichnetem Gesicht, aus dessen Blässe die Augen sonnenhaft hervorleuchten. Decimus Brutus weiß nicht, daß der Mann vor ihm gestern abend auf einem Gastmahl des Lepidus im Tischgespräch die Frage aufgeworfen hat, welches der schönste Tod sei, und daß er darauf selbst die Antwort gegeben hatte: ein unerwarteter Tod. Er bemerkt nur die verhaltene Gebärde, mit der Cäsar ihn begrüßt, wie er alle seine Freunde zu begrüßen pflegt: freundlich und höflich, aber doch so, als ob diese Freundlichkeit und Höflichkeit einen sehr weiten Weg zurückzulegen hätte, bevor sie den Angesprochenen erreicht. Es war immer Cäsars Kunst, die ungeheure Distanz, die die Fülle der Macht zwischen den Herrscher und die Untertanen legt, durch eine geringfügige Geste so zu überbrücken, daß dem Gegenüber dabei bewußt wurde, der Herr der Welt mache eine besondere Anstrengung, um den anderen einen Grad zu sich heraufzuziehen. Stets hatte der Besucher das Gefühl, von Cäsar ins Vertrauen gezogen worden zu sein, und nur die Wachsamen behielten dabei den Verdacht, daß Cäsar seinerseits dieses Vertrauen vielleicht nicht erwiderte. In einem Augenblick erfaßte Decimus Brutus die Situation: man hatte von den üblen Vorzeichen gesprochen, und soeben berichtete ein Sklave, die Stadt sei voll von dem Gerücht, daß in der vergangenen Nacht an verschiedenen Punkten feurige Männer in den Straßen gesehen worden seien. Nur einem Menschen, der das bis ins letzte kontrollierte Mienenspiel des Diktators aus jahrelangem Umgang genau kannte, konnte es möglich sein, den unmerklichen Zug der Ironie festzustellen, der über Cäsars Antlitz beim Anhören dieser Geschichte dahinging. Decimus Brutus bemerkte ihn und mischte sich sofort ins Gespräch, indem er die Orakelsucht und die Wahrsagerei jenem süffisanten Spott unterzog, wie er zwischen aufgeklärten und gebildeten Männern auf dem Gipfel der Macht ausgetauscht wird. Niemand kann heute sagen, ob Cäsar wirklich an gar nichts glaubte. Sicher ist jedoch, daß es eine Seite seines Wesens war, sich so zu geben. Brutus stellte dem Cäsar vor Augen, welch einen Eindruck es im Senat machen würde, wenn er die Sitzung auf Grund von üblen Vorzeichen absagen würde – in einem Senat, der ebenfalls aus Männern bestand, die der Orakelhörigkeit des Volkes mit der Nachsicht und Duldung der Wissenden zu begegnen pflegten, sich aber zweifellos verhöhnt fühlen würden, von einem Manne wie Cäsar solche Argumente vorgesetzt zu bekommen. Wäre Cäsar der Tyrann gewesen, den seine Mörder in ihm sahen, dann hätte er, überzeugt von der Schrankenlosigkeit seiner Machtfülle, auf diesen Einwand eigentlich erwidern müssen, es sei ihm gleichgültig, was der Senat über ihn denke. Daß er es nicht getan hat, zeigt, wie sehr auch er noch von dem untergründigen Respekt durchdrungen war, den vierhundert Jahre einer unfaßbar großen Geschichte der Versammlung der römischen Väter eingeprägt hatten. Immer noch war der Senat, obwohl seiner Regierungsgewalt fast gänzlich beraubt, die ehrwürdigste Körperschaft des Erdkreises, immer noch blickten die Völker auf diese Institution mit demselben magischen Schauer, den schon die Abgesandten des Hannibal empfunden hatten, als sie, von einer Gesandtschaft aus Rom zurückkehrend, in Karthago erzählten, dieser römische Senat sei ihnen wie eine Versammlung von Göttern erschienen. Cäsar wurde damals in den Provinzen des Reiches schon als ein Gott verehrt. Die Legende, daß das Julische Haus die Göttin Venus als Stamm-Mutter habe, war von Cäsar auch schon in jungen Jahren feierlich in der Öffentlichkeit verkündet worden. Er hatte es gewagt, neben dem Forum Romanum ein Cäsarforum zu bauen, auf dem sich der Tempel der Venus Genetrix erhob; er war noch weiter gegangen und hatte die göttliche Kleopatra mit den Attributen der ägyptischen Isis in Stein hauen lassen und sie in diesem Tempel seines Hauses zur Verehrung ausgestellt. Er war durch den Willen des Reiches auf die genaue Grenze hinaufgehoben worden, die die Erde mit dem Himmel, die Natur mit der Übernatur verbindet, und sein Leben verlangte täglich von ihm, an beiden Bereichen teilzuhaben. Hätte Cäsar die mythische Aura zerstört, die den Senat umgab, dann wäre das Organische dieses Prozesses der Vergöttlichung verlorengegangen. Denn nur aus dem religiösen Grundgefühl, das den Senat als das unmittelbare irdische Gegenstück des Götterhimmels betrachtete, konnte der Herr des Senats zum Divus Julius, zum göttlichen Cäsar aufsteigen.

Kurz vor elf Uhr vormittags sprach im Hause des Diktators Gaius Julius Cäsar der Senator Decimus Brutus die folgenden Worte:

»Auf Deinen Befehl versammelt sich der Senat, bereitwillig, eine Verordnung zu erlassen, daß Du in den Provinzen außerhalb Italiens den Titel eines Königs führen und in allen Meeren und Ländern, wohin Du nur kommst, das Diadem tragen sollst. Kündigt nun jemand dem auf Dich wartenden Senat an, für jetzt auseinanderzugehen und ein andermal wiederzukommen, wenn Calpurnia günstigere Träume gehabt hätte, was werden dann Deine Neider dazu sagen, oder welchen Eingang werden die Versicherungen Deiner Freunde finden, daß dies keine Sklaverei oder Tyrannei sei? Wenn Du aber je für nötig hältst, Dich vor diesem Tage in acht zu nehmen, so ist es immer besser, selbst hinzugehen und dem Senat anzukündigen, daß die Sitzung für heute aufgeschoben werden soll.«

Wir wissen, daß Cäsar auch dann noch zögerte. In dem Augenblick des Schweigens, der auf diese Worte folgte, entschied sich sein Schicksal. Die Welt hatte es bisher noch nicht erlebt, daß Cäsar zögerte. Sein ungeheurer Aufstieg von einem abenteuernden, mittellosen jungen Aristokraten, auf dessen Kopf ein Preis ausgesetzt war, über den Eroberer Galliens zum Herrn des römischen Reiches zeigt eine lückenlose Kette von Entscheidungen, die für seine Gegner stets den Charakter schicksalhafter Plötzlichkeit trugen. Niemals hatte man vorhersehen können, was Cäsar im Schilde führte. Immer war seine

›CÄSAR UND SEIN GLÜCK‹

Phantasie, seine exakt funktionierende Logik, sein psychologischer Instinkt für die Schwächen seiner Gegner mit einer Geschwindigkeit am Werk, die dem Lauf der Welt vorauseilte. Stets hat er genau gewußt, wann es notwendig war, exakte Kenntnisse mit Vorsicht zu erwerben, um sie mit Kühnheit anzuwenden. Das berühmte Wort, das er einmal zu einem Fährmann sprach, der ihn über ein stürmisches Meer zu seinen Legionen bringen sollte: »Fürchte nichts, du fährst Cäsar und sein Glück!«

Dieses Wort war nicht der Ausdruck einer blinden Schicksalsgläubigkeit, sondern einer tiefen Harmonie, die Cäsar stets zwischen seinem Leben und dem Gang der Weltgeschichte verspürte. Solange er mit seinen Gedanken, seinen Plänen, seinen Entwürfen der Wirklichkeit um jene Spanne voraus war, die die Bewegung des Geistes von der Bewegung der Materie unterscheidet, hat er stets gesiegt. Solange er sich auch in bedrängtester Lage in Übereinstimmung mit dem Weltplan wußte, scheute er keine persönliche Gefahr – im Gegenteil, er setzte sich ihr mit der Freude eines gelassenen Spielers aus. Sein Leben verlief gewissermaßen am Rande der menschlichen Existenz. Und er selbst wußte, daß nur die Notwendigkeit des Weltschicksals seinen Fall herbeiführen könne. Was in Cäsar an jenem Morgen der Iden des März vorging, war ein für ihn selbst neues und nicht erklärbares Erzittern seiner Sicherheit. Er mochte spüren, wie sein Genius, dem in den Tempeln Opfer dargebracht wurden, sich von ihm entfernte. Und dies durfte nicht geschehen. Er mußte sich zwingen, stärker zu sein, er mußte einen Anlauf nehmen, um das Bild des Gottes ganz auszufüllen. Hat Cäsar in diesem Augenblick des Schweigens gewußt, was ihn erwartet? Hat er das Schicksal der Welt so tief gefühlt, daß er das Unabwendbare seines Falles ahnungsvoll begriff? Oder war er blind, von Ehrgeiz und Hybris geschlagen, von allzu lang gebrauchter Macht ausgereift für seinen Sturz?

> Ich meine, der Tod,
> den der Mann hier erlitt
> sei nicht unwürdig gewesen.
> Sein Leid wiegt nicht schwerer
> als seine Tat.
> Und so darf er nicht klagen
> in Hades Haus.

Um elf Uhr vormittags nahm der Senator Decimus Brutus den Diktator des römischen Reiches bei der Hand, um ihn aus dem Hause zu geleiten. Cäsar wandte sich gegen Calpurnia und die Umstehenden, verbeugte sich vor den Ahnenbildern und begab sich auf den Weg.

ROMA FLEMMATICA

ES GIBT AUGENBLICKE IN ROM, in denen unsere Wünsche zur Ruhe kommen. Der Besitz eines strohgeflochtenen Stuhles in einem kühlen Flur, ein paar Oliven und ein Becher Wein, und das beruhigte Gespräch mit alten Freunden – darin scheint uns das Glück beschlossen, das auf Erden erreichbar ist. Beschaulichkeit hüllt uns ein, und wir erfahren an uns das leise Wohligsein, das in der langen Betrachtung eines kleinen Gegenstandes liegt. Der Drang, zum Ziel zu gelangen, fällt von uns ab, und wenn wir in uns – endlich – zur Ruhe gelangen, spüren wir, wie die gütige Seite der Welt auf uns zukommt. Die Zeit rauscht dann an uns vorüber wie ein Brunnenstrahl, der am heißen Mittag Klarheit und Kühle verbreitet, und der Wirbelsturm der Weltgeschichte tut uns keinen Schaden mehr, weil wir in sein Zentrum eingedrungen sind, wo Stille herrscht. Der Heilige Augustinus hat einmal gesagt, unser Herz sei unruhig, bis es ruhe in Gott. In Rom sind viele Orte und viele Augenblicke, die uns eine Vorahnung davon geben. Denn wir sehen in dieser Stadt mit Gelassenheit, wie von dem Schauspiel, das uns Macht und Waffen bieten, am Ende nur der Ölbaum weiterlebt oder ein Strauch von Rosen über der gestürzten Säule. Und der Madonna schenkt man eine Münze, damit an gutem Rat kein Mangel ist, beizeiten.

> Ein altes Haus, ein alter Sarkophag,
> Die Marmorwange eines Kindes, feucht bespült,
> Der Duft von Nektar und zweitausend Jahren
> Und ahnungsvolles Wasser über dunklem Stein.
> Der leise Tritt des alten Hausportiers,
> Ein flüchtig flüsternd tief vertrautes Paar,
> Und eine Katze, lauernd noch im Spiel,
> Die Sonne Roms im leicht gesträubten Fell –
> Ach wer vermöchte wohl der menschlichen Natur
> Ein Zeichen ihres Wesens auszufinden,
> Worin sich Frieden, Trauer und Gelassenheit
> Und das Gerank des götternahen Efeus
> Und das Geknister seidener Gewänder
> Und leicht genommene Vergänglichkeit
> So freundlich fügen, daß der Wunsch verstummt
> Und nur der leise Fall von Tropfen übrig bleibt.
> Ich war einst nicht, so sagt der Sarkophag,
> Nun bin ich, werde einmal nicht mehr sein,
> Und all dies kränkt mich nicht. Leb wohl!

ROSENKRANZ DER KLEINEN KIRCHEN

Rom ist voll von kleinen Kirchen. Sie sind die Raststätten am Wege der irdischen Pilgerfahrt, die Klausen der Andacht im Getriebe der Stadt. Sie tragen Namen voller Poesie: zur Heiligen Maria auf der Himmelstreppe, zum Heiligen Erlöser im Lorbeerbaum, zum Heiligen Hieronymus von der Barmherzigkeit, zum Heiligen Benedikt am kleinen Teich. Manche von ihnen haben dem Besucher ein Kunstwerk zu bieten, einen antiken Altar, ein mittelalterliches Weihwasserbecken, ein barockes Grabmal zwischen heidnischen Säulen. Manche von ihnen sind von den Menschen vergessen worden. Ihre Tore öffnen sich nur einmal im Jahr, wenn die Kirche, die nichts vergißt, ihre Gläubigen in der Stations-Prozession der Fastenzeit in die alten Räume führt. Unter den Marmortafeln ihrer Fußböden schlafen Römer aus vielen Jahrhunderten, überall zeigen sich Namen und Überreste von Heiligen. Alle diese kleinen Kirchen sind Heimstätten des Friedens, fromm, bescheiden, liebreich und geduldig, und die Zeit hat über sie keine Gewalt.

Mit der Sorgfalt und Schweigsamkeit sehr demütiger frommer Frauen bewahren diese kleinen geistlichen Schatzhäuser die von unerfüllten Wünschen überquellenden Gebete der Römer. Wenn in Rom ein Mensch in Not gerät, wenn eine Mutter den Himmel bestürmt um die Heilung ihres kranken Kindes, wenn ein alter Mann die Rückkehr seines Sohnes aus der Fremde ersehnt, dann sind die kleinen Kirchen Pforten zum Himmel, und man bringt der alten verblichenen Madonna eine Rose mit, zündet dem Heiligen Antonius von Padua eine Kerze an und wirft eine Münze in den Opferstock, auf dem geschrieben steht: für das Brot der Armen, oder: für das Öl des ewigen Lichtes. Der Reichtum hat diese Kirchen nicht gestützt, die Armut hat in ihnen stets zu beten verstanden.

Nirgends in Rom fallen die Touristenscharen mehr aus der Rolle, als in den kleinen Kirchen. Wenn ein Gotteshaus groß und pathetisch ist, läßt sich der Himmel kaum berühren. Dort, wo die Andacht sich ein kleines Gefäß erschaffen hat, ist er in höchstem Maße verletzbar. Das künstlerische und geschichtliche Interesse, das wir den Mosaiken oder den Marmorarbeiten aus früher Zeit entgegenbringen, vereinigt sich nicht mit den zeitlosen Gesprächen, die von den Menschen Roms in diesen Kirchen mit den Engeln und Heiligen geführt werden. Die Achtlosigkeit, mit der die Beter in diesen Heiligtümern das musivische Gold an den Wänden und die kostbaren Säulen betrachten, ist eine Wirkung der Anziehungskraft, die für den Schutzsuchenden von einem vermoderten Knochen ausgehen kann, wenn er weiß, daß ein solcher nichtssagender Menschenrest die greifbare Spur eines Heiligen ist.

Mit den Heiligen aber geht es in der Kirche Gottes seltsam zu. Sie bestimmen auf eine geheimnisvolle Weise das innere Leben der Christenheit. Wenn Berge einstürzen und Meere sich bewegen, oder wenn jene verheißenen Zeichen an der Sonne und den Sternen erscheinen werden, die wir nunmehr auf dem Mond schon wahrzunehmen vermeinen – was auch immer an irgendeinem Tage geschieht: die Kirche wird sich in der Messe des Heiligen erinnern, der an diesem Tage sein Fest hat. Und es ist dabei nicht von Bedeutsamkeit, ob dieser Heilige ein großer König gewesen ist, wie der Heilige Ludwig von Frankreich, oder ein fröhlicher Narr, wie der Heilige Filippo Neri. Als man am 12. September 1959 von Rußland aus mit einer Rakete zum ersten Mal den Mond erreichte, beteten die katholischen Priester in aller Welt bei der Feier der Messe, was sie seit Jahrhunderten am 12. September beten: »Meinem Herzen entströmt ein gutes Wort, ich weihe alle meine Werke dem höchsten König.« Das Fest, das sie an diesem Tage zu begehen pflegen, ist dem Namen Mariens geweiht, der Königin aller Heiligen, der die Sichel des Mondes als Schemel für ihre Füße dient.

In dieser Beharrlichkeit der Kirche, in dieser wunderbaren Auftrennung des Weltgeschehens, in diesem zeitentrückten, unberührbaren Zusammenleben der Gemeinschaft der Heiligen mit der Gemeinschaft der Gläubigen steckt eine sehr große Wahrheit: die Ewigkeit existiert wie das Meer, ohne dessen Dasein kein Tropfen auf das Trockene fällt. Das Los der Menschen ist von Ewigkeit durchtränkt, und die Ewigkeit ist die Heimstätte der Vollkommenheit. Da wir glauben, daß der Heilige durch Gnade und Verdienst die Vollkommenheit seines paradiesischen Urbildes vorwegnimmt, da wir der Überzeugung sind, der Gedanke Gottes bei der Erschaffung eines Menschen sei im Falle der Heiligen schon auf Erden in unglaublicher Reinheit verwirklicht, ziehen wir aus dem konkreten Vorhandensein heiliger Männer und Frauen auf dieser Welt einen großen Trost. Denn ein Heiliger ist ein Wesen, das der Anschauung Gottes teilhaftig geworden ist, ohne darüber vergessen zu haben, daß er ein Mensch ist, wie wir alle. Er ist ein geometrischer Ort, an dem der Gang der Schöpfung in seinem unfaßbaren Getriebe mit der Ruhe des allmächtigen Vatergottes zusammentrifft. Und deshalb sind die Leiber der Heiligen, letzte Hinterlassenschaften ihrer Erden-Zeit, das Unterpfand für die Gewalt, die Kraft und die Größe, die den Menschen nach Gottes Willen im Himmelreich erwarten. Die Heiligen sind eine Phalanx von Augenzeugen für die Wahrheit, daß das Paradies kein abstrakter Ort der Glückseligkeit ist, sondern einen neuen Himmel und eine neue Erde umfassen wird.

Die kleinen Kirchen Roms sind seit alter Zeit das Gefäß unzähliger Hoffnungen, die von den Römern in diese Wahrheit gesetzt werden. Lassen Sie uns also einmal den Versuch machen, so unzulänglich er auch sei, die kleinen Heiligtümer der Stadt nicht mit kunstgeschichtlichem Bildungshunger, sondern mit Andacht und Verehrung zu betreten.

Santa Pudenziana

Im Winkelwerk der Altstadt-Häuser auf dem Esquilin versteckt liegt S. Prassede. Es ist keine ›reine‹ Kirche, kein Heiligtum in einheitlichem Stil, kein Bethaus, das einen einzigen Gedanken ausspricht. Vielfältig und nicht immer glücklich waren die Bemühungen der Jahrhunderte, die Schönheit und die Frömmigkeit dieser Kirche zu mehren. Aber der wahre Grund für das Zusammenleben von Kunst und Geschmacklosigkeit in diesen Wänden ist kein natürlicher. Zahllose Märtyrer, in ihrer ewigen Glorie immer noch wesenhaft an die kärglichen Reliquien ihres Leibes gekettet, harren in dieser Kirche auf den Jüngsten Tag. Ein ungeliebter, gewaltiger Papst im neunten Jahrhundert, und ein berühmter, heiliger Kardinal im sechzehnten Jahrhundert haben diese ehrwürdigen Überreste unter dem flachen Holzdach der kleinen Basilika versammelt. Paschalis I., der den Kaiser Lothar gekrönt hat, ein Mensch der dunkelsten Zeit Roms, von wilder, herrschsüchtiger Entschlußkraft und verschlossenem Wesen, hat in die von ihm erneuerte Kirche die Überreste ganzer Märtyrer-Friedhöfe überführt. Und siebenhundert Jahre später zog ein junger Mann als Kardinal in diese von bleichem Licht erhellte Kirche ein, der dieser ungenannten Schar lange verblichener Blutzeugen eine Prozession von Bekennern und Eremiten anfügte: Carlo Borromeo, der spätere Erzbischof von Mailand, einer der größten Heiligen der Neuzeit. S. Prassede war seine Titelkirche.

In einem Nebenraum der Kapelle, die dem Heiligen Zeno am rechten Seitenschiff geweiht ist, steht ein Säulenstumpf aus gesprenkeltem Marmor: die Geißelsäule Christi. Kein Römer wird sich damit aufhalten, nach ihrer Echtheit zu fragen. Wenn man von einem toten Marmor-Block durch siebenhundert Jahre sagt, der Leib des Heilandes habe ihn berührt, dann ist er heilig – denn wer könnte um das Maß der Gnade rechten, wenn sie sich durch so lange Zeit an einem Gegenstand beständig erwiesen hat? Allein die Vorstellung, es sei ein konkretes Stück Stein gewesen, das jene erhabenen Rutenschläge vernommen und das Blut jenes unverweslichen Leibes gespürt hat, ist genug, um die Geißelsäule in S. Prassede über die Echtheitsfrage hinauszuheben. Denn die Wirklichkeit – das wissen wir nunmehr nicht nur durch die Theologie, sondern auch durch die Astrophysik – ist keine Frage des teilbaren Stoffes, sondern das Resultat von Überzeugungen.

Die Kapelle, die Paschalis I. im neunten Jahrhundert erbaut und dem Heiligen Zeno geweiht hat, ist von den Gläubigen vergangener Zeiten ›il giardino del Paradiso‹ – der Garten des Paradieses – genannt worden. Es gibt selten auf der Welt eine Kompositon aus Grün und Gold, die eine solche magische Macht auf unser Gemüt auszuüben vermöchte. Ist es der Widerschein der Kerzen von tausend Jahren, den diese Wände aufgesammelt haben, um ihn auf unsere bedürftigen Seelen niederzustrahlen? Ist es der dunkle Glanz tiefer und barbarischer Höhlenfrömmigkeit, der sein fürchterlich vertrautes Licht über uns wirft wie das goldmaschige Haarnetz skythischer Königinnen? Lebt in der Starre dieser Figuren die phantastische Statik byzantinischer Himmelsvorstellungen fort, die die Bewohner des Paradieses aller Bewegung beraubte, um ihnen durch ein Bett von Gold zu unverrückbarer Dauer zu verhelfen? Paschalis hat dieses Heiligtum, dessen Ausdehnung wenige Schritte umfaßt, als Mausoleum für seine Mutter errichtet, für jene Frau, die wir an der linken Wand, von einem viereckigen Nimbus umgeben, als ›Theodora Episcopa‹ bezeichnet finden. Sie schaut uns an mit jenen weitaufgerissenen Augen, denen die Nachbarschaft Christi und der Engel den Ausdruck einer unbestimmten Drohung verleiht. Keine Kontur in dem einfachen

Liniengefüge der Architektur ist der phosphorhaften Verkrustung mit leuchtendem Mosaik entgangen, jede Kante ist gerundet und jeder Schatten entschärft. Der Garten des Paradieses umgibt uns mit einem Grün, das aus den Tiefen des Meeres geholt ist, und sein Gold dringt von allen Seiten auf uns ein, als wenn die Macht verborgener Sonnen in diesen Wänden lebte.

In der Mitte der Kirche gibt es eine rote kreisrunde Marmorplatte, die in den Fußboden eingelassen ist und einen Brunnen verschließt. Hier begegnen wir einer greifbaren Spur der Patronin der Kirche, der Heiligen Praxedis. In der Antike dehnte sich über den ganzen Hügel des Esquilin, auf dessen Boden wir stehen, eine große und reiche Villa aus, deren Herr der Senator Pudens und deren Zierde seine beiden Töchter Pudenziana und Praxedis waren. Die Familie war dem Christentum zugeneigt – man erzählt, im Hause des Pudens habe der Heilige Petrus seine erste römische Heimstatt gefunden –, und die Legende berichtet uns, die Heilige Praxedis habe die Leiber der Märtyrer, die sie aus den Arenen und den kaiserlichen Gärten zu retten verstand, in dem erwähnten Brunnen ihres Vaterhauses verborgen. Wir haben uns also Santa Prassede als ein junges römisches Mädchen aus großer Familie vorzustellen, sicher von anmutigster Lebensart und von jenem starkmütigen Charakter, der die Römerinnen im Augenblick der Gefahr zu heroischer Furchtlosigkeit aufsteigen läßt. Es ist ein schönes Zeichen der Dankbarkeit späterer Geschlechter, daß man diesen beiden kühnen Schwestern ihre Heiligtümer auf dem Boden des Vaterhauses errichtete.

S. Pudenziana ist eine von den Gebeten und Notseufzern der Römer verlassene Kirche. Der Fußboden ist stellenweise aufgerissen und zeigt die Mauerzüge älterer römischer Bauten, die unter der Kirche liegen und vielleicht in irgend einer Verbindung mit dem Hause stehen, zu dem der Heilige Petrus seine Zuflucht nahm. Über den ganzen Raum scheint jene graue Nüchternheit gebreitet, die wir von den entblößten Altären des Karfreitag her kennen. Es gibt kaum etwas in der Welt, was mehr Niedergeschlagenheit im Gefolge hätte, als ein Gotteshaus, das seiner Bestimmung entfremdet ist. Es ist, als ob das ausgewanderte Sakrament Wärme und Leben gänzlich mit sich genommen hätte. In S. Pudenziana vergessen wir jedoch alles, sobald unser Auge zur Höhe der Apsis emporgedrungen ist. Wenn unser Blick das Mosaik erfaßt hat, das dort oben lebt, fällt alles übrige in Belanglosigkeit zurück – denn dort oben begibt sich etwas Endgültiges. In den Farben des Regenbogens thront in der Apsismuschel der römische Christus, wie das vierte Jahrhundert ihn gesehen hat – als Kaiser der Schöpfung. Auf kurulischem Sessel, in die amethystfarbene Toga gehüllt, die Rechte ausgestreckt zum Spruch, in der Linken ein Buch, dessen Inschrift ihn als den Bewahrer der Kirche bezeugt, hat dieser Christus in überdimensionaler Menschlichkeit auf dem Throne der Welt Platz genommen, um das Recht des Himmels und der Erden zu verkünden. Der Thron steht im Hofe einer ziegelgedeckten Säulenhalle, deren Dach niedrig genug ist, um die weiter rückwärts liegenden Monumentalbauten einer gewaltigen Stadt freizugeben. Unmittelbar über dem Haupte des Herrn ragt im Hintergrund die Kuppe eines runden Berges auf, von einem edelsteingeschmückten Kreuz gekrönt, das den ganzen Himmel einnimmt. Zu Füßen Christi, auf beiden Seiten seines Thrones, sind die Apostel versammelt, in leb-

SAN GIORGIO IN VELABRO

haftem Gespräch, senatorisch gekleidet – Paulus zur Rechten, Petrus zur Linken des Meisters. Auch die beiden frommen Schwestern Prassede und Pudenziana fehlen nicht – sie stehen hinter den Aposteln und heben demütig ihre Kronen dem Angesicht des Herrn entgegen. Und aus den Lüften herab schwingen sich die beflügelten Sinnbild-Wesen der Evangelien, herbeigerufen als die himmlischen Zeugen des Spruches, der soeben aus Christi Munde fällt. Wen richtet dieser Herrscher auf dem Throne? Wohin dringt sein Blick aus dem bärtigen Rahmen seines jungen Gesichtes? Ist er im Begriffe, die Hand zum Segen aufzuheben, oder holt seine Rechte aus zu der Drohung über Jerusalem und seine Kinder? Oder ist die Geste seiner Hand eine Aufforderung zum Vertrauen? Vielleicht sind wir die Angesprochenen, denen er das unbesiegbare Arsenal seines Reiches präsentiert – die von Geist und Weisheit befeuerten Apostel zu seinen Seiten, die Wohnungen des himmlischen Jerusalem in hochgebauten Fluchten um sich her, das Kreuz als die Achse des Universums über seinem Haupte und den Himmel randvoll angefüllt mit den gewaltigen Flügelwesen seines Wortes. Vor diesem Bilde bleibt kein Zweifel mehr, daß die göttliche und die menschliche Natur in Christus ihren Angelpunkt gefunden haben. Es ist der Herr der Heerscharen, der dort oben thront, es ist aber auch der neue Adam, der die Pforten des Paradieses öffnet.

Eine der einsamen Kirchen Roms ist S. Giorgio in Velabro. Sie hat sich in das Erdreich des alten Rom an einem Punkte niedergelassen, der in der Antike von Marktgeschrei und Gewinnsucht widerhallte und nun seit vielen Jahrhunderten verträumt und unbelebt ist:

San Giorgio in Velabro

am Fuße des Palatin, in der Nähe der Piazza della Bocca della Verità. Ihr altes Fassadengesicht ist von jener abgeklärten Schönheit, wie wir sie in den Zügen von Greisen manchmal finden, denen das Leben genug Ruhe gegönnt hat, um die Spuren der Jugend ungetilgt zwischen den Kerben der Hinfälligkeit zu bewahren. Ein säulengetragener Portikus, einfaches Ziegelwerk am Giebel, ein breiter, von freundlichen Gesimsen durchsetzter Campanile, ein niedriges Schiff, ein wenig geduckt, verträumt, anspruchslos, heiter – man hat das Gefühl, dieser alte Kirchenleib empfange dankbar den wärmenden Strahl der römischen Sonne und gebe mit dem Lächeln uralter Güte die Wohltat des Himmels an die Menschheit weiter. Hier war einmal, im ersten Jahrtausend nach Christus, das Zentrum der Griechen in Rom, und die Gesänge östlicher Liebesfrömmigkeit sind an diesen Wänden durch lange Zeit entlanggeglitten. Trotzdem ist S. Giorgio in Velabro unter den kleinen Kirchen Roms die am meisten römische. Die Steine, die ihre Gestalt beleben, stammen aus der Tiefe der

Heidenzeit, vor ihren Toren lagert sich der Bogen des vierquelligen Janus, an ihrer Flanke lehnt ein kleiner Geldwechsler-Bogen, den man zu Ehren des Septimius Severus aufgerichtet hat, und der große Hirten-Markt der Campagna hat heute noch steinerne Zeugen auf dem Platz vor der Kirche.

Man erzählt, daß unter der Regierung des Kaisers Diokletian, als im Velabrum noch lebhaft gehandelt wurde, ein Bauer namens Glycerius hier dem Heiligen Georg begegnete, der in Ketten vorübergeführt wurde, um einer neuen Marter unterworfen zu werden. Der Bauer war auf dem Rindermarkt, um einen Ochsen zu kaufen, denn der einzige, den er besessen hatte, war an einer Krankheit eingegangen. Die Kunde von den Wundertaten, die der Heilige Georg während seiner Folter vollbrachte, war in aller Munde, und der Bauer wandte sich an den Märtyrer, in der Hoffnung, sich durch ein Wunder vielleicht den Kauf eines neuen Ochsen ersparen zu können. Der Heilige Georg in seinen Ketten hörte sich die Lamentationen des Bauern an und fragte ihn dann, ob er bereit sei, an Jesus Christus zu glauben. Dem Bauern war der Ochse eine Messe wert, und er sagte ja. Darauf sprach der Heilige zu ihm: »Geh heim zu deinem Pfluge, du wirst deinen Ochsen lebendig finden.« Glycerius tat, wie ihm geheißen, und fand seinen Ochsen auf dem Felde, zur Arbeit bereit. Das war genug, um den Bauern wirklich zum Christen zu machen, und wenige Tage darauf holte man ihn zum Martyrium ab.

Vielleicht ist diese kleine Legende der Keim zu der Kirche des Heiligen Georg an diesem Ort. Heute ist der Drachentöter in Rom so vergessen wie sein Heiligtum, wenngleich der mächtige himmlische Schutz, den er über die Länder des Ostens ausübt, in der Stationsfeier der Kirche immer noch ein Gedenken besitzt. An einem einzigen Tag des Jahres öffnet S. Giorgio in Velabro seine knarrenden Tore, um die Christenheit zu empfangen, denn in jedem römischen Meßbuch der Welt steht der Name dieses bescheidenen Heiligtums für den Tag nach dem Aschermittwoch verzeichnet als Versammlungsort für die Gemeinschaft der Gläubigen.

S. Prassede, S. Pudenziana, S. Giorgio in Velabro – diese drei Kirchen sollen uns der Anfang einer wunderbaren Perlenkette kleiner Heiligtümer sein, die sich wie ein Rosenkranz über die Ewige Stadt gelegt hat – in fünfzehnhundert frommen Jahren. Jede dieser Kirchen ist ein vortreffliches Gefäß der Andacht, ein Spiegel der Gerechtigkeit und ein Sitz der Weisheit. Da ist S. Maria in Via, voll von barockem Flimmer, Weihrauchduft und Dämmerlicht, mit einem Muttergottesbild im Seitenschiff, dem das Volk den Namen ›la madonna del pozzo‹ gegeben hat – die Gnadenmutter vom tiefen Brunnen, und die Knabenstimmen der Klosterschule singen zur Vesper Carissimis Motette ›O felix anima‹ – o glückliche Seele, während draußen der brausende Verkehr der Großstadt wie eine Meereswoge an die zarten Mauern brandet. Da ist S. Agata dei Goti, versteckt in der Via Mazzarino, von dem gotischen Konsul Rikimer errichtet als geistliche Heimstatt der arianischen Truppen germanischen Blutes, von Gregor dem Großen dem katholischen Kult zurückgegeben und mit den Gebeinen der Heiligen Agathe geziert, ein säulengetragenes Haus voller Reinheit und Güte, in dessen efeuumranktem Vorhof sich die bescheidene Freude einfachen geistlichen Lebens zeitlos und rührend gesenkt hat – und wer eintritt, fühlt den besseren Teil seines Lebens in sich erwachen. Auf dem Hügelvorsprung des Viminal über der Subura thront, von Treppenwerk anmutig in die Höhe gehalten, S. Lorenzo in Panisperna, in dessen Unterkirche man die Stätte verehrt, wo der Heilige Laurentius den glühenden Rost bestieg; voll von Engeln ist sie und von gemalten Wolken des Himmels und von den Dankesseufzern unzähliger Armer, die in früheren Jahrhunderten an dieser Stätte mit Brot und Geräuchertem (panis et perna) gespeist worden sind. Drüben in Trastevere begegnet uns auf dem geradlinigen Platz mit dem spanischen Kreuz die Kirche S. Francesco a Ripa, weiß, schmucklos und sehr hell; in ihr finden wir die Grabmäler der Familie Pallavicini, von den lebensvollsten Gerippen aus Marmor gehalten, die uns mit klapperndem Gebiß das drohende ›Siste viator‹, – bleib stehen, o Wanderer, in die Seele rufen. Auf dem Corso zieht uns in der Kirche des Märtyrer-Papstes Marcellus I. ein wunderbares Kruzifixus aus dunklem Holze an, von Schmerz und Erhabenheit geprägt – könnte es nicht das Kreuz auf dem

San Marcello auf dem Corso

Bug einer Galeere der Christenheit sein, das sich, den rotgoldenen Segeln voraus, über den Wogen des Meeres hebt und senkt, auf der Fahrt gegen die Scharen der Treulosen und Gottesleugner? Die beiden Schwesterkirchen S. Maria di Loreto und SS. Nome di Maria auf dem Forum des Kaisers Trajan schließen uns in ihre Kuppelräume ein mit der goldenen Rhetorik des römischen Barock, in dessen Tiefe das gnadenreiche Mittelalter mit seinen wunderbaren Madonnenbildern mystisch weiterlebt. Und überall strömt eine Welle des Gebetes auf uns zu, eine sanfte Gewißheit des Schutzes, das Gefühl der gewonnenen Zuflucht und des unversieglichen Trostes.

Es lebt in uns eine tiefe Sehnsucht nach Devotion. Der Stolz des Aufrecht-Stehens, die Sicherheit des Selbstgenügens, das Bewußtsein der Unverletzbarkeit menschlicher Würde sind stets betroffen von der zehrenden Bedürftigkeit, den Schutz verbürgter Mächte auf unsere gefährdete Natur herabzurufen. Es ist nicht allen Menschen gegeben, mit Unbefangenheit das Knie zu beugen und einen Augenblick zu vergessen, daß wir unsere Güter verteidigen müssen. Die kleinen Kirchen Roms sind sehr erfahren in der Heilung der Seelen. Der Schutz, den sie bieten, ist so alt, daß er unseren Stolz nicht mehr verletzt. Es ist der Mantel der Liebe, den sie um uns legen, wenn wir sie betreten.

DAS RÖMISCHE BETHLEHEM

Lassen Sie uns nach S. Maria Maggiore gehen. Wie jeder Rosenkranz, so endet auch der der kleinen Kirchen bei der Madonna. Lassen Sie uns aufbrechen zu einer Stunde, die ich Ihnen allen schon oft ans Herz gelegt habe – in der Morgendämmerung. Lassen Sie uns die

Straßen der menschenleeren Stadt betrachten wie die Korridore einer riesigen Pilgerherberge, in deren Sälen die Schläfer noch von der Ruhe der Nacht umfangen sind, vertrauend den wenigen, die wachen und beten. Auf dem großen Platz vor der Hauptfront der Basilika zeichnet die erzene Statue der Madonna auf der Säule eine schwarze Kontur gegen den blassen Himmel, einen Schattenriß mütterlicher Gewänder, denen die Behütung des Menschengeschlechtes anvertraut ist. Auf der einzigen Säule, die aus der Gerichtshalle des Kaisers Maxentius gerettet worden ist, wird die Gestalt der Muttergottes dem Himmel entgegengehalten, damit das Licht der Sonne zuerst ihr Antlitz treffe, bevor es die Schächte der Menschen erhellt. Und die Madonna bietet in der Neigung ihres leidbeladenen Hauptes das Ohr ergeben und schweigend dem Getöse dar, das das wunderbare Licht der Sphären unhörbar heraufbringt. Die Luft ist bewegt von dem salzigen Meerhauch, der zwischen Nacht und Tag über die sieben Hügel Roms dahinstreicht, und die Basilika erscheint uns wie ein kuppenreiches Steingebirge von düsterer Abgeschiedenheit. Noch sind die Eisengitter der Vorhalle geschlossen, nur eine schmale Pforte in der Gitterfront gibt uns auf Einlaß Hoffnung. In der alten römischen Zeit hieß diese frühe Tagesstunde ›in aurora‹, und in ihr erscheint die Ewige Stadt in einer fremdartigen Eingezogenheit, worin die Last der Jahrhunderte übermächtig ist und der Dämon über die Zeugnisse ihres Alters dunkel und flüchtig dahinweht. Um diese Zeit sind wir empfänglich für die Botschaften des Windes und des Feuers, wir erkennen, daß die Flamme einer einzigen Kerze ausreicht, um die Wärme der Ewigkeit über unsere erkalteten Gemüter zu breiten, und wir spüren, wie der Hauch des Windes, der diese Flamme bedroht, ihr zugleich das Leben des Heiligen Geistes verleiht. Die Kerze ist es, die uns in das Innere der Kirche lockt, und wir möchten sie auf dem Altare brennen sehen.

Da ist niemand. Die Kirche ist so leer wie der Platz. Der Gottesdienst hat noch nicht begonnen, nicht einmal ein Mesner ist da. Das Einzige, was lebt in dem unbeschreiblichen Raum, ist das Gold. Es ist nicht Zierat und es ist nicht Glanz in dieser Halle, es haftet nicht den Wänden an, es dringt aus allen Bauteilen hervor, es kommt aus dem Leib der Basilika herauf mit der Macht verborgener Sonnen, von hellstem Glanz und in überirdischer Schönheit. Was von den Wänden und vom Triumphbogen niederstrahlt, hat die Tage der hinsterbenden Antike noch gesehen. Die geduldigen Steinchensetzer der Päpste Liberius und Sixtus III. haben es angebracht, einen jenseitigen Luftraum für die Gestalten ihrer Engel, Heiligen und Propheten. Das Gold der Apsis floß aus den Reichtümern der beiden Kardinäle Jacobus und Petrus Colonna, die das Mosaik der Marienkrönung im dreizehnten Jahrhundert gestiftet haben. Das Gold des Hochaltars – er ist dem Papste allein vorbehalten – hat Benedikt XIV. geschenkt, und das Gold der Decke, die diesen langgezogenen, säulengesäumten Prozessionsweg zum Altare Gottes flach und gerade überspannt, kam mit den Karavellen des Columbus in Europa an: das erste Gold, das aus den Schätzen der Inka-Herrscher dem spanischen König überbracht und von diesem der Kirche gegeben worden war. Und so leuchtet heute in S. Maria Maggiore das Gold der alten und der neuen Welt zusammen, um die feuerfarbenen Spiele der Schönheit und Glorie in dieser Kirche hervorzubringen.

Es ist aber auch das Gold des salamonischen Tempels, das Widerleuchten der alttestamentarischen Schätze an diesen Wänden. Wir spüren das rote Feuer aus den Schatztruhen der Heiligen Drei Könige, wir ahnen die goldgewirkte Herrlichkeit byzantinischer Kaiser und das Glühen der Goldhimmel aus tausend russischen Klöstern. Und wir werden überwältigt von dem Hauch des brennenden Dornbusches, von dem smaragdenen Goldlaub der Wurzel Jesse, wir sehen vor unsere Augen gestellt den Strahlenschein der himmlischen Städte Jerusalem und Bethlehem, die als zinnenbewehrte Burgen mit perlenbesetzten Toren von den Ansätzen des Triumphbogens herunterleuchten. Alles was mit diesem Golde zusammenhängt, hat eine apokalyptische Macht, denn in den beiden himmlischen Städten, die allen Glanz des Schöpfungslichtes in sich aufgesammelt haben, kommt uns die Ordnung der Welt am Ende der Tage heilskräftig entgegen. Jerusalem, das ist der Ort des Wirkens, des Leidens, des Erlösungswerkes und der Wiederkunft Christi – und Bethlehem das Haus des Heiles, das Unterpfand der Gnade, Bethlehem ist es, was die Römer suchen, wenn sie nach S. Maria Maggiore kommen.

Inzwischen kommt aus der Tür der Sakristei ein weißhaariger Priester in liturgischem Gewand, begleitet von einem Ministranten – wir sehen die beiden Schatten lautlos zwischen den Marmorsäulen des vierten Jahrhunderts dahinhuschen –, und in der großen rechten Seitenkapelle wird sogleich die erste Messe dieses Tages anheben. Es ist jener berühmte, von geschliffenem Marmor tausendfach spiegelnde Raum, worin man, halb unter der Erde, die Krippe von Bethlehem verehrt. Und wir denken an die alten Zeiten des päpstlichen Rom, in denen es das Privileg des Pontifex Maximus war, in der Weihnachtsnacht an der Krippe von S. Maria Maggiore die Messe zu feiern. Dabei vollzog sich ein Zeremoniell, das voller Poesie war und des Bedenkens wert. Unmittelbar nach dem Eintritt des Papstes in den Kirchenraum blieb der ganze Hofstaat stehen und ein Kleriker näherte sich unter wiederholter Kniebeugung dem Heiligen Vater. Er trug eine Kupferpfanne in der Hand, durch deren Deckel ein wachsgetränktes Stückchen Werg wie ein Docht hervorsah. Der Docht wurde angezündet, dann nahm der Papst die Pfanne mit dem Feuer und schritt damit durch die ganze Basilika, von Säule zu Säule. An jeder Säule zündete er einen Ballen von Werg an, der vom Kapitäl an einem langen Faden herunterhing, so daß zum Schluß vor jeder der vierzig weißen Säulen eine lodernde Flamme hing. Damit sollte dem christlichen Volke die Wiederkunft Christi in den Flammen des Jüngsten Gerichtes vor Augen gestellt werden.

Den tiefen Ernst dieses Eintrittszeremoniells konnten die Römer nicht unbeantwortet lassen – und so erfanden sie ein heiteres Gegenstück dazu in den Formen, worin sich der Auszug des Papstes vollzog. Nach vollendeter Messe, die stets unter den Gesängen der berühmten ›Capella Giulia‹ stattfand, wurde der Papst auf der Sedia Gestatoria durch das Mittelschiff zum Haupteingang zurückgetragen. An einer bestimmten Stelle hielt der Kardinal-Erzpriester den Zug an, trat dem Heiligen Vater in den Weg und überreichte ihm eine kleine, feinbestickte Börse aus weißer Seide. Der Papst öffnete sie und zog einen großen Golddukaten heraus. Worauf der Kardinal sagte: »Wollen Eure Heiligkeit dieses kleine Dankgeschenk annehmen – pro missa bene cantata, für die schön gesungene Messe!« In der Sakristei von S. Maria Maggiore bewahrt man noch eine Reihe von solchen Golddukaten auf, die von den Päpsten an die Basilika zurückgeschenkt worden sind.

Santa Maria Maggiore

Es kam vor, daß der Papst zu krank oder zu gebrechlich war, um die Weihnachtsmesse in S. Maria Maggiore zu halten. Dann wurde ein Kardinal dazu delegiert und das Zeremoniell erhielt eine kleine Variante. Am Ende der Messe brachte der Stallmeister des Basilikal-Kapitels in großer Uniform dem Kardinal auf einem Silbertablett eine ›Pizza alla papalina‹, der man mit Kunst und Geschick die Form jener kleinen runden Kappe gegeben hatte, womit die hohen Prälaten der Kirche während des Gottesdienstes die Tonsur zu bedecken pflegen. Der Chronist betont mit Nachdruck, daß diese Pizza mit der größten Aufmerksamkeit in den Küchen des Kapitel-Palastes konfektioniert worden sei. Beim Überreichen der kleinen Zehrung sagte der Stallmeister stets: »Unser Herr Erzpriester erlaubt sich, an Eure Eminenz das übliche Frühstück zu schikken – pro missa bene cantata.« Es ist überliefert, daß sich der Kardinal darauf sogleich in die Sakristei begab, um die Pizza dort mit Genuß zu verzehren.

Aber die Weihnachtsmesse des Papstes war nicht immer ein Fest des Friedens. Im elften Jahrhundert zum Beispiel regierte in Rom der gewaltige und starkmütige Hildebrand, den die Welt unter dem Namen Gregor VII. kennt, ein langobardischer Benediktiner-Mönch von unbeugsamer Willensstärke und einer Leidensfähigkeit, die durch seinen Streit mit dem Kaiser Heinrich IV. bis zum Übermaß angestrengt wurde. Mitten in die tobende Auseinandersetzung über Sinn und Recht der Bischofs-Investitur fiel diesem Papst einer seiner mächtigsten römischen Vasallen mit Heimtücke und Verschlagenheit in den Rücken: der Patricius Cencius. Rom dröhnte von den Waffengängen, die sich des Cencius Haustruppen mit den Soldaten des Papstes lieferten, Morde und Hinterhalte, Entführungen und Folterungen lösten einander ab, das Volk war tief empört, bewunderte am Papst seine Willenskraft und spottete über seine Schwäche, verabscheute an Cencius seine Treulosigkeit und fürchtete seine Waffen. Der Weihnachtsabend kam und der Papst entschloß sich, trotz vielfachen Widerratens seiner Umgebung, seinen Palast zu verlassen, um an der Krippe die Messe zu feiern. Cencius, unter der zweifelhaften Vorgabe, die Interessen des Kaisers zu verteidigen, riskierte ein Attentat. Während der Papst am Altare stand, drang er mit seinen Söldnern in die Kirche ein, riß Gregor VII. gewaltsam von den heiligen Geräten weg, schleppte ihn in den Palast seiner Familie und sperrte ihn dort in ein düsteres Gemach. Das Volk von Rom, das seinen Pontifex so oft schon bemitleidet hatte, ergriff nun leidenschaftlich Partei gegen den Patricius. Man rottete sich zusammen, stürmte den Cencier-Palast, befreite Gregor und führte ihn auf einem weißen Maultier im Triumphzug zurück nach S. Maria Maggiore. Dort trat der Papst, noch immer mit den liturgischen Gewändern bekleidet, an den Altar und fuhr in der Messe an der Stelle fort, wo ihn die Gewalttat unterbrochen hatte. Hier leuchtet uns in voller Reinheit jene preisenswerte römische Eigenschaft entgegen, die sich unter dem Worte ›aequo animo‹ – mit ausgeglichenem Mute, verbirgt. Die Spiele des Himmels und der Hölle vollziehen sich in der Zeit, aber sie gehören der Ewigkeit an. Die Menschen stehen inmitten dieses Streites und werfen ihre Taten in die Wagschalen des Guten und des Bösen. Sie können sich dabei verhalten wie Tänzer, die ihren Standort nach den Gesetzen der Schmiegsamkeit verändern, oder wie Märtyrer, die so fest stehen, daß die Welt um sie zu kreisen beginnt. Die Erschütterungen des Geschickes fordern die Beständigkeit heraus, und es ist römisch, im Unglück beharrlich an die Treue Gottes gegenüber den Menschen zu glauben.

Schon im vierten Jahrhundert aber hat S. Maria Maggiore Begebenheiten gesehen, gegen die die Gewalttat des Cencius harmlos erscheint. Trotzdem ist die Kirche ein Heiligtum geblieben. Im Jahre 366 erhoben in Rom zwei Männer Anspruch auf den Heiligen Stuhl. Der jüdische Chronist Isaac schreibt darüber: »Das römische Volk, das nicht wußte, wessen Partei es ergreifen sollte, wurde damals von Damasus – dem einen der beiden Prätendenten – mit vielerlei Drangsal beunruhigt. Sieben Presbyter mußten der Gewalt weichen und aus der Stadt entfliehen, doch lief das Volk hinter ihnen her und brachte sie in großem Zuge nach der Basilika S. Maria Maggiore. Daraufhin forderte Damasus die Leute von der Arena, Wagenlenker, Gladiatoren und Bauarbeiter, und dazu seinen ganzen Klerus auf, mit Schwertern und Stangen die Basilika zu besetzen. Dies geschieht um die zweite Stunde des Tages, und eine schwere Metzelei beginnt. Nachdem man Feuer an die Basilika gelegt und die Türen erbrochen hatte, bestiegen einige Leute des Damasus das Dach, deckten die Ziegel ab und sprangen bewaffnet in das Schiff hinunter, wo sie sich mit den anderen Damasianern vereinigten, die inzwischen durch die Türen eingedrungen waren. Dann brachten sie, mit wildem Geschrei in der Basilika hin und her laufend, hundertsechzig Personen, teils Männer, teils Frauen, mit dem Schwerte um und verwundeten eine große Zahl von Menschen so schwer, daß viele von ihnen später noch starben. Drei Tage nach dieser Begebenheit versammelte sich das Volk wieder in der Basilika, und während des Gottesdienstes erhob sich aus den Scharen der Ruf: »Fürchtet euch nicht, denn jene, die die Körper ermordeten, haben doch in Wahrheit die Seelen nicht töten können.« Die Unsterblichkeit der Seele – das ist es, was hinter dem Gleichmut der Römer steckt. Man lebt sein Leben nach anderen Maßstäben, wenn man daran glaubt, daß es – ungeachtet aller Verwandlungen – von ewiger Dauer ist. Man hat ein konkretes Verhältnis zur Wirklichkeit des Augenblicks, und man beweint seine Flüchtigkeit nicht mehr. Daß der Tod über den innersten Teil des Menschen keine Macht hat, verleiht in Schicksalsschlägen die Gewißheit der Rettung, und wenn auch hinter dieser eingeborenen Teilhabe an der Ewigkeit die Gefahren des Bösen über die irdischen

Dimensionen hinauswachsen, so steht ihnen die Sicherheit des Heiles unverrückbar entgegen.

S. Maria Maggiore ist seit seiner Gründung im vierten Jahrhundert für die Römer eine Stätte des Heiles geblieben, bis auf den heutigen Tag. Gegenüber der Krippenkapelle, auf der linken Seite des Langhauses, versammeln sich Stunde für Stunde die Beter der Stadt Rom vor dem uralten Gnadenbilde ›Salus populi Romani‹, das frühere und frömmere Zeiten dem Heiligen Lukas, dem Evangelisten und Muttergottesmaler, zugeschrieben haben. Unter einer funkelnden Krone blickt das dunkle Antlitz der Madonna auf uns nieder, und aus seinen gelassenen Zügen senkt sich auf die Betrübten Trost, auf die Kranken Heilung, auf die Zweifelnden Weisheit herab. Die Hoheit ihrer Gestalt zeigt uns den Umriß des elfenbeinernen Turmes, und ihre Augen strahlen geheimnisvoll wie die Pforten des goldenen Hauses. Flüsternd erzählen die Mütter ihren Kindern, wenn sie vor diesem Bilde stehen, der Heilige Papst Gregor habe einmal vor dieser Madonna die Messe gefeiert. Als er sich mit den Worten »pax sit semper vobiscum« zum Volke wandte, sei zu beiden Seiten des Bildes ein himmlischer Chor erschienen und habe in nie gehörtem Wohllaut die Antwort »et cum spiritu tuo« gesungen, die man bis dahin in der Liturgie noch niemals vernommen hatte. Und der Papst Martinus, der sich mit dem Gewalthaber der Stadt in Streit befand, habe einmal hier die Kommunion ausgeteilt und nicht geahnt, daß einer der vor ihm Knienden einen Dolch mit sich führte, um ihn zu ermorden. Im Augenblick, als der Papst ihm das Sakrament reichen wollte, habe die Madonna ihre Augen auf den Mörder gerichtet und er sei des Augenlichtes beraubt worden, damit der Heilige Vater gerettet werde. ›Salus‹ – so nennt man diese Madonna, das Heil des Römischen Volkes, und in diesem Wort ist nicht nur die Rettung der Seelen, sondern auch die Gesundheit des Leibes verstanden, um deren Gewährung die Kirche niemals zu bitten vergißt.

So bildet die Kirche von S. Maria Maggiore ein geheimnisvolles Kreuz der Gnaden- und Heilspfande: am rechten Kreuzesarm leuchtet die Krippe von Bethlehem, der die Römer sich immer noch mit der demutsvollen Zuversicht und Dankbarkeit nähern, die vor Reliquien keine Fragen stellt; den linken Arm hat der Thron der Madonna inne, von deren Fürsprache das römische Volk sein zeitliches und ewiges Heil erhofft; und in der Mitte steht der Altar, auf dem der Sakristan soeben die Kerzen entzündet, in deren Flammen das Feuer des Heiligen Geistes brennt.

ZEITLOSES ROM

In der Vorhalle der Kirche S. Maria Maggiore begegnen sich zwei betagte Römer. Es ist kurz nach der Frühmesse. Der Tag ist aus dem Morgenlicht in seine blaue Helle aufgestiegen, beide haben kein sehr gedrängtes Arbeitsprogramm vor sich – was gibt es da schöneres als einen kleinen ›discorso‹? Der eine von den beiden ist Kammerdiener beim alten Fürsten L., der andere war in seiner Jugend Leibkutscher eines Kardinals, dann Taxischofför, jetzt ist er in Pension. Beide kennen sich seit Jahrzehnten, und sie hegen füreinander den bedächtigen Respekt vertrauter Standespersonen. »Come va?« – so beginnt das Gespräch, – wie geht es? Und im Gegensatz zu nördlichen Gepflogenheiten nehmen die beiden Partner eine solche Frage noch durchaus wörtlich. Ein Wechselgesang von Mißgeschicken tönt aus den Mündern der beiden: den einen tyrannisiert seine Frau; dem anderen wirft die Tochter das Geld zum Fenster hinaus; des einen Sohn ist ein Genie, an das nur der Vater glaubt; dem anderen fehlt es an der Leber. Beide aber sind sich einig, daß der Wein immer schlechter wird und daß das Leben nichts rechtes mehr ist, heutzutage. Sie richten sich an ihren beiderseitigen kleinen Schicksalsschlägen auf, sie trösten sich in der Gleichförmigkeit ihrer Lamentationen, und sie flüstern sich uralte Formeln zu, die auf tiefes Einverständnis schließen lassen: »corraggio« – Mut, und »pazienza« – Geduld!

Käme nun ein wohlwollender und listenreicher antiker Gott des Weges und nähme die beiden, setzte sie zwischen Berge von Gold und raubte ihnen jede Möglichkeit zur Klage, dann würden sie beide sehr unglücklich werden. Denn hinter den Seufzern zwischen Unwillen und Klage, hinter dem chronischen Lamento über ungerechtfertigte Benachteiligung, hinter gedämpftem Aufbegehren und murrender Nörgelei verbirgt sich die feste Überzeugung, daß die Zustände sich nicht ändern werden, und daß es schrecklich wäre, wenn sie es täten. Die Zufriedenheit tritt in Rom fast immer als berufsmäßiges Klageweib auf.

Aber sie ist da, sie lebt! Mit der Vitalität, die alles Römische auszeichnet, läßt sie sich nicht stören. Die Zufriedenheit der Römer ist nämlich nicht von Tagesparolen, Gerichtsverhandlungen, Predigten und Zeitungsartikeln abhängig, sondern von der Sonne, dem halben Liter Wein und einem Lebensstil, der Bedürfnislosigkeit nicht als Schmach und Lebensgenuß nicht als ein Privileg der Reichen betrachtet. ›Sorte sua contentus esse‹ – das hat schon in der römischen Antike als das Ziel menschlichen Strebens gegolten, und es gibt heute noch in den Altstadt-Quartieren ein paar tausend Römer, von denen jeder einen Modellfall für die Realisierbarkeit dieses Ideals darstellt. Wenn man einen solchen Menschen sieht, mit seinem kurzgeschorenen eisengrauen Haar über dem runden, derben und freundlichen Gesicht, wenn man seine geschmeidige, leise und warmtönende Stimme vernimmt, wenn man die schlichte Humanität eines solchen alten römischen Herzens erfahren hat, dann weiß man, daß keine Demagogie der Welt die Zufriedenheit aus Rom vertreiben kann.

Es hat mich immer fasziniert, in den Gesichtern alter Leute zu lesen. In Rom kann man das nicht nur auf den Straßen und in den Trattorien, sondern auch in den Museen tun. Die Antiken-Sammlungen sind voll von Tausenden römischer Porträts, und es handelt sich dabei glücklicherweise nicht nur um Kaiser und Potentaten. Da begegnen uns, säuberlich zu langen Reihen geordnet, die Antlitze unbekannter Beamter und Kaufleute, braver Ehefrauen und nachsichtiger Schulmeister, und das Erstaunliche ist, daß die heute lebenden ›Romani di Roma‹ ihren antiken Vorfahren immer ähnlicher werden, je weiter sie im Lebensalter vorrücken. Der kurzsichtige, gebeugte Schuster aus der Subura, der von seinem Leisten unter der nackten elektrischen Birne kaum aufzusehen vermag, zeigt uns das Gesicht Ciceros in seinem verschlagensten Augenblick. In einem Bankbeamten, dem von seinem Fürstentum nur der Name geblieben ist, lebt der schmallippige Stolz des Nerva fort, und in unserem Nachbar-Ehepaar Rossi finden sich Spuren derselben stillen Eintracht, die vor der Doppelbüste des Beamten-Ehepaares im Vatikan eine unzeitgemäße Rührung in uns aufsteigen läßt. In allen diesen

Zügen, in den marmornen und in den lebenden, wird jene Zufriedenheit zu finden sein, von der ich sprach: das Ausgesöhnt-Sein mit dem eigenen Geschick, die Dankbarkeit dafür, daß man es gut hat im Augenblick.

Vor einer solchen Einstellung verliert auch der Tod seine Schrecken. Vielleicht ist Rom so zeitlos, weil die Toten nicht vom Leben abrücken, sondern nur gerade durch eine geschlossene Tür oder eine dünne Wand von uns getrennt bleiben. In Rom liegt unter jeder Schwelle ein Grab, und niemand ist darob bekümmert. Als der Heilige Aloysius von Gonzaga schon nicht mehr ein hochmögender Prinz, sondern nur noch ein einfacher Jesuiten-Novize am Collegio Romano war, pflegte man dort in den Vorlesungspausen im Hofe Ball zu spielen. Aloysius zeigte für dieses Spiel eine solche Leidenschaft, daß der Novizenmeister es eines Tages für geboten fand, ein Wort der Mahnung zu sagen. Er näherte sich also den Spielern und unterbrach sie mit der Frage: »Was würdet ihr denn tun, wenn jeder von euch plötzlich erführe, daß er innerhalb kürzester Zeit sterben müsse?« – »Ich würde in die Kirche gehen und beten«, sagte der erste. »Ich würde einen Beichtvater suchen«, sagte ein anderer. »Ich würde weiterspielen«, sagte der Heilige. In Rom setzt sich das Ballspiel der Heiligen jenseits der Gräber fort.

Von allen Orten, an denen man die Heiterkeit dieses intimen Wechselspiels von diesseitigem und jenseitigem Leben erfahren kann, ist mir der liebste ein kleiner Kreuzgang auf dem Celio, neben der Kirche der SS. Quattro Coronati. Man muß eine lange Wegstrecke zurücklegen, ehe man ihn erreicht. Erst geht es unter einer derben mittelalterlichen Toreinfahrt hindurch, über der ein ziegelgefügter Wehrturm lastet, dann öffnen sich nacheinander zwei Höfe, verlassen und kahl, in den Mauern halb freigelegte antike Säulen, dann nimmt uns die Kirche auf, in Dämmerlicht getaucht, von rohen Säulen getragen und mit sehr alten, primitiven Galerien versehen; und auch ein wildes barockes Fresko in der Apsis vermag uns nicht zu beruhigen. Überall herrscht tragische Abgeschiedenheit und die Kälte der Barbarei. Und dann treten wir im linken Seitenschiff durch eine schmale Pforte in das Geviert des Kreuzgangs hinaus, und der Friede ist plötzlich da: Wärme, Helligkeit, Güte, Schutz, Unschuld, Rat und Liebe.

Wer jemals verzweifelt war und allein, wird dort erfahren, daß die wahre Einsamkeit ein unendlicher Trost für den Menschen ist. Wer sein Herz in Skepsis und Spottsucht dem Mythos der Lebensangst preisgegeben hat, wird dort den Hauch des Trostes spüren, der aus dem Einklang des Todes mit dem Leben kommt. Ein jedes dieser schlichten Säulenpaare, von frommen Steinmetzen vor siebenhundert Jahren zum Geviert gefügt, spricht eine Welt aus, an der wir teilhaben, obwohl wir uns ihrer nur selten erinnern: die Welt der Betrachtung, des Nachdenkens über Dinge, die hinter unserer äußeren Existenz in demselben Sinne verborgen liegen, wie das Geheimnis der Dreifaltigkeit hinter der geometrischen Figur des Dreiecks.

Was ist dieser Kreuzgang seiner Gestalt nach? Ein gewölbter Gang am Innenrande eines Gebäudevierecks, von dem niemand mehr genau weiß, welche seiner Teile bis zu Theoderich dem Großen hinunterreichen. Die Hofwand dieses Ganges ist durchbrochen von einem bescheidenen Bogengefolge, das von einfachen Säulenpaaren aus Marmor gestützt und gehalten wird. Der Hof selbst ist ein kreuzförmig geteilter Garten, von Blumen

KREUZGANG AN SS. QUATTRO CORONATI 351

und blühenden Sträuchern angefüllt, und in der Mitte, wo die Kreuzarme der Wege sich treffen, springt ein Brunnen im Singsang tropfenden Wassers. Marmorstücke aus der Antike, Platten mit Bandornamenten von Gräbern der Gotenzeit, Dachziegel mit konsularischem Stempel, geborstene Kapitäle und Inschriften zum Gedenken vergessener Christen und Heiden sind in die Wände des Kreuzgangs eingelassen, und über allem liegt Schweigen.

Und was ist dieser Kreuzgang seinem Sinne nach? Ein Ort, den der Mensch mit seinen Schritten im Geviert durchmißt, im Dämmerlicht von den Trophäen dunkler Geschichte bruchstückhaft umgeben; und sein Auge empfängt das Licht aus dem säulengestützten Bogenwerk, hinter dem sich der schuldlose Blumengarten des Paradieses verbirgt, gespeist von der Quelle, die im Zentrum des Kreuzes entspringt. Da der Mensch von seiner Erschaffung her als Doppelwesen gedacht ist, erscheinen die Säulen in einer Prozession von Paaren; und jedes

San Paolo fuori le Mura

Paar trägt zwei Bogenhälften, eine nach links und eine nach rechts, die von den nächsten Paaren aufgefangen werden, wunderbare Zeichen dafür, daß die Menschen in ihrer Vollkommenheit durch das Himmelsgewölbe miteinander verbunden sind. Ein solcher Kreuzgang ist sicher nicht dazu angelegt, daß die Menschen, die in ihm wandeln, in die Blütenfülle des Innengartens hinausgehen – sie sollen den Garten Eden vor Augen haben, nicht ihn betreten. Und der begrenzte Ausblick, sich wandelnd von Schritt zu Schritt, wird in seiner Schönheit immer neu gesteigert durch das sichere Wissen, daß wir nach Gottes Willen das Urbild der Schöpfung in seiner ganzen Pracht erreichen können.

Vergleicht man diesen einfachen Kreuzgang mit den Wunderwerken, die uns die Cosmaten in den Kreuzgängen von S. Paolo fuori le Mura und von S. Giovanni in Laterano hinterlassen haben, so bleibt er in seinem künstlerischen Wert, ja selbst in der unmittelbaren Kraft des Ausdrucks einer Idee weit hinter ihnen zurück. In Sankt Paul rauscht die Glorie des Mönchslebens an uns vorüber, der Ruhm der gesicherten geistlichen Existenz zwischen Gebet und Arbeit. Freigewählte Disziplin, durch Anfechtungen geläutert, durch Opfer gefestigt, durch heilige Vorbilder gestärkt, von klaren Weisungen vernunftgemäß und gesetzestreu durchflochten, hat hier dem Geviert der Betrachtung einen kostbaren Mantel umgelegt. Das Blau und Gold der Mosaiken vereint den kristallinischen Glanz scholastischen Denkens mit dem Pathos jener altrömischen Vorstellung vom Gottesreich, die ernst und ohne Drohung ist.

In den gewundenen Säulenzügen des Kreuzgangs von San Giovanni lebt der Geist der Päpste: Würde, Hoheit, geistliche Macht und Diskretion. Der zurückhaltende Prunk und die Ebenmäßigkeit dieses alten Betrachtungspfades machen es uns leicht, einen Papst des frühen Mittelalters vor uns zu sehen, der in Einsamkeit und Stille dem Gang der Weltgeschichte nachsinnt. Vielleicht sucht er Frieden vor der Erkenntnis, daß die Weisheit auf dem Gipfel der Welt sich allzuoft in Undank verwandeln muß; vielleicht lastet auf ihm die Frage, warum die Menschen so oft die Gabe des Glaubens haben, ohne daß ihnen die Kraft der Unterscheidung hinzugegeben wird; vielleicht grübelt er darüber nach, aus welchem Grunde die Wahrheit der Lüge nicht entraten kann, solange die Zeit im Spiele ist. Die Geschichte lastet auf diesem Kreuzgang, und in seiner Stille vermeinen wir das Seufzen zu vernehmen, womit die Welt sich in ihren Angeln dreht.

Dem allem setzt der Kreuzgang der Quattro Coronati die beschauliche Liebe entgegen. Eine einzige Blume genügt, und alle Sonnen des Universums beginnen uns zu strahlen. Ein Tropfenfall reicht aus, und wir vernehmen die Ströme jenes Wassers, das Moses aus dem Felsen schlug. Und ein Grabstein führt uns mühelos zu dem Bilde des Ezechiel, das uns vor Augen stellt, wie zehntausend tote Gebeine sich mit Fleisch umkleiden und mit Geist erfüllen, in dem Augenblick, wo Gottes Odem über sie geweissagt wird.

Zeitloses Rom, Stadt ohne Grenzen! In der Geschichte lebt sie ohne Verlust, in der Ausdehnung reicht ihr der Erdkreis nicht aus. Dem Menschenleben aber ist sie eine Heimstätte, worin die Macht ihre Endlichkeit erfährt und die Bescheidenheit ihren Lohn empfängt.

DIE GREGORIANA

Rom, Pontificia Universitas Gregoriana, – Beginn einer Seminarstunde in christlicher Archäologie; anwesend vierzehn studierende Kleriker, davon acht aus dem Ordensstande, aus zehn verschiedenen Nationen. Das Glockenzeichen kündigt nicht nur den Anfang der Stunde an, es gebietet zunächst Schweigen. Die Anwesenden stehen, den Blick gesenkt. Innere Sammlung. Konzentration. Einfügen des Geistes in zeitlose Ordnung. Anrufung jenseitigen Beistandes.
›Sedes Sapientiae‹ – Sitz der Weisheit, bitte für uns! Dann sagt der Professor: »Reverendi Domini« – verehrungswürdige Herren. – Darin lebt nicht nur der Respekt vor dem geistlichen Kleid der Anwesenden, oder die Achtung vor dem Ernst ihrer Studien, oder die hierarchische Höflichkeit des Lateinischen, es liegt wohl auch darin beschlossen eine gemessene Verbeugung vor diesen jungen, noch keineswegs zu Priestern geweihten Männern, deren Anwesenheit an der Gregoriana ein Zeugnis dafür ist, daß in ihnen jene bedrängende Erfahrung übermächtig wurde, für die der Heilige Thomas den Satz geprägt hat: von Natur aus ist es dem Menschen eigen, nach der Erkenntnis der Wahrheit zu verlangen.
Mir zur Rechten sitzt ein junger Kleriker aus Irland. Er trägt auf seinem Habit ein schwarzes Herz, aus Holz geschnitten, mit weißen, mittelalterlich abkürzenden Schriftzeichen, das ihn als einen Angehörigen des Passionisten-Ordens ausweist, einer religiösen Gemeinschaft, die das Leiden Jesu Christi zum besonderen Gegenstand ihrer religiösen Übungen gemacht hat. Er ist von gedrungener, vollblütiger Gestalt und zeigt die

merkwürdige bäuerliche Sensibilität, die das irische Volk mit uralter Leidensfähigkeit und beinahe zorniger Bekenntnisfreude verbindet. Der Mann neben ihm, ein Welt-Kleriker aus dem französischen Kolleg, hat die blauen Augen der Normannen, die geäderten Schläfen einer langen Ahnenreihe, und um den Mund jene scharfen feinen Kerben, die den wachen, heiteren Sinn geklärter Askese verraten. Sein Nachbar ist ein krausköpfiger, dunkelbrauner Geistlicher aus Madagaskar, schon geformt von französischer politesse, noch genug Afrikaner, um den Blick zu senken, wenn er angesprochen wird, gewandt in vielen Sprachen und geschickt im Gespräch, aber mit dem kichernden Lachen des naiven Buschbewohners. Der nächste am Tisch sieht aus wie ein massiver Sportsmann, den man aus Versehen in geistliche Gewänder gesteckt hat. Er gehört dem amerikanischen College an, will sich später in der Bibelwissenschaft spezialisieren, und gilt schon heute als ein besonders begabter Schüler im Aramäischen. Aus Südamerika stammen die beiden nächsten Seminarteilnehmer – einer, in der aufrechten, abgezirkelten Haltung des spanisch-blütigen Argentiniers, der andre mit dem schmallippigen, aus den Augenwinkeln blikkenden, musikalisch-graziösen Gesicht des Portugiesen aus Brasilien. Ein Inder schließt sich an, dunkeläugig, tiefbraun, schmalgliedrig und breitgesichtig. Er kommt von der Malabar-Coast aus dem Missionslande des Heiligen Francisco de Xavier, der gerade ein Jahr in Indien war, als diese Universität, die Gregoriana, gegründet wurde. Es folgen zwei Italiener, der eine mit dem bleichen, gedrungenen Gesicht des Sizilianers, der andere, von franziskanischer Heiterkeit, aus Umbrien. Rot leuchtet das Gewand eines deutschen Klerikers aus dem Collegium Germanicum, schwarz-weiß Ordenskleid und Mantel eines spanischen Dominikaners, dann folgt noch ein Deutscher aus der Steyler Missionskongregation, und endlich der Professor, der, wie alle Lehrer an der Päpstlichen Universität der Gesellschaft Jesu, dem Jesuiten-Orden angehört.

Während sich der Professor mit einer lateinischen Frage an den Referenten wendet – es handelt sich um genaue Angaben der vom Referenten benützten Literatur zu den römischen Titelkirchen –, kann ich, als einziger Laie in diesem geistlich-wissenschaftlichen Kreis, mir etwas erlauben, was den Studenten an der Gregoriana strenger verboten ist als irgendwelchen anderen Studenten auf dieser Welt: unaufmerksam zu sein. Alle diese jungen Männer, denen es auf dem Gesicht geschrieben steht, daß sie das Wort Studium noch in seiner lateinischen Urbedeutung – Eifer im Vorwärtsstreben – zu erfüllen trachten, alle diese jungen, in lange unmoderne Soutanen gehüllten kräftigen Männer haben ja nicht nur ein Wohin – die Erkenntnis der Wahrheit –, sie haben auch ein Woher – sie haben eine Welt mitgebracht, die sie in den Jahren in Rom keineswegs vergessen sollen. Wie sollten sie denn sonst einmal in sie zurückkehren können, eine Welt, die durch Volkstum, Rasse, Erdteil, Tradition, Elternhaus, Vaterland, Erziehung geprägt ist, deren Schutz sie in Rom auch keineswegs entbehren und deren Erinnerungen ihnen in der Ewigen Stadt nur um so teurer werden. Ich stelle mir vor, daß im Herzen des Iren das Brausen der atlantischen Brandung nicht verstummt, daß sein Ohr von Zeit zu Zeit aus den Tiefen der Kindheit die Harfentöne der irischen Fluren vernimmt, die Gesänge über den quellenreichen Wegen der grünen Insel, die verhangenen Laute der Trauer und der Einsamkeit in den feuchten Atemzügen regenträchtiger Winde. Ich stelle mir vor, wie das Seufzen der tropischen Natur, der Gesang gereizter Oboen aus dem nächtlichen Süden Indiens, wie die goldenen Blitze der Tempelzinnen in der Mittagssonne und der Geruch von verbrannten Kuhfladen nicht ganz aus dem Bewußtsein des Inders schwinden können. Ich erspähe auf dem Gesicht des Spaniers die kalte, glühende Pracht kastilischer Sonnenuntergänge, und in den Augen des Franzosen den betauten Morgenglanz normannischer Hügel, und das ferne Glücksgefühl der pionierhaften Freiheit auf den Zügen des Amerikaners. Vollends aber hat die Unendlichkeit der unberührten Natur den Afrikaner daran gehindert, den Laut der Trommeln zu vergessen, die zur Goma auf dem Elefantenfelsen rufen.

Die Mitglieder der päpstlichen Universität werden mir bestätigen, daß nicht romantisch ist, was ich hier sage. Eine Institution, die die Angehörigen von fast sechzig Nationen nach einem einheitlichen Studienplan unterrichtet und erzieht, weiß sehr genau, was das Woher ihrer Studenten bedeutet, und wieviel es wert ist. Deshalb gibt es, soviel ich sehe, an der Universität des Papstes drei Grundsätze, die über allem Erziehungswerk stehen: nicht zerstören, sondern vergeistigen, nicht verwerfen, sondern ordnen, nicht verurteilen, sondern unterscheiden.

Aus aller Welt sammelt die Kirche die Blüte ihres Klerikernachwuchses an der Gregoriana, die ihr größter Förderer, der Papst, dessen Namen sie trägt, einmal ›omnium nationum seminarium‹ – aller Nationen Pflanzstätte, genannt hat. Die Kirchengeschichte, und besonders die Geschichte der Missionen, haben uns längst davon unterrichtet, daß es auch innerhalb der katholischen Christenheit je nach dem Charakter der einzelnen Nationen gewisse Verschiebungen in der religiösen Praxis, in der Anwendung des Gebotes Christi und der Kirche auf die Wirklichkeit der Welt, gibt. Es gibt Völker mit einer ausgesprochenen Begabung zur Mystik, es gibt Völker mit einer betonten Hinwendung zur Caritas, es gibt Völker, denen die Reinheit und Würde der Liturgie ein tiefes Anliegen ist, und Völker, deren religiöses Grundgefühl mehr durch die individuelle Begegnung mit Gott genährt wird. Die Charaktere des Menschengeschlechtes finden in den verschiedenen Konzepten des katholischen Glaubens ein getreues Abbild, und die Kirche wäre nicht katholisch, wenn sie diese, manchmal ganz unausgesprochenen Unterschiede nicht als gottgewollt und naturgegeben hinnehmen wollte. Jedoch ist diesen Verschiedenheiten eine genaue Grenze gesetzt, und diese Grenze möglichst scharf, aber nicht etwa eng zu zeichnen, ist eine der Aufgaben der Gregoriana. Als eine für die ganze Welt verbindliche Institution stellt sie in ihrem Lehrgebäude sozusagen das Regulativ der Nationen dar, die allgemeine Stätte der katholischen Wahrheit, die streng genug formuliert ist, um auch noch den geringsten Irrtum auszuschließen, und weit genug, um das Leben des religiösen Elements in der menschlichen Natur durch ein Universalitätsgefühl zu fördern, anstatt es durch Konformismus zu gefährden. Ein jeder, der die päpstliche Universität betritt, bleibt der, der er war, und niemand verläßt sie, ohne von Grund auf verwandelt zu sein. Die unglaubliche Feinheit, mit der dabei zu Werke gegangen wird, erlaubt, daß diese Verwandlung nicht identisch ist mit einer Umkrempelung der Persönlichkeit, sondern mit ihrer Neuordnung, nicht mit einem Abtragen von Fehlern und einem Hinzufügen von Tugenden, sondern mit einer sinnvollen Gesamtplanung eines Menschen.

Um diesen unmerklichen, von keinem Zwang und keiner äußeren Gewalt belasteten Prozeß ins Werk zu setzen, bedient man sich an der Gregoriana zunächst eines Mittels, das manchmal als unzeitgemäß oder veraltet kritisiert wird, der lateinischen Sprache. Es ist keineswegs so, daß alle Studenten, die an die Gregoriana kommen, die Kenntnis des lateinischen Sprechens mitbringen. Im Gegenteil, die meisten können zwar vorzüglich Latein, wohl auch darin schreiben, aber das lateinische Sprechen ist ihnen völlig neu. Und nun treten diese Neuankömmlinge in eine Aula und hören einen Professor – man merkt an seiner Aussprache noch ein wenig, daß er gallischer Herkunft ist – über die Erkenntnis in lateinischer Sprache vortragen. Und da man, wie überall, auch an der Gregoriana die Kollegs mitschreibt, füllen sich die Hefte der Studenten mit lateinischen Notizen, die dann wieder die Grundlage des Memorierens werden. Die Klarheit und Distinktion dieser Sprache kann durch nichts überboten werden. Man gewöhnt es sich auch alsbald ab, die Ergebnisse der Kollegien zum besseren Behalten etwa in die Muttersprache zu übertragen, und so kommt es schon nach kurzer Zeit zu einem ganz neuen geistigen Vorgang: man denkt lateinisch. Inder, Japaner, Deutsche, Italiener (denen es übrigens keineswegs leicht fällt), Menschen aus aller Welt beginnen, in den Begriffen der lateinischen Sprache zu denken, das heißt, sie auf die Wirklichkeit anzuwenden. Da dies unter den Gesetzen der dialektischen Logik der scholastischen Philosophie, das heißt unter Anwendung der reinen Kraft menschlicher Vernunft geschieht, wird der Persönlichkeit hierdurch eine Perspektive eröffnet, die sofort über die Schranken des Ich hinausführt. Die menschliche Natur, in lateinischer Sprache scholastisch definiert, offenbart sich als ein einheitliches Konzept, als ein genuiner, von einem persönlichen Schöpfer zur Wirklichkeit konsekrierter Gedanke, der in seinen Grundzügen ebensowenig Varianten kennt, wie Gott keine Varianten hat.

Der scholastischen Logik fügt die lateinische Sprache eine natürliche Logik hinzu, das heißt, die Anwendung der Begriffe auf die Wirklichkeit geschieht nach einer bestimmten Ordnung, in der es nicht gleichgültig ist, ob das Wichtige oder das Unwichtige zuerst kommt. Die lateinische Sprache ist eine Sprache des Aufbaus, der geistigen Architektur, der Werthaftigkeit und ihrer Stufenfolge, und es ist dem lateinisch Redenden zwar möglich, die Skala der Überordnungen oder Unterordnungen hinauf- oder hinunterzusteigen – also mit Gott anzufangen und beim Stoff zu enden, oder mit dem Stoff zu beginnen und zu Gott aufzusteigen –, aber es ist ihm nicht möglich, irgendetwas in dieser logischen Folge zu überspringen. Das Schweifen des Geistes in Gebieten, die er nicht überblickt, hört im Lateinischen auf. Dafür tritt etwas anderes ein, was mit der Grundforderung der Scholastik korrespondiert: Klarheit – im Sinne von Durchsichtigkeit. Ich sehe – und ich erkenne, das heißt, ich sehe nicht nur die Form, die äußere Gestalt, den Schein, sondern den inneren Sinn, den Zusammenhang der Schöpfung, ihre Einheit und ihre Geistigkeit; ich sehe die Ordnung aus dem Chaos entstehen, und ich weiß, daß dieser ganze Prozeß in mir selber stattfindet. So ergibt sich ganz von selbst, daß ich, was in mir ist, nicht zerstören muß; daß ich es vielmehr meinem

DIE GREGORIANA

eigenen Geiste, meinem Vermögen der Erkenntnis unterordne, daß ich in einer sehr geheimen und intimen Verwandlung den ganzen Schöpfungsvorgang in mir neu vollziehe und kraft geistiger Anstrengung aus dem dunklen Chaos ererbter Eigenschaften eine Ordnung schaffe, die Harmonie ist, und somit das Gute ermöglicht.

Man tut recht daran, sich vor Augen zu halten, daß die Erziehungsform, die an der Gregoriana geübt wird, stets von dem Bestreben geleitet ist, die herkunftsmäßigen Verschiedenheiten der Studenten nicht abzuschleifen, sondern in die Erkenntnis hinaufzuheben, daß der Mensch eine Einheit sei, daß das Sittliche das Natürliche voraussetzt, daß die Ordnung der Welt ihre Vielgestaltigkeit nicht schmälert. Wenn man von diesen Voraussetzungen ausgeht, ist einsichtig, daß die Wirklichkeit der Welt an der Gregoriana eine sehr bedeutende Rolle spielt. Schließlich sollen alle diese jungen Geistlichen einmal an den verschiedensten Punkten der Erde die Last des Beichtstuhles auf sich nehmen, sie sollen Entscheidungen über die dunkelsten Regungen des menschlichen Herzens treffen, sie sollen Klarheit schaffen in den verworrensten Situationen eines Lebens, mit dem sie selber nur vom Geiste her in Berührung kommen, und sie sollen dabei nicht verwerfen, verdammen, verurteilen, sondern heilen und retten. Man wird von ihnen verlangen, daß sie in den entferntesten Gegenden, unter den härtesten körperlichen Umständen Entscheidungen treffen, in denen sie niemand um Rat fragen können. Sie sollen gerüstet sein, jegliche Art von Fehltritt, vom Mord bis zur Lüge, von der Bestechung bis zum unerlaubten chirurgischen Eingriff, von Verleumdung bis zur Gotteslästerung in ihren innersten

Antrieben zu enträtseln, sie sollen das Gewissen derjenigen, die sich ihnen anvertrauen, zu erhöhter Empfindlichkeit treiben, sie sollen gleichzeitig verhindern, daß über den Gefallenen die Nacht der Verzweiflung hereinbricht – und dies alles, gleichviel ob es sich um Neger oder Wallstreet-Bankiers, um abgefallene chinesische Christen oder um fromme und geizige Witwen in Europa handelt. Der Heilige Ignatius von Loyola, der Begründer der Gregoriana, sagt in seinem Exerzitienbüchlein: »Der Mensch ist zu dem Zweck geschaffen, daß er ein Lob Gottes, seines Herrn, sei, ihm Ehrfurcht erweise, ihm diene und dadurch seine Seele rette. Was es sonst auf Erden gibt, ist um des Menschen willen geschaffen, es soll ihm behilflich sein zur Erlangung seines Zieles. Daraus folgt, daß der Mensch alles dieses soweit benutzen muß, als es ihm zu seinem Ziele hilft und soweit davon lassen muß, als es ihn daran hindert.« Dies sind sehr klare Sätze. Aber konfrontiert mit der Wirklichkeit, die der Priester in der Welt zu bewältigen hat, sind sie voll von problematischen Konsequenzen. Wer hat genügend Rüstzeug, um den Menschen den Stachel der Usurpation gegen die göttliche Weltordnung zu nehmen, wer hat genug Sicherheit, um der allgemeinen Hybris, der Ehrfurchtslosigkeit vor dem Geschaffenen, dem Haß gegen den Geist zu begegnen. Hier bedarf es gewaltiger Anstrengungen – und zwar von beiden Seiten, wenn es erlaubt ist, das zu sagen, vom Menschen her, und auch von Gott her. Das Grundprinzip, dem man in der Gregoriana nachfolgt, ist daher ein sehr einfaches: Gott hat sich den Menschen geoffenbart und seine Wahrheit verkündet. Der Mensch hat zwei Wege, dieser Wahrheit zu begegnen, den des Glaubens und den der Erkenntnis. Es ist also seine Pflicht, nicht nur mit dem demütigen Vertrauen, aus dem die Tugend des Glaubens erwächst, die Offenbarung anzunehmen, sondern auch mit allen Kräften seiner geschaffenen Existenz, mit Verstand, Willen, Vernunft, mit allen zu Gebote stehenden Mitteln seines Geistes und seiner Erfahrung, der Offenbarung soweit als möglich entgegenzukommen. Dies ist der Grund, warum an der Gregoriana, wie an jeder anderen katholischen Hochschule auch, dem Studium der Theologie, der Gotteswissenschaft, das Studium der Philosophie vorausgeht. Geistesschulung, Geschliffenheit im Denken, Klarheit des Verstandes, Reaktionsfähigkeit, sicher funktionierende Entscheidung, Mobilisierung aller natürlichen Gaben sind die Voraussetzung für die Theologie, für das tiefere und geheimnisreichere Eindringen in die Wahrheiten der Offenbarung. So sehen wir die Studenten der Gregoriana drei Jahre lang beschäftigt mit allem, was dem menschlichen Geist auf dem Wege der Erkenntnis zugänglich ist, und wir beobachten an ihnen jene Sicherheit der Unterscheidung, die ihnen, nicht nur in ihrem zukünftigen Amte, sondern auch hinsichtlich der Entwicklung ihrer eigenen Persönlichkeit, die Gelassenheit von Menschen gibt, die es gewohnt sind, feinste Prüfungen vorzunehmen, sich und ihrer Umwelt nichts zu ersparen, bevor sie ein Urteil fällen.

Um ein Bild von der Atmosphäre an der Gregoriana zu geben, ist noch eines festzuhalten. An Universitäten pflegen sich die Studenten zu Gemeinschaften zusammenzuschließen. Dies geschieht an der Gregoriana durch das Zusammenleben der Studenten in nationalen Kollegien, von wo sie zu den Vorlesungen entsendet werden. Überdies gibt es eine Art von Studentenvereinigung, die den Namen ›Vita Nostra‹ trägt. Was es aber nicht gibt, ist der intime Zusammenschluß kleinerer Gruppen mit gleichen Interessen. Denn dies behindert eine Eigenschaft, die an der Gregoriana als eines der wichtigsten Prinzipien erzieherisch zur Verwirklichung gebracht wird, die Diskretion. Schon der Student der Theologie weiß, was der Theologe später zu seinem Vorteil und zu seinem Schmerz erfahren wird: ein Priester ist allein.

Wer einem so strengen disziplinären Gesetz untersteht, muß viel Raum um sich haben. Raum aber erzeugt in geistigen Menschen eine weitere, an der Gregoriana besonders ausgeprägte Eigenschaft, die Höflichkeit. Damit ist nicht gemeint, daß man sich gegenseitig Komplimente macht. Im Gegenteil, man sagt sich die Wahrheit dort vielleicht unverhüllter als an einer weltlichen Universität. Aber diese Wahrheit hat eine Form, die genau dem Partner, seinem Charakter, seinen Vorlieben und seinen Schwächen entspricht. Sie hat nicht den Stachel des Verletzenden und kennt nicht den Mangel an Rücksicht, der sie in der Welt oft so unangenehm macht. Das soll nicht heißen, daß dieser Höflichkeit keine Ironie beigemischt sein kann, aber sie wird stets mehr der Skepsis als dem Spott angenähert sein. Und sie wird stets den Glanz der Toleranz, den herzlichen Versuch der Verständigung zeigen, der in scharfen Gefechten, wie sie bei den lateinischen Disputationen in der Gregoriana mitunter auftreten, persönlichen Eifer nicht in Zorn oder Ärger umschlagen läßt. Die Distanz, die man, ohne den geringsten Zwang, einfach durch den gebräuchlichen Umgangston, in der Gregoriana zwischen die einzelnen Mitglieder des Hauses zu legen gewöhnt ist, kann als eine Art von Vorschule gelten für die tägliche Erfahrung der Einsamkeit, die den Priester durch das Leben begleitet. Die Gregoriana ist kein warmes, heimliches Haus, sondern ein kahles, ungeheures Gebäude, mit dem Pathos römischer Papstpaläste, der kühlen Öde jesuitischer Ordenshäuser und der Weiträumigkeit halliger Kirchen.

Auf diese Weise greifen im täglichen Leben der Gregoriana Studienziele und Menschenformung nahtlos ineinander. All dies bildet gewissermaßen das gemeinsame Klima, worin Lehrer und Studenten einander begegnen, gleichviel in welchen Disziplinen sie arbeiten. Der Baum dieser Disziplinen ist weitverzweigt. Er reicht von der Philosophie mit ihren verschiedenen Aspekten über die Kirchengeschichte bis zur Bibelwissenschaft, vom kanonischen Recht über die Sozialwissenschaft bis zum Gipfel der Theologie hinauf, und in jeder dieser Fakultäten gibt es zahlreiche Sonderabteilungen, worin die Studenten sich detaillierte Fachkenntnisse erwerben können. Das Päpstliche Bibel-Institut und das große Orientalische Institut haben an der Universität teil, wenngleich sie ihrem Charakter gemäß ein selbständigeres Leben führen als die übrigen Fakultäten. Im Jahre des vierhundertjährigen Bestehens der Universität, 1953, war die Zahl der Studenten 2372, aus fast sechzig Nationen, worin Priester und Kleriker aus vierhundertdreiundneunzig Diözesen und Ordensleute aus siebenundachtzig Orden und Kongregationen enthalten waren.

Welch ein gewaltiges Resultat, gemessen an den Anfängen des Heiligen Ignatius! Damals, genau gesagt am 18. Februar 1551, gründete Ignatius von Loyola in einem kleinen Haus am Fuße des Kapitols das ›Collegio Romano‹, eine unentgeltliche Bildungsstätte für die Stadtrömer; in ungewöhnlich bescheidenem Rahmen, aber schon mit jener Konzeptionskraft des Genies, die fast alle Unternehmungen Loyolas auszeichneten. Zwei Jahre später war das Collegio Romano in der Stadt schon ein Begriff und es gelang dem Heiligen ein doppelter Erfolg: der Papst erlaubte den Jesuiten, auch die akademischen Fächer zu lehren, und der Herzog von Gandia, Francisco Borgia, damals noch Vizekönig von

Collegio Romano

Katalanien, gab das Geld. Papst Gregor XIII., derselbe, dem wir den Gregorianischen Kalender verdanken, erbaute wenig später für die neue, blühende wissenschaftliche Institution ein großes Haus, das heute noch ›Collegio Romano‹ heißt und an die Rückseite der Kirche S. Ignazio angebaut ist. Als bei Aufhebung des Kirchenstaates 1870 das Kolleg dort enteignet wurde, wich man zunächst in einen römischen Palast aus, bis Pius XI. den gewaltigen Universitätsbau errichten ließ, den die Gregoriana, die sich seit Leo XII. nach ihrem päpstlichen Förderer nennt, heute noch inne hat.

Das Haus und die Umstände haben also des öfteren gewechselt, wie fast in jeder Institution, die ihr Schicksal mit dem wechselvollen und geheimnisreichen Verwandlungsdasein der Stadt Rom verbunden hat. Was geblieben ist, sind die Prinzipien, die Traditionen und der Ruhm der Universität, der nicht nur ein irdischer, wissenschaftlicher, geistiger, sondern auch ein himmlischer ist. Aus der Gregoriana gingen sechs kanonisierte Heilige hervor, der Heilige Roberto Bellarmin, erst Alumnus, später Professor, dann Rektor der Universität, ein erleuchteter Theologe, Kardinal der römischen Kirche, dessen Disputationen über Streitfragen des christlichen Glaubens ein ganzes Zeitalter belehrten; dann der Heilige Aloysius von Gonzaga, der Heilige Johannes Berchmans, der Ordensstifter Camillo de Lellis, der Heilige Leonardo da Porto Maurizio und endlich der Heilige Giovanni Battista Rossi, überdies dreißig Seliggesprochene, mehrere hundert Missions-Märtyrer, schließlich dreizehn Päpste, darunter die drei letzten. In einer Ansprache hat Papst Pius XI. einmal gesagt: »In diesem unserm Rom, dem Zentrum der Glaubenseinheit und der Religion, wo soviel Verschiedenheit herrscht in Herkunft, Geisteskraft, Geschmack, Meinung und Bedürfnissen, – hier sind so viele Institute, Seminarien, Kollegien, Athenäen in voller Blüte. Aber nur eine ist die Universität, die ›Università Gregoriana‹, ebenso wie die Bindungen der Gregoriana an den Heiligen Stuhl keine anderen Vergleiche zulassen.«

Damit ist etwas ausgesprochen, was schon den Gründer der Gregoriana, den Heiligen Ignatius, sehr beschäftigte: der Schatten des Heiligen Stuhles, die unmittelbare Nachbarschaft des Papsttums, die in der Gregoriana zur Wirkung kommen sollte. Wer durch die Wahl des geistlichen Standes ein Mitglied der katholischen Hierarchie geworden ist, entwickelt im allgemeinen sehr bald ein schwer definierbares, aber sicheres Gespür für die inneren Schicksale der Kirche. Es scheint, als sei in den einzelnen Gliedern dieser Hierarchie ein gemeinsames Nervensystem in Funktion, das mit großer Empfindlichkeit Schmerz und Freude auch über Zeit und Raum hinweg mitzuteilen in der Lage ist. Mann nennt das ›sentire cum ecclesia‹ – fühlen mit der Kirche. Die sublime Ausbildung dieses Sinnes, die äußerste Verfeinerung dieses Austausches von Kräften und Hilfeleistungen ist ein sehr wesentliches, weil rein geistiges Element des kirchlichen Gefüges. Und da die Kirche von einer einzigen Person, dem Statthalter Christi, regiert wird, bildet sich dieses ›sentire cum ecclesia‹ am reichsten in der persönlichen Kontaktsphäre des Heiligen Vaters aus. Der Gehorsam, zu dem jeder Priester sich gegenüber dem Papste im Schwur verpflichtet, genügt in der Kirche noch nicht. Er muß ergänzt werden durch die Bindung der Liebe und durch die Tugend der Treue. Erst dann wird das geheimnisvolle Leben des mystischen Leibes Christi, als der die Kirche durch das Weltschicksal auf den Jüngsten Tag zueilt, in seiner täglichen Wirksamkeit gefördert. So dient der unmittelbare, augenscheinliche Kontakt der Universität mit dem Heiligen Stuhl und der Person des Papstes der Festigung des Kirchengefüges ebensosehr, wie der Verteidigung des Glaubens gegen alle die verborgenen Aktionen, die der katholischen Lehre von ihren respektablen Gegnern drohen. Die Verteidigung der Reinheit der Lehre, wie die katholische Kirche sie für verbindlich erklärt, verlangt wiederum von denen, die sie üben, Disziplin, Waffenfähigkeit, Wachsamkeit und Ausdauer; alles Eigenschaften, die als exakte Ziele dem Erziehungsplan der Gregoriana zugehören.

Giovanni Pannini

ANSICHT DES PETERSPLATZES
mit den Vatikanischen Palästen

Edinburgh, National-Galerie
(Leihgabe des Earl of Ellesmere)

Nun soll man nicht etwa denken, daß das Leben der Gregoriana sich nur aus täglichen Regeln und deren disziplinarischer Befolgung zusammensetzt. Gehorsam ist ein Akt des freien Willens, und die Gregoriana hat seit ihrem Bestehen den größten Wert darauf gelegt, ihren Studenten das Bewußtsein des freien Willens nicht nur zu lassen, sondern es zur höchsten Klarheit zu entwickeln. Wenn man an einem Vorlesungstag in der Pause die große Halle der Universität betritt, findet man sie angefüllt mit lachenden, fröhlichen, schwatzenden Klerikern, die alles eher als eingezwängt und bedrückt aussehen. Und es ist nicht die Heiterkeit des Himmels, die Vorahnung künftigen und ewigen Glückes, was diese jungen Männer fröhlich macht, sondern es ist die Freiheit, die in der Zustimmung zu einer frei gewählten Bindung an ein als ewig erkanntes Gesetz besteht. Wenn dieser Schritt einmal getan ist, dann erhöht sich der Charme der Jugend, und die Lieder, zu denen sich diese jungen Leute manchmal zusammenfinden, haben dadurch, daß sie aus geistlichen Kehlen kommen, nichts von ihrer Lebensfreude eingebüßt.

Der Donnerstag ist, wie an allen römischen Kollegien, auch in der Gregoriana vorlesungsfrei. Wer am Donnerstag in die römische Campagna fährt, wird sie bevölkert finden von wandernden Klerikern, die es sich in der warmen Sonne auch einmal erlauben, den steifen Kragen abzulegen, die hin und wieder in einer einfachen Schenke zu einem halben Liter Wein einkehren und den frischen Käse aus Büffelmilch mit Genuß dazu verspeisen. Aus den alten, verfallenen Grabmälern der Via Appia Antica klingt dann mitunter ein seltsam fremdartiger Gesang, etwa die Weise, die der Stamm eines braunen Geistlichen aus Madagaskar singt, wenn er auf leichten Booten über den dunklen Vulkan-See zu den Gestaden seiner Bambus-Dörfer im Abendlicht zurückkehrt.

Die römische Campagna, das alte lateinische Hirten- und Bauernland mit seinen braunen Weiden, seinen Steineichen-Hainen und antiken Ruinen, der dunkle, mythische Acker des römischen Geistes ist die bevorzugte Freizeitgegend der Gregoriana-Studenten. Und es ist für ihre Erziehung ganz unerläßlich, daß sie hin und wieder von einem flachen Hügel aus das Häusermeer der Stadt weithin ausgestreckt vor sich liegen und die Peterskuppel als ein sicheres Zeichen der Ewigkeit darüber schweben sehen. In solchen Augenblicken dringt Rom in ihre Herzen ein, wie es in den Hallen der Gregoriana in ihren Geist eindringt – Rom, dieses von tausend unvergänglichen Schwächen zusammengehaltene, vollkommene Gebilde des menschlichen Geistes, das stets um so leuchtender in den Seelen der Menschen bestehen blieb, um so weiter es sie hinausgesandt hat. In der Bannmeile des Heiligen Petrus lebt niemand lange, ohne die Wirkung der unbegreiflichen Harmonie zu spüren, die sich auf sein ganzes Dasein legt. Und in den Wanderungen durch das römische Land und den römischen Geist gewinnen die Kleriker aus aller Welt ein neues Heimatgefühl, das nicht mehr national und nicht geographisch, sondern katholisch ist.

Der Heilige Thomas von Aquin, Erzvater der Scholastik und Inspirator des ganzen an der Gregoriana gebotenen Lehrgebäudes, sagt: »Es gehört zum Wesen der Tugend, daß sie auf das Äußerste blicke.«

Brunnen auf der Piazza Farnese

AN RÖMISCHEN BRUNNEN

Die Brunnen der Stadt Rom stehen auf der Glücksseite des menschlichen Daseins. Sie sind das singende Geräusch unveränderlichen Lebens, und sie verschaffen sich in allem Getriebe ein träumendes Gehör, weil sie leise sind und immer währen. Die Römer denken nicht darüber nach, was es bedeutet, wenn man unbefangen in die Glut der Sonne hinauszutreten weiß, weil tief im Grunde des Hauses die kühle Zuflucht des Brunnens gesichert ist. In Rom überwindet das Wasser die Zeit, und darin ist die Taufe mit einbezogen und die Ewigkeit des Lebens. Betrachten wir den Obelisken, wie er sich zwischen den Dioskuren in den Himmel streckt, auf dem Hügel des Quirinal. Dem Rosengranit Assuans ist er entnommen, um den Ruhm der pharaonischen Herrscher über den Nil zu verkünden, und er hat nichts eingebüßt, als Rom ihn zwischen Jupiters Söhne setzte, die ihre Rosse auf dem Forum tränkten nach dem leuchtenden Sieg in den samnitischen Bergen. Betrachten wir ihn, wie er seinen marmornen Fuß in eine Brunnenschale setzt, die das Auge des Kaisers Konstantin erfreute in seinen Thermen, und der Strahl des Wassers, der zu ihm aufsteigt, nimmt ihm nur die Härte, nicht die Majestät. Glauben wir nicht, daß, was den Monumenten widerfährt, die Menschen verschont. Roms uralte Kraft wirkt in uns allen segenspendend fort, und in das Rauschen der Brunnen mischen sich in unserem Ohr die Glocken des Ostermorgens.

Heute morgen sind die Straßen noch leer. Die Luft ist gereinigt, und über die Foren der alten Kaiser schüttet die steigende Sonne Kaskaden goldfarbenen Lichtes. Über die große Rampe des Michelangelo zieht es uns auf das Kapitol, dessen Platz noch im Schatten liegt. Und unter der Doppeltreppe, die zum Senatorenpalast hinaufführt, begegnet uns Minerva, die Göttin der Weisheit auf dem Throne Roms. Minerva, Körper und Gewand in rotem Porphyr, Haupt und Arme in weißem Marmor, die Weltkugel wägend in der Linken. Die Göttin, dem Haupte des Jupiter gepanzert und gerüstet entsprungen, ist umgeben von Wasser – man hat sie in das Zentrum eines Brunnens gesetzt. Wen würde eine solche Verbindung von Einsicht und Element nicht verführen, vor das Bild der Klarblickenden hinzutreten und zu fragen: was ist Weisheit? Es scheint doch alle Welt daran zu glauben, daß die Stadt Rom ein besonderes Verhältnis zur Erkenntnis besitze, eine Art magischen Schlüssels, mit dessen Hilfe das Unverständliche entflochten und das Unvereinbare zusammengefügt werden kann. Aber warum ist diese Geisteskraft, wie sie sich in der erhabenen Gestalt der Göttin Minerva niedergeschlagen hat, mit Helm und Speer bewaffnet? Und was bedeutet hier das Wasser? Ist es das Meer der

Menschheit, auf dem die von Sklaven geruderten Galeeren der Ideologien sich ihre Gefechte liefern? Oder ist es das beruhigende Element, das die Erhitzung vergeblicher Bemühungen um tiefere Einsicht in den Lauf der Welt hilfreich und rechtzeitig abkühlt?

Das Einfache finden, das Element schätzen, das Menschliche begreifen, die Zeit überwinden, den Schlaf fliehen, den Rausch hemmen, die Gestalt suchen, das Fragment ergänzen, der Sattheit mißtrauen, die Vergänglichkeit preisen – die Erscheinungen heiter, die Formen hinfällig und das menschliche Herz unbeständig finden – das alles ist weise. Da thront Minerva, Göttin der Heidenwelt, und auf der Schrift zu ihren Füßen steht der Name eines Papstes. Und das Wasser verbindet beides, und daraus entsteht Rom.

Auf der Piazza Navona steht der Obeliskenbrunnen von Lorenzo Bernini. Sein Geräusch ist wie ein brausender Strom, seine Gestalt die eines mythischen Gebirges. Da hocken auf den geklüfteten Tuffsteinfelsen vier Riesen, phantastische, gliederschwere Vorweltmenschen: die aus der Tiefe der Wasser aufgestiegenen Gestalten der Donau, des Ganges, des Nil und des Rio della Plata – Weltströme, zeitalterlos versammelt, um die Herrschaft eines Papstes über den Erdkreis zu bezeugen. Rom hat es stets vermocht, die Welt zu bedeuten und zugleich das Erdenrund für römisch zu erklären. Aus der Muskeldrehung dieser Giganten kommt die Urkraft der Geschichte hervor, die seltsame Kommunikation der Natur mit dem Menschen, und niemand vermag zu sagen, warum man sich vor diesem Brunnen so wohltuend klein fühlt, so gänzlich und widerstandslos eingehüllt in das Weltgetriebe, frei von der Sorge um Zukünftiges, um Mögliches, um Wahrscheinliches.

Hier steht es, in Stein gemeißelt, sehr verständlich geschrieben: daß die Welt ihren Lauf vollführt, daß die Wasser sich rauschend bewegen, daß die Lebensquellen nicht versiegen und daß alle Kräfte miteinander im Zusammenhang stehen, so wie alle Mütter sich verständigen und alle Priester und alle Lügner und auch alle Engel. Und es ist zu hören, wie verschieden die Melodien dieser Lebensströme sind, sausend, pfeifend, dröhnend, sirrend, röhrend, klatschend, trommelnd, brausend, wie eine Orgel sind sie komponiert, und die Harmonie im Wechsel der Akkorde führt in diesem Rauschen ein ewiges Dasein. Wer könnte hier davon sprechen, keinen Widerhall zu finden auf dieser Welt, allein zu sein und verlassen mit sich selber, wo doch die Schöpfung dem Lockruf Roms erlegen ist und sich in den Fall seiner Wasser freudig eingefügt hat? Die Welt wird in Ordnung gebracht auf der Piazza Navona, im Ruhm des Obelisken begreiflich gemacht und in der Leidenschaft und im Sprühen geschleuderter Wasser herrlich erzählt. Und die Völker und die Ströme und die Throne und die Herrschaften bereiten dem lebendigen Wasser den Weg. Denn die Schöpfung ist nicht zu Ende.

Die wahre Brunnenorgel Roms heißt Fontana Trevi. Dem Neptun und Papst Clemens XIV. untertan, ein Palast des Wassers, quellhaft und nereidenbevölkert, das triumphale Ende eines zweitausendjährigen Aquäduktes. Dort ist es einzusehen, daß das Glück mit dem Mut zusammenhängt, der darin besteht, über die Grenzen der eigenen Natur hinauszuleben. An diesem Brunnen begegnet uns die Phantasie – die Konterfigur zur Minerva auf dem Kapitol –, das schönste Geschenk unseres Wesens, und im Schatten des gewaltigen Neptun begreifen wir plötzlich, daß Rom nicht anders sein kann, als katholisch – denn keine Lebensform auf dieser Erde verlangt von einem Menschen mehr Phantasie als die der römischen Kirche. Es scheint, als ob in der Fontana Trevi die Essenz aller Brunnen Roms verborgen sei. Weit über ihre reale Gestalt hinaus sehen wir im Rauschen ihrer Wasser die feuchten Strahlen, Bündel, Girlanden, Segel und Fahnen aller römischen Brunnen am Werk, wir spüren das zauberhafte Netz, das Millionen glitzernder Tropfen über die alten Steine Roms werfen, wir sehen die Scharen der Tritonen, Drachen, Delphine, Nereiden, Faune und Meeresrosse, aus denen die Wasser des Gebirges, nach ihrem segensvollen Einsturz in den Boden Roms, in der Glorie der Fontänen wieder ans Licht brechen.

An der Fontana Trevi

Es beginnt jetzt in der Stadt Rom eine seltsame Wanderung, leiser noch als die Wanderung der Wasser zu den Mündern ihrer Brunnen, langsam sich steigernd zu einem Schwall, vor dem auch das grandiose Geräusch der Brunnen auf dem Petersplatz verstummen wird. In den tiefen Verschwiegenheiten der Häuser beginnt es: von dem Gemurmel der Hausbrunnen freundlich entlassen, brechen zwei, drei Menschen auf; an den anmutigen Sprühgefällen der kleinen Piazzabrunnen gesellen sich andere hinzu. Die erhabenen, weisheitserfüllten, pathetischen und wellengewohnten Gestalten der Monumentalbrunnen sehen das zusammendrängende Gefälle, die Straßen der Stadt werden zu Aquädukten des Menschheitsstromes und der Petersplatz mit seinem feierlichen Rund wird zum Brunnenbecken der Welt, in das sich die Pilgerschaft des Erdkreises ergießt, um in anschwellenden Jubelfontänen aufzurauschen zur Loggia des Segens – jetzt, am Mittag des Ostertages, wenn der Pontifex Maximus die Kräfte des Himmels auf die Stadt und den Erdkreis herabrufen wird.

Das Geäder der verborgenen Wasserläufe im Boden der Stadt ist zu einem magischen Netz geworden. Seine Linien bilden die Leitspur für jene Scharen, die in Hingabe oder Zweifel, in Verwirrung oder Dankbarkeit nach Rom geeilt sind, um für ein paar Augenblicke ihres Lebens wieder einmal das Gefühl zu haben, daß die Welt einen Angelpunkt besitzt, eine Sicherheit ihres Fortbestehens und einen Geist der Ordnung.

Das chaotische und amorphe Drängen der Wasser hin zu dem geordneten und sinnvollen Gefaßtsein in den Brunnen wird angesichts dieser Pilgerschaft nach dem Petersplatz zu einem Zeichen, daß die alte Menschheitssehnsucht noch lebt – die Sehnsucht nach dem Entrinnen vor der Gestaltlosigkeit und dem schreckhaften Rückfall in das Übel und die Sehnsucht nach einem Leitstern zu höherer Einsicht, die den Hinterhalt der Angst und Verlassenheit sicher und glücklich überwindet.

Und so stellt das Glück sich ein, das unter allen Städten der Erde nur Rom zu geben vermag. Es ist das Glück der Erneuerung, das die menschliche Natur stets in jenem kräftigen Moment erfährt, wenn die Unversiegbarkeit des Lebens offenbar wird. Dann wissen wir plötzlich wieder, daß das Gute in der Welt trotz aller Kümmernisse Bestand hat, daß die Verderbtheit des Tagesgeschehens einen geheimen, mächtigen und ausgleichenden Kontrapunkt besitzt und daß die Welt nichts von ihrer Schönheit und Größe einbüßt, wenn die Wasser ihres Lebens zeitweise in den Boden sinken, weil sie in den Fontänen des Geistes und der Barmherzigkeit stets freudiger wieder zum Lichte zurückkehren.

Wir haben in der Liturgie des Karsamstag Worte der Heilsehnsucht in wunderbaren Bildern vernommen: »sicut cervus desiderat ad fontes aquarum, ita desiderat anima mea ad Te, Deus...« – wie der Hirsch nach den Quellen des Wassers drängt, so drängt meine Seele nach Dir, o Gott.

Auf den Mosaiken der frühen Kirchen Roms finden wir, unter dem Baume des Lebens in tiefgrüner Reinheit springend, die vier Ströme des Paradieses, die sich in die Himmelsrichtungen ergießen. ›Fontes aquarum‹, das sind die Quellbrunnen der Lebenswasser, die unerschöpflichen Reserven des Weltgeschehens. Und der Teich Bethesda, dessen Wasser ein Engel aufrührte, der Brunnen des Gespräches mit der Ehebrecherin, das kärgliche Wasser der Eremitenquelle von Ouadi Natroun, die in grüner Stille tropfende Heilkraft der Nymphe Egeria, der trompetenstarke Strahl des barberinischen Tritonen, aber auch die flüsternden Rinnen der Traumgemächer in der Alhambra, der heilige Brunnen Zem zem, das unergründliche Auge der Gangesquelle und

Tritonenbrunnen

die Jade-Fontäne in Chinas Verbotener Stadt, endlich der Acqua Paolina majestätischer Fall über den Hang des Gianicolo hinunter in die Tränken von Trastevere – dies alles hat Teil an den Fontes Aquarum, nach denen die Seele des Menschen in dürstender Einsamkeit sehnsüchtig ausschaut.

Man kann sagen, daß den Brunnen Roms ein luxuriöser, achtlos freigebiger und großmütiger Sinn innewohnt, und in der Tat ist in keiner von Natur aus wasserarmen Stadt jemals eine solche bezaubernde Verschwendung mit dem Element getrieben worden. Man kann aber auch sagen, daß das nicht genügt, um die Lebensfreude der Fontane di Roma zu erklären. In keinem römischen Brunnen ist das Wasser als förderndes, nährendes, ausgleichendes und harmonisches Element verleugnet, das sich freigebig darbietet, um dem Bedürftigen wohltätig zu sein, ohne daß er bitten oder danken müßte. Und dies ist, man kann es kaum übersehen, ein gnadenhaftes Zeichen. Nirgends hat sich die

Fürsorge für den Gast so zeitlos gültig niedergeschlagen, wie in den Tag und Nacht rauschenden Brunnen Roms. Nirgends aber auch ist soviel Weltstoff in die Behandlung des Wassers eingeströmt, nirgends soviel Erdkreis in Brunnengestalt zusammengefaßt worden. Der Anteil Ägyptens erweist sich in basaltenen Löwen und nadelspitzen Obelisken, der Anteil der Griechen in behelmten Göttern und Heroen, die Barbaren haben ihre Trophäen, die Eroberer ihre Siege, die Phantasten ihren Wein an die Brunnen gegeben, und die Päpste haben die heidnische und die christliche Welt durch das reinigende Element zusammengefaßt. Die Aberglauben kommen hinzu, die mit Liebeskummer, Kinderlosigkeit, Todesfurcht und anfechtbarer Spekulation auf Sündenvergebung verbunden sind, und die seltsamen Legenden des Volkes von Rom. Dies alles lebt in den römischen Brunnen, von denen einer, versteckt im leichthin verfallenden Garten eines Palastes, die Inschrift trägt: »ariston men hydor« – das Beste aber ist das Wasser.

Wir haben die Brunnen Roms zu einer Schar von Wesen gemacht, die, über Plätze, Gärten und Grotten, Treppen und Flure der Stadt Rom verteilt, den Schwall der Campagna-Wasser in Ordnung und Gefälle bringen und das Chaotische des Elementes zu geistiger Wirkung formen. Und nun sehen wir, wie verschieden sie sind, wie sehr jeder von ihnen sein Eigenleben hat, ähnlich den Charakteren der Menschen. Die Fontana Trevi gleicht einem herrschgewohnten, prachtliebenden und freigebigen Papste, der Brunnen im Hospital der Barmherzigen Brüder auf der Tiberinsel einem sanften, eingezogenen und hilfreichen Gelehrten, die Wasser des Uhrbrunnens in der Villa Borghese ziehen das Bild eines scheuen jungen Mädchens nach sich, und der Brunnen auf der Piazza d'Aracoeli zeigt die kreisenden Spuren eines im Menuett eingefangenen Liebespaares. In den ruhenden Gestalten der Quattro Fontane schlägt sich der Ausdruck einer genießenden Weltansicht nieder, während der flammende Blick des Moses an der Acqua Felice die zornmütige Phalanx der ägyptischen Löwen pharaonisch durch die römische Wirklichkeit lenkt. Der Melancholie hingegeben träumen die Brunnen der Villa Doria, und in der strahlenden Freude der Heilsgewißheit steigen die Fontänen des Heiligen Petrus in den Himmel.

Auf dem Petersplatz stehen die Menschen dicht gedrängt, langsam und stetig zusammengeschoben von den nachfolgenden Scharen, unter der Melodie der in sprühende Segel zerstäubenden Fontänen. Wir erkennen, daß das Wasser die Dinge ineinanderfügt, wären sie auch aus den fernsten Teilen der Welt zusammengekommen, wie der Glaube die Menschen zusammenfügt, die durch die

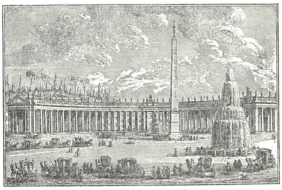

Fontänen auf dem Petersplatz

milde Erziehung der Stadt Rom in eine größere Heimat geführt worden sind. So sind die Brunnen Roms den Quellen des menschlichen Geistes vergleichbar, aus deren Urkunden wir die Geheimnisse der Bahn zu ergründen versuchen, auf der der Mensch sich in den Gang der Zeiten einfügt.

In den Scharen auf dem Petersplatz ist keine Spannung. Sie warten auf das Erscheinen des Papstes wie auf ein rechtmäßiges, gesichertes Ereignis, das ihnen eine Bestätigung alter Verheißungen sein wird. Auf dem Petersplatz ist die Auferstehung, die Überwindung des Todes und die Wiedergeburt aus dem Wasser und dem Heiligen Geist eine Wahrheit, die keines Beweises bedarf. Und niemand rechtet hier um die Fülle des Segens, denn der Widerhall des Ostertages reicht bis an Sonne, Mond und Sterne. Im aufsteigenden Strahl der Brunnen vernehmen wir das alte Wort: »nulla unda tam profunda, quam vis amoris furibunda« – keine Woge rührt so tief die Wasser auf, wie der Liebe reißende Gewalt.

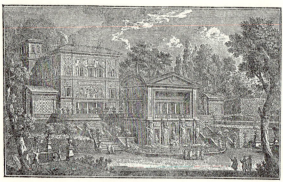

Kasino Paul IV. in den Gärten des Vatikan

Nirgends auf der Welt hat sich die Menschheit ein Abbild geschaffen, das – wenn man nur genügend Geduld vor die Erkenntnis setzt – klarer und vereinbarer die Paradoxone des Zusammenlebens von Natur und Übernatur zu erweisen vermöchte. Nehmen Sie also, verehrte Leser, die schweifenden Gedanken dieses Buches als einen Widerhall jenes gewaltigen Getönes, das die Weltorgel der Stadt Rom im Schall ihrer Glocken, im Wohllaut ihrer Gebete, in den zeitlosen Geräuschen des geschäftigen Marktes, in den hinströmenden Canzonen ihrer Brunnen und im unsterblichen Geflüster ihrer Liebenden seit Jahrhunderten mit geschwelltem Atem an das Ohr der Menschheit wirft.

Wir haben gesehen, wie schwach der Tod ist in Rom, und wie stark das Leben. Wir haben gespürt, wie in Rom die Trauer von Schönheit überwältigt, die Heiterkeit von Leiden geläutert, der Zorn von Erbarmen entschärft und die Gelassenheit von Güte überglänzt werden. Mögen Sie, wie ich, erfahren, daß jede Stimme, die in dieser Stadt erklingt, und sei sie noch so sehr in Freuden überquellend oder durch Schmerzen gedämpft, einen Kontrapunkt findet, eine Gegenmelodie, die ihre Einsamkeit erhellt und ihren Pfad begleitet.

REGISTER

Acte, Geliebte Neros 131
Aesop 208
Agathe, Heilige 334
Agrippa, Marcus Vipsanius 120, 124
Albanerberge 158, 163
Albrecht von Österreich 281
Aldobrandini, Familie 152
Alexandria 301
Aloysius von Gonzaga, Heiliger 349, 367
Anagni 65, 279, 282
 Palast von 282
Antinous 98
Antonina, Gattin des Belisar 99
Antonius von Padua, Heiliger 323
Arria Paeta 141
Augustinus, Heiliger 260, 322
Aventin 146
Avignon 50, 75, 294

Bajazet, Sultan 102
Balbus, Bankier 297
Basiliken
 Basilica Giulia 82
 Basilica Emilia 82
Belgrad, Sieg über die Türken 59
Belisar, römischer Feldherr 99
Berenike, Geliebte des Titus 137, 144
Bernini, Lorenzo 80, 114, 217, 224, 275, 374
Bernis, Kardinal de 206
Bethlehem 36, 339
Bisticci, Vespasiano da 66, 67
Boabdil, König, Fürst von Granada 102, 103
Bologna 265, 266
Bonaparte, Familie 116
 Lätitia, Madame Mère 111, 116

Louis 116
Lucien 116
Paolina, Fürstin Borghese 108-117
Borghese, Familie 109, 111
 Camillo, Fürst 109-112
Borgia, Familie der 58, 59, 152, 267, 271
 Cesare 94, 95, 104
 Francisco, Herzog von Gandia, Vizekönig von Katalanien 366
Borromeo, Carlo, Heiliger 327
Borromini, Francesco 275, 289
Bourbon, Connétable von 92, 93, 94
Bramante, Donato 47
Brescia, Arnold von 60
Brunnen
 Acqua Paolina 379
 Fontana Trevi 376, 380
 Minerva, a. d. Kapitol 373, 374, 375
 Mosesbrunnen a. d. Acqua Felice 381
 a. d. Piazza d'Aracoeli 381
 a. d. Piazza Navona 374, 375
 Quattro Fontane 381
 a. d. Tiberinsel 380
 Tritonenbrunnen 378
 Uhrbrunnen der Villa Borghese 380
Bruno, Giordano 104
Brutus, Decimus 296, 303, 311, 314, 315, 316, 318, 320
Brutus, Lucius Junius 304, 307, 311
Brutus, Marcus 307-311, 314
Byzanz 53, 99

Caelius 349
Cagliostro, Graf Alexander 72, 96-99, 101, 206

REGISTER

Calpurnia 298, 299, 315, 318, 320
Calvus, Licinius 120
Cambio, Arnolfo di 65
Camillo de Lellis, Heiliger 367
Campagna 145-147, 161-167, 204, 280, 333, 370, 371
Campo Marzio 204
Cancelleria s. Palazzo della Cancelleria
Canova, Antonio 108, 112, 113, 114
Caracalla-Thermen 90
Caravaggio, Michelangelo 251-263
Caraval, Juan 59
Cäsar, Gaius Julius 10, 32, 45, 82, 83, 120, 129, 265, 294, 295, 296-320
Casca 313, 314
Cassius, Gaius Longinus 310, 314
Castel S. Angelo s. Engelsburg
Cato, der Jüngere 309
Catull, römischer Dichter 120, 142
Cellini, Benvenuto 92, 94
Cenci, Beatrice 93
Cencier-Palast 343
Cencius, Patricius 342, 343
Chigi, Agostino 254
Christine, Königin von Schweden 70, 71
Cicero, Marcus Tullius 119, 310, 348
Cincinnatus 164
Claudianus, Claudius, römischer Redner 248
Collegio Romano 365, 366
Colonna, Familie der 66, 68, 216, 280, 281, 293
 Jacobus, Kardinal 338
 Petrus, Kardinal 338
 Sciarra 65, 281, 282
Consalvi, Kardinal 113

Conti, Familie der 74
Corso (Corso Umberto) s. Via del Corso
Cosmaten, Familie der 352
Crassus 119
Cremona, Schlacht von 133
Crescentius, Senator 60, 61

Dalmata, Giovanni 76
Dante Alighieri 293, 294
Dioskuren s. auch Tempel des Castor und Pollux 83, 372
Domitier, Familie der 131
Dostojewski, Fedor 257
Drusus, Nero Claudius 124

Engelsburg 61, 91-106, 159, 160, 206, 291, 292, 293
Esquilin 326, 329

Fabius Maximus Quintus, gen. Cunctator 20, 21
Farnese, Familie der 118
Ferdinand II., König von Spanien 103
Fesch, Kardinal 116
Flavier-Palast 138
Fonseca, Pietro, Kardinal 51
Forum des Cäsar 317
Forum Romanum 173, 296, 317
Forum des Trajan 9, 336
Fra Angelico 67
Frangipani, Familie der 293
Franz I., König von Frankreich 94
Friedrich Barbarossa, römischer Kaiser deutscher Nation 59

Gaetani, Familie der 216, 293
Galenus 40
Gallo, Jacopo 49
Garibaldi, Giuseppe 103, 159, 160
Gasparri, Pietro 70
Georg, Heiliger 333

Ghetto 205
Ghezzi, Pier Leone 193, 194
Gianicolo 34, 35, 103, 146, 147, 379
Gluck, Christoph Willibald 197
Glycerius, Märtyrer 333
Goethe, Johann Wolfgang von 107, 108, 199
Goldener Meilenstein 83
Grabmal des Hadrian, s. Engelsburg
Gregorovius, Ferdinand 295
Grilli, Familie der 216, 217
Grillo, Marchese del 216-232
Guicciardini, Francesco 267
Gustav Adolf, König von Schweden 70

Haller, General 72
Hannibal 20, 164, 317
Haus der Livia 120
Heilige Straße s. Via Sacra
Heinrich IV., römischer Kaiser deutscher Nation 342
Heinrich VII., römischer Kaiser deutscher Nation 292, 294
Heinrich VIII., König von England 196
Hieronymiten 36
Hieronymus, Heiliger 35, 36
Hirtius, Konsul 297
Homer 83
Hunyady, Johannes 59

Ignatius von Loyola, Heiliger 362, 365, 366, 367

Jerusalem 36, 78, 331, 339
Jesuiten-Orden 356, 366
Johannes Berchmans, Heiliger 367
Johannes Capistrano, Heiliger 59, 135
Joseph II., römischer Kaiser deutscher Nation 72

Julia, Tochter des Kaisers Augustus 124, 125
Julius-Grab s. Julius II.
Juturna, Quelle der Nymphe 83

Kaisarion, Sohn Cäsars mit Kleopatra 309
Kaiser, römische
  Augustus, Gaius Julius Cäsar Oktavianus 45, 120-126, 129, 130, 140, 173, 268, 312
  Caligula, Gaius Julius Cäsar Germanicus 127, 128, 129, 139, 140, 144
  Caracalla, Marcus Aurelius Antoninus 99
  Claudius, Tiberius Nero 128, 129, 130, 140, 141, 188
  Diokletian, Aurel. Valerius 29, 333
  Domitian, Titus Flavius 39, 134, 135, 136, 137, 138, 139, 140
  Galba, Servius Sulpicius 133, 140
  Hadrian, Publ. Aelius 32, 92, 98, 99
  Konstantin der Große 25, 29, 47, 53, 284
  Nero, Lucius Domitius 130, 131, 132, 133, 139, 140
  Nerva, Marcus 140, 348
  Otho, Marcus Salvius 133, 140
  Severus, Lucius Septimius 333
  Tiberius, Claudius Nero 120, 124, 125, 126, 127, 139, 140, 144
  Titus, Flavius Vespasianus 134, 135, 136, 137, 138, 140, 144
  Trajan, Marcus Ulpius 188
  Vespasian, Titus Flavius 133, 134, 135, 136, 140
  Vitellius, Aulus 128, 133, 134

REGISTER

Kaiserinnen, römische
  Agrippina d. J. 130, 133, 140
  Livia Drusilla 120-126
  Messalina 130
Kapitol 28, 39, 51, 82, 155, 219, 365, 373
Karl der Große, römischer Kaiser deutscher Nation 25, 118
Karl V., römischer Kaiser deutscher Nation 94
Katharina von Siena, Heilige 45, 75
Kirchen
  S. Agata dei Goti 334
  S. Agnese 154
  S. Andrea della Valle 64
  S. Bonaventura 39
  S. Cecilia 293
  S. Eustachio 287
  S. Francesco a Ripa 335
  S. Giorgio in Velabro 331, 332, 334
  S. Giovanni in Laterano 39, 65, 352
  S. Ignazio 366
  S. Lorenzo in Panispera 335
  S. Luigi dei Francesi 251, 256, 263
  S. Marcello 335
  S. Maria d'Aracoeli 266
  S. Maria di Loreto 336
  S. Maria Maggiore 293, 337-346
  S. Maria di Monserrato 59
  S. Maria in Via 334
  SS. Nome di Maria 336
  S. Onofrio 34, 36
  S. Paolo fuori le Mura 352
  Peterskirche
    Alt-Sankt Peter 47, 48, 49, 50, 51, 52, 53, 54, 64, 77
    Grotten von Sankt Peter 45-78

Kirchen, Fortsetzung
  S. Pietro in Vaticano 28, 43, 49, 78, 79, 80, 81, 83, 84, 105, 196, 249, 254, 269, 274, 275, 279, 292
  S. Prassede 326, 327, 334
  S. Pudenziana 329, 330, 334
  SS. Quattro Coronati 349-353
Kleopatra, Königin von Ägypten 297, 305, 306, 309, 317
Kolosseum 32, 39
Kolumban, Heiliger 76
Konservatorenpalast s. Palazzo dei Conservatori
Konzil von Konstanz 291

Ladislaus IV., König von Polen 101
Laenas, Popilius, Senator 314
Laetus, Pomponius 100
Lateran 292, 294
Laurentius, Heiliger 335
Leonardo da Porto Maurizio, Heiliger 367
Lepidus 315
Lothar I., römischer Kaiser deutscher Nation 327
Ludwig IX., König von Frankreich, der Heilige 324
Ludwig XIV., König von Frankreich 73
Lukas, Heiliger 345
Luther, Martin 33, 266

Maidalchini, Olimpia 151-154
Mallonia 140
Mamertinische Kerker 129
Marcellus-Theater 293
Marcus Antonius 311, 315
Marie Antoinette, Königin von Frankreich 111
Marino (Albaner Berge) 158
Mark Aurel-Säule 28

Massimo, Camillo Francesco,
  Fürst 20, 21
Matthäus, Apostel 252-262
Maximilian I., römischer Kaiser
  deutscher Nation 272
Melozzo da Forli 50
Merry del Val, Raffaele,
  Kardinal-Staatssekretär 73
Michelangelo Buonarroti 49, 56,
  68, 96, 104, 256, 265, 270,
  274, 275, 373
Mino da Fiesole 76
Mirandola 265
Mommsen, Theodor 83, 127
Montaigne, Michael Eyquem de
  107
Monte Giordano 293
Mozart, Wolfgang Amadeus
  143, 144
Musikakademie von S. Cecilia
  117

Napoleon I. 21, 72, 109, 110,
  112, 115, 116
Narzissus 130
Neapel, Könige v. 118, 291, 292
  Karl II. 276
  Karl Martell 276
Neri, Filippo, Heiliger 325
Nicolò da Forca Palena 35, 36
Nogaret, französischer
  Gesandter 282

Offizium, Heiliges 84-87
Oppius, General 297
Orsini, Familie der 64, 65, 216,
  293
  Rinaldo, Kardinal 64
Orso, Albergo del 107, 108
Ospedale di S. Spirito 89-91
Ossolinski, polnischer
  Gesandter 100, 101
Ostia 130, 163, 297
Otto II., römischer Kaiser
  deutscher Nation 45, 61-63

Otto III., römischer Kaiser
  deutscher Nation 60-63, 118
Ottoboni, Kardinal 254

Paläste
  Palazzo Bonaparte 107, 116
  Palazzo Borghese 107, 108,
    110, 111
  Palazzo Braschi 72
  Palazzo della Cancelleria 270
  Palazzo Colonna 218
  Palazzo dei Conservatori
    28, 155
  Palazzo Corsini 70
  Palazzo S. Croce 293
  Palazzo Doria-Pamphili 150
  Palazzo del Grillo 216, 217,
    224, 229, 232
  Palazzo dei Senatori 373
  Palazzo Venezia 199, 204
Palatin 39, 117-144, 332
Palestrina 68
Palestrina, Stadt 281
Pallavicini, Familie der 335
Pamphili, Familie der 152-154
  Camillo 152
Pansa, Konsul 297
Pantheon 120
Päpste
  Alexander VI. 58, 94, 95, 102
  Benedikt XII. 50
  Benedikt XIII. 290, 291
  Benedikt XIV. 45, 190-197,
    227, 228, 275, 338
  Benedikt XV. 69, 70
  Bonifaz VIII. 65, 66, 272,
    275-284, 290, 292
  Calixtus III. 58, 59
  Clemens VII. 75
  Clemens XIII. 188
  Clemens XIV. 375
  Cölestin V. 276-278
  Damasus I. 343, 344
  Gregor I., der Große 45, 284,
    334, 345

Päpste, Fortsetzung
  Gregor V. 60, 61
  Gregor VII. 342
  Gregor XII. 290, 291
  Gregor XIII. 366
  Gregor XVI. 157
  Hadrian IV. 59, 60
  Innozenz III. 74, 279
  Innozenz VII. 68
  Innozenz IX. 68
  Innozenz X. 147, 150-154
  Innozenz XIII. 74
  Johannes VII. 50
  Johannes XVI. 61
  Johannes XXIII. (Gegenpapst) 287, 290, 291, 292
  Johannes XXIII. 197
  Julius II. 32, 47, 101, 104, 254, 264-276, 284
  Julius III. 68
  Leo X. 32, 96, 190
  Leo XII, 156, 157, 366
  Leo XIII. 190
  Liberius 338
  Marcellus II. 68
  Martin V. 202
  Nikolaus III. 64, 65
  Nikolaus V. 66-68, 275
  Paschalis I. 327, 328
  Paul II. 76, 100
  Paul III. 92, 101
  Paul V. 48. 188
  Pius II. 64, 66
  Pius VI. 20, 72
  Pius VIII 157
  Pius IX. 174
  Pius X. 80
  Pius XI. 72, 366, 367
  Pius XII. 70, 71, 77, 275
  Sixtus III. 338
  Sixtus IV. 54-58, 77, 208
  Urban VI. 75, 76
  Urban VIII. 45, 274
Pasquino 157
Passionisten-Orden 354

Paulus, Apostel 83, 132, 249, 331
Perser 296
Peruzzi, Baldassare 37
Peterskuppel 35, 78, 79, 371
Petersplatz s. Piazza di S. Pietro
Petrarca, Francesco 51
Petronius 140
Petrus, Apostel 24, 47, 50, 53, 55, 78, 81, 83, 132, 189, 255, 265, 329, 330, 331, 371
Phaon 131
Philipp V., König von Frankreich 282
Pincio 112
Pinturicchio, Bernardino 37
Pitt, William 196
Platina 100
Plato 307
Plätze
  Piazza SS. Apostoli 218
  Piazza d'Aracoeli 381
  Piazza della Bocca della Verità 332
  Piazza S. Eustachio 285, 288, 289
  Piazza Navona 39, 72, 82, 154, 171, 197, 249, 374, 375
  Piazza del Pantheon 43
  Piazza di S. Pietro 80-84, 250, 377, 381, 382
  Piazza di Spagna 221
  Piazza Trilussa 208
  Piazza Venezia 107, 116
Pollaiuolo, Antonio 54, 56, 77
Pompejus, Gnäus 301, 302
Pompejus-Kurie 296, 298, 300, 301, 303, 310-314
Pompejus-Theater 311
Pönitentiarie 87, 88
Ponte (Stadtviertel von Rom) 173, 174
Porta, Guglielmo della 100
Porta Pia 107, 115

Praxedis, Heilige 329, 331
Prokopius von Cäsarea 99
Puccini, Giacomo 95
Pudens, Senator 329
Pudenziana, Heilige 329, 331

Quirinal 39, 147, 219, 228, 372

Raffael 43, 45, 275
Ravenna 265
Reate (in den Sabinerbergen) 136
Regia 303, 304
Remus, Mitgründer Roms 119, 164
Riario, Pietro 55
Riario, Raffael, Kardinal 102
Rikimer, Konsul 334
Roberto Bellarmin, Heiliger 367
Romano, Giulio 101
Römische Akademie 100
Romulus, Gründer Roms 119, 164
Rossi, Giovanni Battista, Heiliger 367
Rostra 83
Rovere, della, Familie 57
Rubikon 300
Rudolf von Habsburg 65, 281

Sabiner Bergland 136
Sacco di Roma 92
Salisbury, Johannes von 59
Sallustianische Gärten 130
San Martino 154
Sangallo, Antonio da 47
Sankt Helena 116
Sapienza-Turm 289
Saturnalien 207
Savoia-Lusignano, Charlotte von, Königin von Cypern 71
Savonarola 38
Scipio, Publius Cornelius Africanus d. J. 83
Scribonia 124

Senatorenpalast s. Palazzo dei Senatori
Seneca, Lucius Annäus 131, 140, 141
Servianische Mauer 38
Servilia 306, 309
Shakespeare 144, 221
Sigismund, römischer Kaiser deutscher Nation 290
Silius 130
Sixtinische Kapelle 56, 256
Sophokles 83
Spanische Treppe 223
Spurinna, Wahrsager 300, 314
Steyler Missionskongregation 356
Straßen
 Via dell'Anima 293
 Via Appia Antica 43, 146, 165, 166, 370
 Via del Corso 107, 150, 204, 205, 222, 335
 Via Mazzarino 334
 Via Sacra 82, 296, 301, 303, 315
 Via Salaria 131
 Via dei sette gatti 172-189
Stuart
 Jakob III., König von England 73, 74
 Karl Eduard 73, 74
 Heinrich, Kardinal von York 73, 74
Subura 11, 216, 219, 245, 335, 348
Sueton 118, 135

Tacitus, Publius Cornelius 118
Tarquinius Superbus 303
Teatro Argentina 197
Teatro Tordinona 226
Tempel des Castor und Pollux, der Dioskuren 128
Tempel der Venus Genetrix 317
Tertullian 67

REGISTER

Themistokles 83
Theophanu 62
Thomas v. Aquin, Heiliger 371
Tiberius Nero 120, 121
Tizian 114
Tasso, Torquato 36, 45
Torquemada 56
Torre dei Conti 293
Torre delle Milizie 293
Trajansforum s. Forum des Trajan
Trajanssäule 39
Trastevere 131, 193, 208, 245, 293, 305, 335, 379
Trebonius, General 311
Tridentiner Konzil 68
Trilussa 207-215

Universität Gregoriana Pontificia 354-371

Vaga, Pierino del 101
Vatikan 26, 67, 80, 81, 82, 189, 227, 292

Vatikanische Bibliothek 56, 67, 194
Velabrum 333
Velasquez, Diego 150, 151
Verardi, Carlo 102
Villa Bonaparte 107, 115
Villa Borghese 112, 114, 380
Villa Doria Pamphili 43, 147-149, 152, 154, 155, 381
Villa di Papa Giulio 68
Villiers de la Grosslaye, Johannes de, Kardinal 49
Viminal 335
Vinzenz Ferrer, Heiliger 75
Viterbo 68
Volskerberge 65, 279
Voltaire 194

Walpole, Horace 196

Xavier, Francisco de, Heiliger 355

Zeno, Heiliger 327, 328

Obelisk vor dem Lateran

AUTOR UND VERLAG danken der Leitung der Vatikanischen Museen für die Erlaubnis zur farbigen Wiedergabe des Fresko von Paul Bril in der alten Sternwarte des Vatikan (Seite 97), ferner dem freundlichen Entgegenkommen von Lord Ellesmere, der die Reproduktion des Gemäldes von Giovanni Pannini: Der Petersplatz, das die Vorlage für den Schutzumschlag und die Farbtafel auf Seite 369 bildet, gestattete. Für die Anfertigung der Farbtafeln auf Seite 209, Giovanni Pannini: Piazza Navona am 30. 11. 1729, und die Farbtafel auf Seite 273, Georg von Dillis: Ansicht von Rom mit dem Kapitol, erteilten die Direktionen der National Gallery in Dublin und der Bayerischen Staatsgemäldesammlungen in München die Erlaubnis. Die Leitung der Bayerischen Staatsbibliothek in München stellte für die Strichätzungen im Text ein Original des Stichwerkes von Giuseppe Vasi aus ihren Beständen zur Verfügung.

Die Gedichte auf Seite 44 und 170 sind freie Nachdichtungen des Verfassers nach Luis de León und Horaz, die auf Seite 250 und 322 stammen vom Autor selbst.